AI時代の法学入門

Introduction to law
in the age of artificial intelligence

学際的アプローチ

編著
太田勝造

著
笠原毅彦

佐藤　健

西貝吉晃

新田克己

福澤一吉

弘文堂

は し が き

　本書は文理融合の学際的研究に興味関心のある法学、法社会学、AI 研究、脳科学の研究者が集まって執筆したものである。お互いに、共同研究やホームパーティなどで親しくなった仲間を、弘文堂の清水千香さんが束ねて、法学入門を出そうと提案して下さったことが、本書出版の最大の契機である。

　実は、本書出版にはもう 1 つの契機がある。それはかなり以前に遡るが、大学 3 年生で司法試験に合格した学生が翌年 4 年生用のゼミ（演習）に参加してくれたときのことである。学際的な内容のゼミであったが、その学生は、「間主観性」とか「反証可能性」とか「自然主義的誤謬」など、科学方法論はもとより、社会科学方法論の基礎中の基礎であり、法学方法論において当然に学んでいるはずの考え方を、まったく聞いたことさえなかったのである。

　ゼミ教員として驚愕するとともに、現在の法学教育の知的貧困さを痛感させられた。幸いにして、その学生は司法試験に 20 歳で合格するだけのことはあって、地頭は大変優れていたようで、あるいは、柔軟な思考力は豊富にあったのか、経験科学の基本的方法論や社会科学（心理学、経済学、統計学、社会学など）の基本を急速に吸収していった。ゼミが終わる頃には学際的研究者の卵と呼べるほどに成長していた。逆に言えば、従来の法学教育の履修だけであったら、その知的能力を伸ばすことがまったくできないまま司法研修所に送り出すことになっていたかもしれないのである。

　弁護士登録後、大手法律事務所で渉外法律事務のスキルを習得したのち、そのゼミ生は、企業のインハウスになってプロジェクト・ファイナンスを担当したりしていたが、現在では法律事務の AI システムを構築するヴェンチャーとして起業している。このような個人的経験が、本書のような文理融合の学際的な新しい法学入門を企画する契機となったのである。

　AI 時代は、前世紀に始まったインターネットによる社会変化を背景として、深層学習でブレークスルーし、これからも自動運転車の普及、iPS 細胞の利活用、PCR や CRISPR-Cas9 の技術革新、さらには量子コンピュータの開発などによって、さらに飛躍発展しそうな気配である。

本書の執筆者の中には、このようなAI時代の革命を自ら推し進めている研究者もいる。伝統的な従来の法学に飽き足らず、学際研究に勤しむ研究者もいる。世代的にも30代から60代にまで広がっている。多様で異質な人材集団ではあるが、1つだけ共通した問題関心がある。それは、AI時代には新しい法学が必要だということである。

　法学というと、条文や判例の細かい言葉遣いについて、ああでもない、こうでもないと、異様に枝葉末節に拘りまくった議論を延々と戦わせる学者と、千年一日のような実務慣行を毎日繰り返すだけの法実務家（弁護士、検察官、裁判官）を想起する人も多いであろう。人々のイメージがたいていそうであるように、法学者と法実務家についてのこのイメージは、3分の真実と7分の間違いを含んでいる。

　法学者の3分がやっていることは、海外の法制度と海外の法学者の議論の紹介である。まったく無意味な研究ではないが、日本の現実社会の現代的問題に対する法的解決のためにはほとんど役に立たない。では残りの7分の法学者は何をやっているかというと、法政策に関する政府や行政、地方公共団体の支援や、意見書執筆や弁護団への関与などを通じて、弁護士や裁判官の支援をしている。法学者も社会を良くしようと努力しているのである。

　法実務家の3分は確かに、旧套墨守の石頭かもしれないが、残りの7分の法専門家は、日々、社会に生起する問題の解決のために、必死で取り組んでいる。だからこそ、消費者問題や企業不祥事などで常に法実務家の意見が求められ、参考にされるのである。非嫡出子の相続分の違憲判断やサラ金の過払い金返還訴訟など、法実務家の判断が社会に多大なる影響を与える例は枚挙に暇がないほどである。

　ところが、学生が大学に入って初めて手にする法学入門は、上記の3分の方の法曹を念頭に書かれているとしか思えないものが多々ある。本書執筆陣の一致した意見は、「それではいけない。日本が危ない！」というものである。

　そこで、AI時代のための法学入門を構想しようということになり、全員が弘文堂の会議室で白熱した議論を重ねて企画したのが本書の執筆である。条文と判例の丸暗記のための下拵えのような法学入門はもう要らない。21世紀の法学と法曹のための法学入門を新たに創造しよう、というのが合言葉であった。

法を学ぶとは、条文や判例・先例の勉強を通じて、それらの法が対象とする社会領域の実態とダイナミクスについて理解することに他ならない。このような社会の実態とダイナミクスを理解すれば、なぜその条文が創られ、なぜそのような判例・先例の判断に裁判所は至ったのかが理解され、法と社会の相互作用が見えてくる。

　法と社会の相互作用を洞察するには、最も変化が激しく、最も法的問題を多発させ、最も法学が取り組むべき分野を対象とすることが、法を学び始める上での近道だと考える。それが、本書の各章で対象とした領域である。

　また、本書の内容は、新しい社会問題に取り組む法学者や法実務家にとっても、色々と参考になる情報と分析とを含んでいると確信している。AI 時代の新概念と新理論への導きともなっていると考えている。

　最後に、本書を出版するにあたって、弘文堂の清水千香氏に衷心から感謝申し上げたい。厳しい出版事情の中で本書の出版をご提案くださった上に、ともすると脱線しそうになる執筆陣を取りまとめてくださった。さらには、手の遅い多くの執筆陣に対する容赦ない叱咤激励の役目をもお引き受けいただいた。同氏のイニシアティヴとサポートなくして本書は完成しなかった。ここに重ねて感謝申し上げる次第である。

　　　　2020 年 5 月吉日

執筆者一同

福澤　一吉

笠原　毅彦

西貝　吉晃

新田　克己

太田　勝造

佐藤　　健

（Alphabet 順）

＊本書の内容は、科学研究費補助金・基盤研究(S)「裁判過程における人工知能による高次推論支援」（課題番号 17H06103）と、同・基盤研究(A)「法的判断の構造とモデル化の探求：AI はリーガル・マインドを持てるか？」（課題番号 18H03612）の成果に基づいている。

はしがき…*i*

序　章　はじめに――学際分野としての法学……………………… 太田　勝造…1
　　コラム 1　鼓腹撃壌とコースの定理…4
　　コラム 2　法学教育のユーモア…5

第 1 章　法の解釈適用とは？ ………………………………… 太田　勝造…7
　1-0　課題設定…8
　1-1　ルールの解釈適用――日常の具体例から…8
　　1-1-1　おかず交換物語――A さんと B 君のケース…9
　　1-1-2　おかず交換物語――C さんと D 君のケース…9
　　1-1-3　C さんと D 君の約束の解釈適用…11
　　1-1-4　C さんの事実認定…13
　　　コラム 1　一般市民が刑事裁判をする：裁判員裁判…14
　1-2　法の解釈適用とは？――日常のルール解釈との対比…14
　　1-2-1　法規範の基本構造…14
　　1-2-2　法の解釈適用――当てはめ判断…16
　　　コラム 2　法的判断としての解釈…18
　1-3　事実認定とは？――日常のルール解釈との対比…18
　　1-3-1　証拠、間接事実、主要事実…18
　　1-3-2　三段論法…19
　　1-3-3　経験則三段論法モデルとその限界…21
　　1-3-4　確率判断としての事実認定――ベイズモデル…22
　　1-3-5　ベイズ意思決定論での確率概念…25
　　　コラム 3　プロスペクト理論…27
　1-4　法的推論とは？…28
　　1-4-1　法的三段論法…28
　　1-4-2　複数規範の法的推論…29
　　　コラム 4　法の解釈適用の現実…30

1-5　創造的法解釈とは？──エヴィデンス・ベース・ロー…31
　　1-5-1　役に立つ法の分業による実現…31
　　1-5-2　立法事実アプローチ…33
　　　コラム 5…33

第2章　伝統的法学と21世紀法の政策科学………………太田 勝造…35
　2-0　課題設定…37
　2-1　伝統的法学の特色…37
　　2-1-1　比較法の重視…37
　　2-1-2　過去志向…38
　　2-1-3　個別志向…38
　　2-1-4　言語操作志向…39
　　2-1-5　排他志向…40
　　　コラム 1…41
　2-2　伝統的な法学における裁判のモデル…41
　　2-2-1　要件・効果の発想…41
　　　コラム 2…42
　　2-2-2　概念法学…43
　　　コラム 3…44
　2-3　エヴィデンス・ベース・ロー：立法事実アプローチ…45
　　2-3-1　法的道具主義…45
　　　コラム 4…46
　　2-3-2　法的道具主義の特色…47
　　　コラム 5…49
　　2-3-3　法と社会の共進化モデル…49
　　　コラム 6　ジム・クロー法…52
　　2-3-4　立法事実アプローチ…53
　　　コラム 7…56
　　2-3-5　エヴィデンス・ベースの法と社会の共進化…58
　　　コラム 8　「善い」共進化と「悪い」共進化？…59

第3章　法と意思決定················福澤　一吉···63

3-0　本章の構成と課題設定···65

3-1　トゥールミンの論証モデル···66

3-2　2つの論証タイプ：演繹的論証と帰納的論証···66

　3-2-1　演繹的論証···66

　3-2-2　帰納的論証···67

　　コラム1　根拠の信頼性と導出の妥当性···69

3-3　論拠を介して根拠が解釈される···71

3-4　暗黙に用意されている論拠···72

　　コラム2　9.11テロと論拠···76

3-5　トゥールミン・モデルのまとめ···77

3-6　法的三段論法：法的意思決定をするための論証法···77

　3-6-1　法規範···78

　3-6-2　要件事実···79

3-7　事実認定：法の世界 vs 科学の世界···80

　　コラム3　法の世界の確率観 vs 科学の世界の確率観···83

3-8　事実認定における理論的バイアス···84

3-9　法的証拠 vs 科学的証拠···85

3-10　違法収集証拠の排除と実験補助仮定···86

3-11　意思決定を左右する論理的誤り···88

3-12　意思決定を左右する認知的誤り···90

第4章　社会秩序と法················太田　勝造···95

4-0　課題設定···97

4-1　社会秩序···97

　4-1-1　社会秩序とは？···97

　4-1-2　社会秩序のモデル化···100

　4-1-3　社会秩序としてのナッシュ均衡の評価···102

　　コラム1　検察官と刑事被告人の間の司法取引···104

　　コラム2　豊川信用金庫事件···108

4-2　法の正当性···109

　4-2-1　投票による多数決の望ましさ──メイの定理···109

　　4-2-2　多数決の結果の正しさ——陪審定理…112

　　4-2-3　多数決の問題点：循環…113

　　　コラム3　いろいろなパラドクス的状況…115

　　4-2-4　法のパラドクス…118

　　　コラム4　嘘つきのパラドクス…120

　　　コラム5　国際私法の反致…122

　4-3　社会秩序の法的制禦…123

　　4-3-1　法強制…123

　　　コラム6　人々はなぜ法に従うのか？…126

　　4-3-2　法による正当化と説得…126

　　4-3-3　法の情報的効果…128

　　4-3-4　法のシグナリング効果…132

　　　コラム7　ハンディキャップ原理…136

　　4-3-5　バトナとしての法…137

第5章　AI時代の法秩序 ……………………………………笠原　毅彦…141

　5-0　課題設定…142

　5-1　ネット社会とは？…143

　　　コラム1　インターネットって何？…144

　5-2　インターネットの特質と問題点…145

　　5-2-1　情報の民主化…145

　　5-2-2　編集者の不在…146

　　　コラム2　インターネット上では著作権を主張してはならない？…149

　　5-2-3　プロバイダの責任…149

　5-3　新しい事象と法制度の対応…152

　　5-3-1　電子商取引（EC）…152

　　　コラム3　六法とは…154

　　5-3-2　民法…154

　　5-3-3　商法…156

　　5-3-4　民事訴訟法…160

　　5-3-5　刑法・刑事訴訟法——サイバー犯罪条約…165

　5-4　21世紀の法律への影響…166

　　5-4-1　物から情報へ…166

　　5-4-2　サイバー空間の拡大——「仮想」空間？…167

　　5-4-3　お金の持つ意味——ブロックチェーンが変える未来…169

　　5-4-4　GAFA…171

　5-5　AIが法制度に与える影響…172

第6章　法律エキスパートシステムと法的推論モデル

……………………………………………………新田 克己＝佐藤 健＝西貝 吉晃…179

　6-0　課題設定…180

　6-1　法律エキスパートシステムとは…181

　6-2　法律家の思考（法的推論）のモデル…182

　　6-2-1　基本的な法的推論のモデル…182

　　　コラム1　法令を命題論理式にすることの難しさ…183

　　6-2-2　高度な法的推論のモデル…184

　　　コラム2　ニューラルネットと深層学習…186

　　　コラム3　2種類の否定…189

　　6-2-3　弁護士／検察官の弁論モデル（議論モデル）と裁判官の判決モデル…191

　　　コラム4　ゲーム木の探索…193

　6-3　論理型言語PROLOG…195

　6-4　法律エキスパートシステムの紹介…198

　　6-4-1　英国国籍法の相談システム…199

　　6-4-2　判例を利用した論争システムHYPO…200

　　6-4-3　SPLIT-UP…203

　　6-4-4　ハイブリッドな法的推論システム：HELIC-II…204

　　6-4-5　ハイブリッドな法的論争システム例：New HELIC-II…205

　　6-4-6　法律エキスパートシステムの課題…206

　　　コラム5　機械学習の法律業務への応用…207

　6-5　要件事実論と人工知能…208

第7章　ニューロ・ローへ向けて ……………………………福澤 一吉…215

　7-0　本章の構成と課題設定…217

　7-1　脳神経科学と倫理…217

　7-2　脳神経科学と自由意志、道徳的判断、自己責任…219

7-2-1　自由意志と脳にまつわるリベットの実験…220

　　コラム1　自分で自分をくすぐっても、くすぐったくない…224

7-3　責任能力を脳神経科学で決定する…225

7-3-1　精神鑑定の問題点…227

7-3-2　虚偽発言と脳神経科学…228

　　コラム2　言語の生物学的基礎…229

7-4　ニューロ・イメージング（Neuroimaging）…232

7-4-1　虚偽検出・精神障害鑑定とニューロ・イメージング…233

7-4-2　fMRIの虚偽検出の再現性と妥当性…234

　　コラム3　純粋失読と視覚・言語離断症状…236

7-4-3　経頭蓋磁気刺激法（TMS：Transcranial Magnetic Stimulation）…238

7-5　裁判所が採用する科学的証拠の基準…239

7-5-1　有罪・無罪の決定と脳画像診断結果…240

7-5-2　処罰・刑罰の執行と脳画像診断…242

7-6　脳神経科学的知見の証拠能力の現状のまとめ…243

第8章　情報刑法──序説 ……………………………………西貝 吉晃…245

8-0　はじめに…247

8-1　課題設定…248

8-2　三分法というモデルの紹介（情報／データ／存在形式）…249

8-3　情報とデータ…250

8-3-1　導入としての思考実験──営業秘密とコンピュータ・データ…250

8-3-2　情報とデータの関係…252

8-3-3　文脈により変容し得る情報の価値…252

　　コラム1　情報のわいせつ性の判断手法…253

8-3-4　データのレイヤーにある議論…254

　　コラム2　日本の不正アクセス罪の特徴…259

　　コラム3　サイバー・フィジカル・セキュリティの保護の必要性…260

　　コラム4　言語選択と情報：情報の評価と情報の伝達可能性の評価の分離…261

8-4　存在形式：有体物か否かという問題の一般化…262

　　コラム5　データ損壊と器物損壊の関係…263

8-5　三分法の全体にまたがる規制？…264

8-6　まとめ…265

第9章　最終章——結びにかえて ……………………………………太田 勝造… 267

　9-1　多層で入れ子構造の人間社会の法的制禦…268
　　　コラム1　入れ子構造のホロホロ鳥社会…269
　9-2　シームレスにつながった個人：今後の課題…270
　　　コラム2　アンビヴァレンツなヒト…271
　9-3　終わりに…272

事項索引…273

はじめに―学際分野としての法学

太田　勝造

　法の対象は人と社会である。法は、人々の営為を制禦したり、社会の在り方を制禦したりするために人間が創った道具である。

　法が使われるのは裁判だけではない。むしろ、裁判とは法にとって、制禦の失敗、いわば病理現象である。もめごとや紛争は、人間が相互作用をして生きていく上で、ゼロより大きな確率で生じることは避けられないが、裁判までゆくことなく、関係者の間の話し合い交渉で解消される方が望ましい。

　もちろん、そのことは、法はない方が良いことを意味するものでは決してない。むしろ、法なしには人も社会も存立し得ない。どんなに日常的で些細に思われる活動も、法的な制禦の直接的ないし間接的な対象である。

　朝食にコーヒーを飲むか紅茶にするかの選択も、法的制禦を受けている。朝食にコーヒーを飲むことを法が強制したり、禁止したりすることはなく、むしろ個人の自由権として法的保護を与えている。だからこそ、他人が紅茶を選択しろと強制してきても、拒否できるし、無理やり飲まされれば相手に対して強制行為の差止めや損害の賠償を請求したり、警察を呼んで助けてもらうことができる。

　自動販売機でジュースを買う行為も、法的な制禦を受けており、代金のコインを入れたのにジュースが出て来ないならば、自動販売機の設置管理者に対して文句をいうことが法的に正当な行為としてでき、相手方は代金を返すかジュースを渡す必要がある。

　このように人々が自由に安全と安心を享受しつつ社会行為を営むことができるために法は創られており、社会行為の実践は法によって保護されている。

もちろん、人々の選択や行動のすべてを法が同じ程度に支えたり保護したりしているわけではない。法自体にも目的があり、それは正義と公正に適った効率的なより良い社会を実現することであり、その目的に応じて人々の選択や行動にも重み付け評価がなされている。

　法目的にそぐわない行為は法が抑止しようとする。刑事制裁の対象である犯罪行為がその典型であるが、行政による禁止や、税制による抑止、さらには被害者による損害賠償を認める形の抑止もありうる。

　逆に、法目的に合致する行為については、法はその行為を他者による介入から保護する形態を採用することが多い。

　法は社会が効率的に運営されるように、取引費用を下げるシステムを作出することもある。会社などの法人を法が作出して、複数の人々の組織があたかも1人の個人のように権利義務の主体として取引をすることができるようにしているのは、複数の人々の間の個別の権利義務関係と個別の意思決定権限に還元しなければならないような法制度よりも、話し合いが少なくて済み、誤解やミスが減少し、交換取引が円滑でスムーズになるからである。

　以上のように、法は人々の生活と社会の維持発展にとって不可欠で有意義なものである。

　法は人々の生活の隅々まで、そして社会の隅々まで、直接ないし間接に浸透しているといえる。いわば「鼓腹撃壌」のイメージである（コラム1参照）。法が国民にそれと意識させることなく、豊かな生活を自由に営むことを国民が実現できているときに、法は最もうまく機能している。人々は、知らず知らずのうちに法秩序を実現し、法に従って生きている。

　このことから、法を理解するとは、条文や判例を読んで覚えることではないことが分かる。

　法は人と社会のために人と社会を対象として制禦を行うのである。人と社会を理解せずに法を理解することは矛盾であることが分かる。人を理解するとは、人々の価値観、心理・認知構造、選択行為などを理解し、相互依存関係にある社会の構成員たる人と人の相互作用の在り方とダイナミクス（動態）を理解し、ひいては多様な多数の人によって構成される社会の在り方・構造とダイナミクスを理解することである。

このような人と社会への深い理解なしには、法を理解することはできない。

　法が人々の価値観、心理・認知構造、選択行為にどのように影響するのか、人と人の相互作用の在り方とダイナミクスに法はどのように影響を与えるのか、社会の在り方・構造とダイナミクスに法がどのように影響を与えるのか、それらを理解することが法を理解するということである。

　法は法規範から構成されている。法規範は、他の内容の法規範でもあり得たものであり、多様な法規範の選択肢の中から、立法や裁判によって選択されて実定法となったものである。

　現行の法とは異なる内容の法規範であったならば、それが人と社会にどのような異なる制禦を行っていたのかをも理解しなければ、法を理解したことにはならない。

　法を理解するとは、人を知り、社会を知り、そして法と社会の相互作用を理解することにほかならない。

　法を学ぶためには、こうして、必然的に学際的視点を修得し、それらを統合し総合できるようにならなければならないことが分かる。

　人を理解するには、人文系の諸学問の古来蓄積された教養を身につけ、社会科学系の諸学問（心理学、認知科学、社会学、経済学、意思決定論、教育学、文化人類学、考古学、などなど）に蓄積されてきている理論とモデルと知見の基礎程度については素養を持たなければならない。今世紀に入ってからの新たな知の創造に鑑みるならば、文理の壁をも超えた学問分野の新展開（AIと法、行動経済学、認知脳科学、などなど）の初歩の程度には目配りできるようでなければならない。

　人と人の相互作用を理解するには人を理解する上記の学際分野に加えて、相互依存性と戦略を対象とする学問分野（ゲーム理論、政治学、交渉学、などなど）、これらは必然的に文理融合の学問分野たらざるを得ないが、これらの分野の初歩の程度の素養は必要となる。

　社会を理解するには、人を理解し人と人の相互作用を理解する上記の多様な学問分野に加えて、秩序と価値を対象とする学際的学問分野（社会哲学、厚生経済学、社会選択論、などなど）の初歩への理解も必要となる。

このように、法を理解するために法を学ぶとは、必然的に文理を超えた学際的視野を培い、それらによって総合的に人と社会と法を見ることを習得することにほかならない。

鼓腹撃壌とコースの定理

　鼓腹撃壌とは古代中国の偉大な皇帝堯と舜の治世を讃える逸話である（『十八史略』）。

　皇帝の堯は、その仁徳の高さで人々に深く尊敬されていた。堯が天下を治め始めて50年になり、人々が自分の治世に満足しているか見るために町に出た。

　道端で子どもたちが歌うには、「多くの人たちの生活が成り立っているのは、皇帝堯様の仁徳のおかげです。人々は、知らず知らずのうちに皇帝の教えに従っています」。

　ある老人が腹 鼓 を打ち、足で 壌 を撃いて足拍子を取って歌うには、「日が出れば働き、日が沈んだら寝る。井戸を掘って水を飲み、畑を耕して食べる。皇帝の威光など我々とは関係がない」と言った。

　堯は老人の歌を聞いて、自らの政治の正しさを確信した。「人々にそれと意識させることなく、豊かな生活を自由に営むことを人々が実現できているときこそが、最も優れた治世である。人々は、知らず知らずのうちに秩序を実現し、徳に従って生きている」と心の底から喜んだ。

　法と経済学という学際的学問分野が発展してきている。その中核となる定理に「コースの定理」があり、取引費用が無視できるくらい相対的に小さいならば、法的ルールの内容がどのようなものであれ、人々は交渉を通じて効率的な社会を実現する、というものである。

　取引費用を無視できるコース的な世界では、法の内容を暗黙の前提として、お互いに満足できるようになるまで話し合う。そうすれば、ウィン・ウィンの効率的な合意に至る。したがって、紛争になって裁判や法が正面から直接的に顕在化するということはない。法の影の下で、おのずから社会秩序が創発するのである。

　こうして見れば、鼓腹撃壌の社会とコースの定理の社会が重なって見えてくるであろう。偉大な皇帝の治世は、それと意識させることなく、人々の豊かな生活の自由な営為を支え社会に浸透している。コース的社会で法は、法強制のように顕在化することなく、人々の自由な取引交渉を支え、人々をして効率的な社会を自ら創発させている。

そして皇帝の仁徳が空気のように遍く世の中を満たし支えているように、コース的世界の法も空気のように遍く世の中を満たし支えているのである。

コラム 2

法学教育のユーモア

　ロバート・ハッチンス教授がイェール・ロー・スクールの学部長だったとき、アメリカ合衆国連邦最高裁判所の裁判官らの歓迎パーティに彼も招かれた。そのパーティの席でのこと、当時の連邦最高裁の中で最も傲岸そうな老裁判官、たぶんマクレイノルズ裁判官かバトラー裁判官が、ハッチンス教授に語りかけてきた。

　「ハッチンス学部長、あんたはニュー・ヘイヴンのイェール・ロー・スクールの学生たちに、我々の判決は誤っているとして、そのどこが間違っているかを教えているそうじゃないか」

　これに対してハッチンス教授が即座に返答した。

　「とんでもないですよ、そんなことは教えてはいません。私はただ、それを学生たちが自ら見つけ出すのを手助けしているだけですよ」

（Reported in Mortimer J. Adler, *Philosopher at Large*, p. 138（1977））

第1章

法の解釈適用とは？

太田　勝造

プロローグ

　AさんとB君は、法律家になって世の中のためになろうと思い、大学の法学部に入学しました。ところが2人の周りの法学部生たちの間には、将来法律家になろうと考えている人があまり見当たりません。驚いて2人は進路指導の窓口を訪問しました。担当の方によると、大学の法学部を出て法律家になる卒業生はむしろ少数派で、大多数の法学部卒業生は企業の従業員や行政庁の公務員になり、社会でさまざまに活躍しているとのことでした。また、法律家の中にも、弁護士、検察官、裁判官として活躍している法学部卒業生の他に、司法書士、行政書士、社会保険労務士、弁理士など法律を専門とする職業に就いて世の中で活躍している法学部卒業生もたくさんいることも教えてくれました。

　AさんとB君は、法律が、人々の日常生活から、企業活動、さらには国際関係まで、人間活動の森羅万象をインフラストラクチャー（社会基盤）として支え、制禦していることを基礎法科目で教わって、なるほど、それなら、法学部卒業生が社会のさまざまな分野で活躍しているのも納得できると思いました。そして、法律の勉強をする意欲がますます高まり、2人で、法学の勉強について話し合いました。

Aさん：裁判って、当事者の主張した事実が正しいかどうかを証拠などに基づいて判断し、正しいと認定できた事実が法律の要件に当てはまるかどうか判断するんでしょ。

B君：そうだね。そして、法律の要件に当てはまるなら、法律の効果である権利や義務が認められることになるね。そのような判断を積み重ねて判決

に至るんだ。

Ａさん：死刑や懲役など人の命や自由がかかっている刑事裁判でも、財産の帰趨や夫婦関係や親子関係の有無が判断される民事裁判でも同じような判断プロセスなのね。

Ｂ君：法的判断って責任重大でとっても難しい専門的な判断のようだね。僕にも将来できるようになるのかなあ。

Ａさん：法学の勉強を頑張らないと。それに、法律家にならなくても裁判員に選ばれたりしたら、やっぱり裁判で法的判断をしなければならないからね。

1-0　課題設定

・法やルールを解釈したり適用したりすることは、法律専門家の特殊な思考様式であろうか、それとも一般の市民が日常的に行っていることの延長線上のものにすぎないのであろうか？

・裁判官が、証拠や経験則に基づいて当事者の主張が事実かどうかを判断することは、法律専門家の特殊な思考様式なのであろうか、それとも一般の市民が日常的に行っていることの延長線上のものにすぎないのであろうか。

・法律家が、法律要件が認められるならば法律効果を認めるという形式である法的ルールを用いて法的推論をして法的結論を導くことは、法律専門家の特殊な思考様式であろうか、それとも一般の市民も日常的に行っている論理的な推論と同様の思考様式なのであろうか？

・立法過程や司法過程、あるいは行政過程で法が創られたり適用されたりするとき、それは、法律概念の論理的操作だけでなされるべきものなのであろうか、それとも、自然科学や社会科学のさまざまな成果とデータに基づいてなされるべきものなのであろうか？

1-1　ルールの解釈適用——日常の具体例から

法の解釈適用というと、非常に専門的で特殊な判断作用であるかのように思

うかもしれない。確かに、法律家による専門的な判断作用ではあるが、一般の人々が日常的に行っている判断や推論と異質なまでに異なっているわけではなく、それらの延長線上のものと考えるべきである。このことは、以下の例から納得できるであろう。

1-1-1　おかず交換物語──AさんとB君のケース

　AさんとB君は小学校の同級生で仲良しである。ある日、AさんがB君に、「明日、お弁当のおかずを少し取り替えっこしない？」と言い出した。「うちの親はお魚料理が得意で、お弁当を手作りしてくれるの。B君のご両親はお肉料理が得意で、お弁当を手作りしてくれるのでしょ。私はお肉が大好きだし、B君はお魚が大好きでしょ」。

　B君もこのAさんの提案に大賛成しました。「そうだね。お互いにお弁当のおかずの幅が広がるし、何といっても僕たちは仲良しだからね」「じゃ、約束よ」「うん、いいよ」。

　ということで、翌日のランチ・タイムに、お互いにお弁当を見せ合いました。Aさんは持ってきたお弁当から、親の自慢の手作りのさばの味噌煮をB君に差し出しました。お返しにB君は親の自慢の手作りハンバーグを差し出しました。2人とも、美味しいお弁当を食べられて大満足、2人の仲はますます良くなりました。

　以上のAさんとB君のおかずの交換物語の中には、法の解釈適用に関連するところはどこにもないようにみえる。しかし、直感的かつ瞬時に、事実認定、契約の解釈、そして法の解釈適用がなされているのである。このことは、AさんとB君の物語を少し修正したCさんとD君のおかず交換物語を考えればよい。

1-1-2　おかず交換物語──CさんとD君のケース

　CさんとD君はやはり小学校の同級生で仲良しである。ある日、CさんがD君に、「明日、お弁当のおかずを少し取り替えっこしない？」と言い出した。「うちの親はお魚料理が得意で、お弁当を手作りしてくれるの。D君のご両親はお肉料理が得意で、お弁当を手作りしてくれるのでしょ。私はお肉が大好き

だし、D君はお魚が大好きでしょ」。

　D君もこのCさんの提案に大賛成しました。「そうだね。お互いにお弁当のおかずの幅が広がるし、何といっても僕たちは仲良しだからね」「じゃ、約束よ」「うん、いいよ」。ここまではAさんとB君の物語とまったく同じ展開である。

　ということで、翌日のランチ・タイムに、お互いにお弁当を見せ合いました。Cさんは持ってきたお弁当から、親がお弁当に入れてくれたタコ焼きをD君に差し出しました。お返しにD君は親がお弁当に入れてくれた佃煮を差し出しました。

　Cさんは佃煮を見て不審に思いました。D君の親の手作りには見えず、スーパーでビンに入れて売っている佃煮に思えたのです。初め、手足のようなものがあるその佃煮が何か分かりませんでした。ビーフや馬肉の佃煮だったら、エビのような手足があるとは思えません。他方、ビーフや馬肉のような肉料理以外なら、エビのような手足があってもおかしくないと思いました。そこで結論として、ビーフや馬肉ではないであろうと思いました。

　他方、エビの佃煮のような気もしましたが、それならエビの長いヒゲや曲がった背中が見当たらないのはおかしいし、エビではないなら飛び跳ねるための
ような大きな後ろ足のようなものが見えるのも、別段おかしくはないと思いました。そして、そもそもエビであれ何であれ、手作りのお肉料理とはいえないと思いました。

　D君に「何の佃煮なの？」と尋ねると、「僕の親は郷里が長野県なんだよ。ネットで取り寄せた特産品のイナゴの佃煮だよ」と答えました。

　「ええっ！」とCさんは尻込みしましたが、D君に「本当に美味しいし、珍

しいでしょ！」と勧められて口にすると、好きなエビの佃煮のようでとても気に入りました。「手作りではないけど、イナゴも水の中に棲むお魚より地上の動物だからお肉ともいえるし、美味しいし、まあいいか。それに第一、Ｄ君の親の郷里の特産品も知ることができて、ますます仲良くなれたからうれしいしね」と思いました。

　Ｄ君の方も、最初Ｃさんのくれたタコ焼きを見て不審に思いました。「このタコ焼き、Ｃさんの親が料理したの？」と聞くと「ううん、スーパーの冷凍物を解凍してオーブントースターで焼いてくれたのよ」と答えました。Ｄ君は「オーブントースターで焼いた部分が手作りなんだな」と思いました。

　「でも、お魚料理って昨日言ってたけど、どうなんだろう」とまだ納得できません。ともかくタコ焼きを食べてみたら、すごく美味しかったので、「こんな美味しいたこ焼きは初めてだよ。どこのスーパーなんだい」とＣさんに尋ねたほどでした。「タコもシーフードなんだからお魚料理と言って言えなくもないし、まあいいか。それに第一、いいスーパーの店も教えてもらってすごくうれしい」と思いました。

　こうして２人とも、美味しいお弁当を食べられて大満足、２人の仲はますます良くなりました。

1-1-3　ＣさんとＤ君の約束の解釈適用

　ＣさんとＤ君のおかずの交換物語で「２人とも、美味しいお弁当を食べられて大満足、２人の仲はますます良くなりました」という、めでたし、めでたしの結末までには、いろいろな不信や解釈、再解釈が行われていることは明らかであろう。

　ＣさんとＤ君の約束は「Ｃの親の得意のお魚の手作りおかずと、Ｄの親の得意な肉料理の手作りおかずを、翌日のお昼のご飯の際に交換する」というものであった。

　この契約の目的は、お互いのお弁当のおかずの幅を広げ、２人の友情を深めようというものである。

　しかし、Ｃさんのお弁当はスーパーで購入した冷凍のタコ焼きを解凍してオーブントースターで焼いたものであった。Ｃさんの親の得意な手作りのお魚料

理に当てはまるかD君は不審に感じている。オーブントースターで焼いた点で「手作り」という要件にはなんとか該当すると思ったが、「お魚料理」にタコ焼きが当てはまるか納得できなかった。

しかし、すごく美味しかったのでハッピーになり、タコもシーフードだからお魚料理といえると納得している。

シーフードならお魚料理だというのは、契約の「拡張解釈」（契約文言の意味を広く捉え直す解釈方法）であるといえる。約束をした目的どおりに、ますます仲良くなれたから契約の履行として納得しているのは、契約の「目的的解釈」（契約を結んだ目的に照らして柔軟に考えるという解釈方法）といえる。

D君の約束の履行にも不信感が持たれている。D君の履行は、Cさんには当初は何かわからなかった。つまり、Cさんはそれが何であるかについての事実認定をしなければならなかった。

Cさんは、仮説を立てて検証しようとしている。

肉料理としての佃煮ならビーフや馬肉だろうと仮説を立てたが、その仮説が真であると仮定すると、手足のようなものが見える目の前のおかずは、ありえそうもないものであると推論し、他方、ビーフや馬肉などの肉料理ではないとすれば、手足のようなものがあるのもおかしくないと推論し、結論として、ビーフや馬肉という仮説が正しい確率は非常に低いとして仮説を捨てている。

次に、エビの佃煮かもしれないという仮説を立てたが、エビ仮説が正しいとすると、あるはずの長いヒゲがないうえ、あるはずのない大きな後ろ足があるので、多分エビではないと推論している。そして、そもそもエビの佃煮だったとしても、それが手作りのお肉料理のカテゴリーに当てはまるか疑問だと不審に思っている。

D君からそれがイナゴの佃煮と教えられてうろたえている。

しかし、気に入ったので、手作りか否かは約束の重要な要素ではないと解釈して、手作りではないけど構わないと判断している。そして、「イナゴも水の中に棲むお魚より地上の動物だからお肉ともいえる」と拡張解釈をして約束の履行として受容した。イナゴの佃煮も美味しく、お弁当のおかずの範囲も拡張したし、2人はますます仲良くなれたからと、契約の目的的解釈によって正統な履行と解釈した。

以上のように、CさんとD君のおかず交換物語では、法律家ではない2人も、法律家の判断と類似の約束の解釈適用（拡張解釈、目的的解釈など）を実践している。

　では、AさんとB君のおかず交換物語では、これらの法の解釈適用の要素はなかったのであろうか。

　もちろん、いろいろ考えなくても当てはまることが「一見明白」だったから、当てはめ判断が一瞬になされただけで、判断されていないわけではない。あまりにも明白なので、自分で判断していると気づかないうちに、「約束通りだ！」と受け入れたのである。

　このように、法律家的な法や契約の解釈適用と同等の判断は、人々も日常的に行っている。

1-1-4　Cさんの事実認定

　CさんとD君のおかず交換物語ではもう1つ、契約の解釈適用の前提問題が顕在化している。法は、ある事実があれば（①D君が親の手作りのお肉料理のおかずをCさんにあげたら、および、②Cさんが親の手作りのお魚料理のおかずをD君にあげたら）、ある法律効果や法的義務（①Cさんは親の手作りのお魚料理のおかずをD君にあげる、および、②D君は親の手作りのお肉料理のおかずをCさんにあげる）が生じるというものであり、法の解釈適用の前提として、「ある事実」の存否の確定、すなわち事実認定がなされなければならない。

　ところが、当初、CさんにはD君のおかずが何かわからなかった。そこでCさんはそれが何であるかについての事実認定をしなければならなかった。いろいろな仮説を立てて（ビーフ、馬肉、エビ）、それが正しいと仮定したら、目の前にあるおかずの状況がありうるか、および、それが正しくないと仮定したら、目の前にあるおかずの状況がありうるかを比較検討し、前者よりも後者のほうがありえそうだということで仮説を捨てている。

　最終的にはD君に直截に質問して、イナゴの佃煮だとわかった。

　裁判においても、法や契約を解釈して適用し、判決を出すには、その前提として、事実関係を確定しなければならない。この点においても、法律家や裁判官の判断の構造は、人々の日常生活での判断の構造と異質なものではないこと

が分かる。

コラム1

一般市民が刑事裁判をする：裁判員裁判

2009（平成21）年5月21日から日本の刑事裁判に導入された裁判員制度は、法律の素人である一般市民が一定範囲の重大犯罪の刑事審理に参加し、職業裁判官とともに評議して被告人の有罪・無罪ならびに量刑を決定するものである。

すなわち、職業裁判官と一緒ではあるが、一般市民が事実認定と法的判断を行う。

人々の日常的な判断と法的判断が異質なものであったとしたら、これはうまくゆくはずがないのであるから、その後ずっと順調に裁判員裁判が進められている以上、人々の日常的判断と法的判断が程度の差こそあれ、連続したものであることは明らかであろう。

このような法律素人の裁判関与を「市民参加型裁判」と呼ぶことにしよう。

市民参加型裁判としては、英米の陪審制度や欧州の参審制度がよく知られている。戦前の日本においても1943（昭和18）年に停止された陪審制度が存在していた。アジアでは、韓国において国民参与裁判制度が2008年から試験的に導入されている。中国においても、各地の地方裁判所の刑事事件にさまざまな形態で市民参加型裁判が導入されている。台湾においては、市民参加型裁判の立法化の動きが進められている。

1-2 法の解釈適用とは？──日常のルール解釈との対比

1-2-1 法規範の基本構造

上記1-1での日常的な約束の解釈適用と法の解釈適用が同じ構造であることを念頭に置いて、法の解釈適用の概略を説明しておこう。

法規範のほとんどは言語化された情報であり、非常に複雑なものもあるが、整理して単純化してゆけば、究極的には「ある事実が存在するならば、ある法律効果が発生する」という条件文にすることができる。

この条件節（条件部分）を「要件」ないし「法律要件」と呼び、帰結節（効果部分）を「効果」ないし「法律効果」と呼ぶ。

よって、法規範は論理式の「ならば」を表す「⇒」を用いて、

「法律要件 ⇒ 法律効果」
（法律要件が認められる、ならば、法律効果が認められる）

と表記できる。

　たとえば、故意や過失によって他人に損害を与える違法行為である「不法行為」を行った者に、被害者に対する損害賠償の法的責任を負わせるための法規範である民法709条は、
「故意又は過失によって他人の権利又は法律上保護される利益を侵害した者は、これによって生じた損害を賠償する責任を負う」
と規定している。

　これを「法律要件 ⇒ 法律効果」の条件文に書き換えれば、

　　　「故意または過失の存在（T_1）、
　　　かつ、
　　　権利侵害または法律上保護される利益侵害の存在（T_2）、
　　　かつ、
　　　前者と後者の間の因果関係の存在［これによって生じた］（T_3）
　　　⇒ 損害を賠償する責任を負う（R）」

となる。さらに簡略化して記号化すれば、

　　　「T_1 かつ T_2 かつ T_3 ⇒ R」
　　　（T_1 が真、かつ T_2 が真、かつ T_3 が真である、ならば、R が認められる）

となる。

　刑法の例も分かりやすい。殺人に関する刑法199条は、
「人を殺した者は、死刑又は無期若しくは5年以上の懲役に処する」
と規定している。書き換えれば、

「人を殺したという事実の存在（T）⇒ 死刑または無期もしくは5年以上の懲

役に処する（R)」（人を殺したという事実が存在する、ならば、死刑または無期もしくは5年以上の懲役に処する）

となり、記号化すれば

「T ⇒ R」（Tが真である、ならば、Rが認められる）

となる。なお、刑事法では、法律要件のことを構成要件と呼ぶことが多い。

　前記1-1のおかず交換物語でも、同様の構造の約束がなされている。
　①「D君が親の手作りのお肉料理のおかずをCさんにあげたら、Cさんは親の手作りのお魚料理のおかずをD君にあげる」、
および、
　②「Cさんが親の手作りのお魚料理のおかずをD君にあげたら、D君は親の手作りのお肉料理のおかずをCさんにあげる」、
と「T ⇒ R」の構造になっている。

1-2-2　法の解釈適用──当てはめ判断
　このような法規範命題を用いて、具体的な事案・事件に当てはめて法的判断を実践することを「法の解釈適用」と呼ぶ。裁判官が判決書で示す判断内容がその典型的なものである。
　殺人罪の法規範「人を殺した者は、死刑又は無期若しくは5年以上の懲役に処する」を解釈適用することは、法律家でなくても誰にでもできる簡単な作業にも見える。
　しかし、人を殺すとはどういうことか、はそれほど自明ではない。
　人間はいつかは必ず死亡する。
　ある人が他人に何らかの行為をして、その結果50年後に死亡したとき、これは殺人に該当するのか？　その行為をしていなかったとしても30年後に死亡していたであろう場合、同じ50年後に死亡していたであろう場合、70年後に死亡していたであろう場合、どう考えるべきか。

16

ある行為の結果ある事態が生じたということ自体も複雑でありうる。

　すなわち、ある行為とある事態との間に因果関係があるとはどういうことなのか、事例や事案によってはそれほど自明ではない。

　ある結果とは何かも同様である。心拍停止したら死亡といえるかといえば、数時間後に蘇生するかもしれない。脳死であったとしたら、呼吸や心拍は持続している場合も多いし、人工呼吸器や人工心臓を用いていることもありうる。

　ある行為が殺人行為といえるかも、銃で撃ったりナイフで刺したりする以外にも、塩分を過剰に摂取するような料理を食べさせ続けて10年後に高血圧で死亡させてしまったとか、煙草によるニコチン中毒に陥らせて30年後に肺がんで死亡させてしまったとか、相手方の礼を失した態度を叱責したら思い悩んで自殺してしまったとか、考えればいくらでも限界事例は出てこよう。

　法律効果の方も、「死刑又は無期若しくは5年以上の懲役」であり、非常に範囲が広い。

　このように、法の解釈適用とは、法規範の通常は非常に抽象的な規定に、個別具体的な事案・事例が当てはまるのか、当てはまらないのかを決める作業であり、実は非常に複雑で困難な判断であることも多いのである。

　このように認定事実が法の規定する要件や効果に該当するか否かの判断が必要であり、その作業は「包摂判断」とか、法の「当てはめ」の判断と呼ばれる。

　前記1-1のおかず交換物語でも、AさんとB君の場合は、Aさんの親の自慢の手作りのさばの味噌煮は約束通りのお魚料理のおかずであり、B君の親の自慢の手作りハンバーグも約束通りのお肉料理のおかずであると包摂判断がなされている。

　CさんとD君の場合は、D君の親が長野県からネットで取り寄せた特産品のイナゴの佃煮も約束通りのお肉料理のおかずであり、Cさんの親がスーパーの冷凍物を解凍してオーブントースターで焼いたタコ焼きも約束通りのお魚料理だと包摂判断がなされている。

法的判断としての解釈

穂積忠夫弁護士はその論文において、裁判所による法律行為の解釈——契約の解釈など——には2つの作用を区別するべきであると論じている。すなわち、「意味の発見」と「意味の持ち込み」である。

意味の発見とは、契約書の条文や交渉での発言など、シンボルの意味や当事者の内部で引き起こされた社会的期待がどういうものであるか、を発見し確定する操作である。第三者的立場から、社会的事実としての文言や心理を、社会科学的に探求する作用である。

意味の持ち込みとは、契約などの法律行為に、どのような法的な規範的ないし法的効果を与えるべきか、について法的判断を行い、望ましいとされる効果を生じさせるような意味をシンボルに付与する作用である。

裁判で「要件 X がある、ならば、効果 Y を認める」という法規範の適用が争われ、X という要件事実に当てはまる α という主要事実の真偽が主要な争点となっているとする。裁判所としては法律効果 Y を認めることが、紛争解決として社会的に望ましいと判断しているとする。

ところが、証拠調べなどによって裁判所が認定した事実が実は α とは異なる β という事実であった場合どうするか。

穂積弁護士によれば次の3つの方法のいずれかを裁判所は行うという。(1)法規範の意味を変える。すなわち、β が当てはまるような修正された要件 X' を用いた「要件 X' がある、ならば、効果 Y が認められる」という法規範にする。(2)事実認定を変える。すなわち、β ではなく α の方を事実として認定する。(3)法規範と事実認定の両方を変える。

穂積弁護士に従うなら、法の解釈適用とは、法規範の見直し、修正、創造と、事実認定の見直し、修正、変更という、高度の規範的判断がなされる過程である。(穂積忠夫「法律行為の『解釈』の構造と機能」法学協会雑誌 77 巻 6 号、78 巻 1 号（1961）参照）

1-3　事実認定とは？——日常のルール解釈との対比

1-3-1　証拠、間接事実、主要事実

裁判において裁判官が行う作業は、法の解釈適用だけではなく、事実の認定

も行う。

「故意または過失」が存在するかは、故意や過失に当てはまるような事実が存在するか次第である。

交通事故を起こした者が、自動車の運転をする際に携帯電話を見ていたら、たいていは過失と評価されることになろう。しかし、本当に携帯電話を加害者は見ていたのか、いなかったのか。電話会社や携帯電話に残っている記録や、通話相手の証言や、事故の目撃証人の証言などから、推認する他ないことが通常である。ただし、最近はドライヴ・レコーダーを設置している自動車も増加しており、かつてよりは事実認定が容易な場合が増えているであろう。

「売ろう」「買おう」の売買契約でも、契約書がしっかりと作成されているとは限らず、「言った」「言わない」の水掛け論になった場合も、契約の成否のために裁判官は、本当はどういうやり取りで何が合意されたのか、されなかったのかの事実関係を認定しなければならない。

このような判断作用は「事実認定」と呼ばれ、証拠や間接事実から主要事実を推認する判断であるとされる。

なお、証拠とは「現場の加害者の残した血痕の DNA 型鑑定結果と被疑者の血液の DNA 型鑑定結果とが一致する」とか「目撃証人が、被告の運転する自動車が赤信号で交差点に侵入して本件交通事故を起こしたのを見たと証言した」というような命題であり、主要事実とは法律効果を発生させるための法律要件に該当する法律上重要な具体的事実であり（容疑者が被害者を殺したという事実など）、間接事実とは「アリバイ」や「裁判外での自白」など主要事実を推認させるような具体的事実である。

1-3-2　三段論法

事実認定については、法律学では、論理学における三段論法を応用して「事実認定三段論法」ないし「経験則三段論法」として説明されることがある。

論理学における三段論法は以下のように説明されることが多い。

大前提：A　　　　　⇒　B
小前提：a
────────────────────
帰　結：　　　　　　　　b

　すなわち、大前提は「Aが真である、ならば、Bが真である」であり、小前提は、「Aに該当するaが真である」である。小前提を大前提に当てはめると、「Bに該当するbが真である」という結論が得られる。
　具体例として、アリストテレスという人間を当てはめてみよう。

大前提：A. 人間である　⇒　B. 死ぬ［＝人間は死ぬ］
小前提：a. アリストテレスは人間である。
────────────────────
帰　結：　　　　　　　　b. アリストテレスは死ぬ。

　すなわち、大前提は「『A. 人間である』が真である、ならば、『B. 人間は死ぬ』は真である」である。小前提は、「Aに該当する『a. アリストテレスは人間である』が真である」である。小前提を大前提に当てはめると、「Bに該当する『b. アリストテレスは死ぬ』は真である」という結論が得られる。
　「〜は真である」の部分を省略すれば、大前提は「A. 人間であるならば、B. 死ぬ」であり、小前提は、「（Aに該当する）a. アリストテレスは人間である」である。小前提を大前提に当てはめると、「b. アリストテレスは死ぬ」という結論が得られる。

1-3-3　経験則三段論法モデルとその限界

事実認定三段論法ないし経験則三段論法の場合は、大前提として「経験則」と呼ばれる事実法則を用いて、以下のようになる。

経験則（大前提）：A. 証拠が存在する　　⇒　B. 事実が存在する
証　拠（小前提）：a. 具体的な証拠 e が存在する。
────────────────────────────────
帰　結：　　　　　　　　b. 具体的事実 t が存在する。

すなわち、大前提は「『A. 証拠が存在する』が真である、ならば、『B. 事実が存在する』は真である」である。小前提は、「A に該当する『a. 具体的証拠 e が存在する』が真である」である。小前提を大前提に当てはめると、「B に該当する『b. 具体的事実 t が存在する』は真である」という結論が得られる。

先と同様に「〜は真である」の部分を省略すれば、大前提は「A. 証拠が存在する、ならば、B. 事実が存在する」であり、小前提は、「（A に該当する）a. 具体的証拠 e が存在する」である。小前提を大前提に当てはめると、「b. 具体的事実 t が存在する」という結論が得られる。

経験則三段論法での大前提は経験則と呼ばれ、小前提は「証拠」や「間接事実」であることが多い。

経験則三段論法の外見は三段論法のように見えるが、経験則が 100% の確実性を持つ法則であり、経験則の「証拠が存在する」に「具体的証拠 e」が 100% 当てはまり、経験則の「事実」に結論の「具体的事実 t」が 100% 当てはまる必要がある。

しかし、多くの経験則は確率的命題や統計的命題であり、100% の確実性は持たないとともに、経験則における「証拠」と「具体的証拠 e」、および「事実」と「具体的事実 t」の当てはまりは 100% ではないことが通常である。

たとえば、「目撃者が『交差点で交通事故が起きたとき、被告の自動車の走行していた道路の信号が赤だった』と証言するならば、被告の自動車は赤信号を無視して交差点に侵入した」というような経験則の場合に、それが 100% の確実性を持つと考える者はいないであろう。目撃者の見間違いや記憶違いなどは決して珍しくない。

むしろ「目撃者が『交差点で交通事故が起きたとき、被告の自動車の走行していた道路の信号が赤だった』と証言するならば、被告の自動車は赤信号を無視して交差点に侵入した可能性は、そうでない場合よりも高いであろう」というような不確実性を含む経験則として利用されるであろう。

　また、証拠と具体的証拠 e の当てはめの場合も、たとえば、目撃者が幼児だったり高齢者だった場合や、色弱だった場合、状況が夕方や夜間だった場合なども上記の経験則に当てはまるか、確実ではない。

　さらに、経験則の結論部の事実と、証明の対象である具体的事実 t の当てはめの場合についても、交差点への侵入の直前に信号が青から黄色になったような場合も「赤信号を無視して」といえるかは確実ではない。

1-3-4　確率判断としての事実認定──ベイズモデル

　したがって、真偽値のみの二値論理の枠内の記号論理を前提とする三段論法を応用することには無理がある。確率、とりわけ条件付確率を導入すれば、

> 経験則：A. 証拠　⇒　B. 事実
> 　　　（A. 証拠が存在する、ならば、B. 事実が存在する）

は、

> p（A. 証拠　⇒　B. 事実）
> （「A. 証拠が存在する、ならば、B. 事実が存在する」という命題が真である確率）

となり、条件付確率で、

> p（A. 証拠　⇒　B. 事実）　≡　p（B. 事実　|　A. 証拠）

と定式化することが許されよう。なお「≡」は「定義する」の意味である。よって、左辺（「A. 証拠が存在する、ならば、B. 事実が存在する」が真である確率）を、右辺（「A. 証拠が真である場合に、B. 事実が存在する確率」）で定義する、と

いう意味である。この定義を用いれば経験則三段論法は、

経験則：p（B. 事実｜A. 証拠）
証拠　：a. 具体的証拠 e が存在する。
_____
　　　　p（b. 具体的事実 t が存在する｜a. 具体的証拠 e が存在する）

となる。ここでも、B. 事実に b. 具体的事実 t が当てはまる（B ⊇ b と表記する）と A. 証拠に a. 具体的証拠 e が当てはまる（A ⊇ a と表記する）という 2 つの包摂判断が必要となる。

　証拠を吟味する前の時点での具体的事実 t が存在する事前確率は、

　　　p（b. 具体的事実 t が存在する）

であり、それが証拠を吟味して具体的証拠 e の存在がわかった後の確率が（これを事後確率と呼ぶ）、高くなるか、低くなるかは次の式で示される「尤度比」次第である。尤度比は、

$$尤度比 \equiv \frac{p（a. 具体的証拠 e が存在する｜b. 具体的事実 t が存在する）}{p（a. 具体的証拠 e が存在する｜b. 具体的事実 t が存在しない）}$$

で定義される。式の意味は、分子が「証明対象である『b. 具体的事実 t が、存在する』場合に、『a. 具体的証拠 e が存在する』確率」であり、分母は条件が逆になっており、「証明対象である『b. 具体的事実 t が、存在しない』場合に、『a. 具体的証拠 e が存在する』確率」である。

　後に述べるベイズの定理により、尤度比の値が 1 よりも大きければ、事後確率は事前確率よりも大きくなり、1 よりも小さければ逆に事後確率は事前確率よりも小さくなる。

　C さんと D 君のお弁当のおかず交換物語においても、当初、D 君のおかずが何かわからなかった C さんは、いろいろな仮説を立てて（ビーフ、馬肉、エビ、など）、それが正しいと仮定したら、目の前にあるおかずの状況がありうるか（p（おかずの状況が観察される｜仮説が真））、および、それが正しくないと

仮定したら、目の前にあるおかずの状況がありうるか（p（おかずの状況が観察される｜仮説は偽である））、を比較検討し、前者よりも後者のほうがありえそうだ、つまり、尤度比の分子よりも分母のほうが大きそうだということで仮説を捨てている。

　これは、上記の尤度比による判定と同じ判断をしていることになる。すなわち、

$$\text{尤度比} \equiv \frac{p（エビのような手足がある｜ビーフや馬肉の佃煮である）}{p（エビのような手足がある｜ビーフや馬肉の佃煮ではない）}$$

という尤度比が1よりも小さいということである。これは、「ビーフや馬肉の佃煮だったら、エビのような手足があるとは思えないが、他方、ビーフや馬肉のような肉料理以外なら、エビのような手足があってもおかしくない」という判断である。

　また、エビの佃煮のような気もしたが、違うだろうと判断したことについては、

$$\text{尤度比} \equiv \frac{p（飛び跳ねるための大きな後足がある｜エビの佃煮である）}{p（飛び跳ねるための大きな後足がある｜エビの佃煮ではない）}$$

という尤度比が1よりも小さいという判断である。これは、「エビの佃煮だったら、飛び跳ねるための大きな後足があるのはおかしいが、他方、エビの佃煮ではないなら、飛び跳ねるための大きな後足があってもおかしくはない」という判断である。

　D君から、それがイナゴの佃煮だと聞いて納得している。これは、

$$\text{尤度比} \equiv \frac{p（エビのような手足と、飛び跳ねる大きな後足｜イナゴの佃煮である）}{p（エビのような手足と、飛び跳ねる大きな後足｜イナゴの佃煮ではない）}$$

が1よりも非常に大きいとの判断をしたことになる。ベイズの定理によれば、この場合、事後確率が急上昇する。その結果、

$$p（イナゴの佃煮である｜エビのような手足と、飛び跳ねる大きな後足）\fallingdotseq 1$$

と判断したことになる。なお、「エビのような手足と、飛び跳ねる大きな後足」の部分には、その他多様な前提知識や情報も必要であるが、注目するのが「エビのような手足と、飛び跳ねる大きな後足」であるので、簡単化のために省略してある。

1-3-5　ベイズ意思決定論での確率概念

では、以上の事実認定の際に用いた「確率」とはいかなるものであろうか。ベイズ意思決定論の考え方を以下に簡単に説明しておく。

確からしさの人間の判断で、確率の公理を満たす合理的なものを「主観確率」と呼ぶ。これは言い換えれば「確信の程度（degree of belief）」である。

ある情報（ここでは、「具体的証拠 e が存在すること」）を取得する前の時点での、事実の存在についての主観確率を「事前確率（prior probability）」と呼び、その情報を得た後の主観確率を「事後確率（posterior probability）」と呼ぶ。

合理的な判断の場合に、事前確率が証拠によってどのように変化して事後確率になるかを与える法則が「ベイズの定理」ないし「ベイズ法則」である。

このように説明すると難解な判断作用のようにみえるかもしれないが、上記のイナゴの佃煮の事実認定のように、人間が日常的に行っている事実の認定判断を確率論的に構成したものなのである。

我々の判断は、伝統的な頻度説による確率判断ではないことがほとんどである。伝統的な頻度説では、確率とは、相対頻度の極限として定義される。何度も繰り返したり、多数の標本を蒐集して、目的の結果が全体の中で占める割合によって、当該目的状態の生起確率を考えるのが頻度説である。

これに対し、主観的な「確信の程度」で生起確率を考えるのがベイズ理論である。確信の程度というと非常に恣意的でいい加減なものにきこえるかもしれないが、確率の公理を満たす合理的なものであることを仮定している。

我々が、頻度説の確率ではなく、ベイズ理論の主観確率で判断や意思決定をしている具体例を示しておこう。

想定として、あなたがテロリストに拘束され処刑に直面しているとする。テロリストはあなたに対して、温情を示し、銃殺するかわりにロシアン・ルーレ

ットをするよう強制したとしよう。

　しかも、あなたに選択権をも提供してくれた。6連発リヴォルヴァーのピストルに2つだけ実弾を込めた銃Aと、5つ実弾を込めた銃Bとを用意し、あなたのロシアン・ルーレット用の銃として、銃Aか銃Bかの選択を許可したのである。

　あなたは、銃Aと銃Bのどちらを選ぶか？

　銃Bをあえて選ぶ人は稀であろう。銃Aと銃Bとで無差別、つまり、どちらでも構わないという人はもっと稀であろう。ほとんどの人は銃Aを選ぶであろう。

　さて、あなたはかけがえのない個人であり、あなたが死ぬか生きるかは、宇宙の歴史においてただ一度しかありえない事態である。あなたその1、あなたその2、……、などは考えられないものである。

　伝統的な頻度説の確率論の立場からは、この宇宙で唯一の存在であるあなたについて、「何回もロシアン・ルーレットを繰り返したら」という仮定を置くことはできない。一度しかありえないからである。したがって、テロリストに強要されたこのロシアン・ルーレットで、あなたがいずれの銃を選択したとしても、それについて確率を考えることは論理矛盾となる。よって、あなたが銃Aと銃Bのどちらを選ぶかの選択において、頻度説の確率で判断することは不可能である。頻度説の確率論では、銃Aを選ぶべきか、銃Bを選ぶべきか、について何も示唆できない。

　では、現実の生身の人間である我々はどうか？　もちろん銃Aを選ぶ。もし仮に実弾を1発だけ詰めた銃Cも選べたとしたら、銃Aではなく銃Cを選ぶであろう。これらの判断を「非合理である」と評価する人間はまずいない。しかし伝統的な頻度説の確率論からは、比較できないのであるから「非合理な選択」と呼ばざるを得ない。銃Aの確率は3分の1で、銃Cの確率は6分の1だ、と比較したとたん、あなたは頻度説の確率論から飛び出して、ベイズ確率論で判断したことになるのである。

　以上から、人間が頻度説の確率判断に基づいて行動しているわけではなく、ベイズ理論の主観確率に基づいて行動していることは明らかであろう。宇宙に唯一である明日の天気の晴れの確率も同様である。

個別具体的で繰り返しを観念できない事実についても、人間は確率判断をしている。類似の事実についてもしも統計的データが存在する場合、頻度説の確率論では許されないはずの方法で用いる。すなわち、統計的データから得られた頻度を、当該個別具体的事実の確率として用いている。ベイズ理論の主観確率から見れば、これは当然に許される合理的な確率判断である。

コラム3

プロスペクト理論

　我々人間が主観確率を用いて意思決定や判断をしていることは明らかであるが、そのことは、人々の確率判断がベイズ理論に従うという意味で常に正確なものであることを意味するものではない。

　ベイズ理論に従わない場合は、人々の判断は必ず非合理なものとなるが、現実の生身の人間はときとして、場合によりしばしば非合理な判断をしてしまっている。

　人間の判断がどのように非合理なものとなるかの有力な理論の1つがプロスペクト理論である。プロスペクト理論は、以下の4点の構成要素に集約することができる。

(1) 「得をする」という状況では、多くの人々はリスク回避行動をとり、同じ期待金銭価値の選択肢ならばより確実なものを選択する。

(2) 「損をする」という状況では、多くの人々はリスク追求行動をとり、同じ期待金銭価値の選択肢ならばより不確実なものを選択する。

(3) 「得をする」か「損をする」かの状況判断においては、多くの人々は現状や期待（希望的観測）などを「参照点」とし、それよりも「得をする」か「損をする」かで状況判断する。

(4) 多くの人々は、絶対値として同じ期待金銭価値であれば、損失の方を獲得よりも強く意識する（損失回避）。

　このプロスペクト理論によれば、人々の確率判断には歪みが生じていることになる。

（ダニエル・カーネマン（村井章子訳）『ファスト＆スロー——あなたの意思はどのように決まるか？（上)(下)』（早川書房、2012)）

1-4　法的推論とは？

1-4-1　法的三段論法

　法の解釈適用（当てはめ判断）と事実認定がなされれば、法的判断の結論を導くことができるようになる。この判断作用は「法的推論」と呼ばれる。ここでも通常は、論理学における三段論法を応用して説明される。これは、「法的三段論法」とか「判決三段論法」と呼ばれる。

　繰り返しとなるが、具体例として、今度はアリストテレスという人間を当てはめてみよう。

> 大前提：A. 人間である　　⇒　B. 死ぬ［＝人間は死ぬ］
> 小前提：a. アリストテレスは人間である。
> ──────────────────────────────
> 帰　結：　　　　　　　　　　b. アリストテレスは死ぬ。

小前提を大前提に当てはめると、「b. アリストテレスは死ぬ」という結論が得られる。

　法的三段論法の場合は、大前提として「法規範」が使われ、以下のようになる。

> 法規範：A. 法律要件 T　　⇒　B. 法律効果 R
> 事実　：a. 具体的事実 t が存在する。
> ──────────────────────────────
> 帰　結：　　　　　　　　　　b. 具体的法律効果 r が与えられる。

法的三段論法も論理学の三段論法と似た外見を持っているが、具体的事実 t が法律要件 T に 100% 当てはまり、具体的法律効果 r が法律効果 R に 100% 当てはまらなければならない。

　しかし、抽象的で曖昧な自然言語による法規範命題の場合には、必然的に、先に見た「当てはめ判断」が必要となる。

　とりわけ、「過失」、「正当事由」、「安全配慮義務」、「相当因果関係」などの

ような法的価値判断を下さなければその成否を判断できないような「規範的法律要件」ないし「評価型法律要件」の場合には、法的価値判断による当てはめ判断なしには判断できない。

　すなわち、法的三段論法は論理的な意味での三段論法ではなく、裁判所や法解釈学者の主観的ないし恣意的な法的価値判断の結果を、論理必然の推論であるかのように見せかけるものでしかないのである。

1-4-2　複数規範の法的推論

　さて、複数の法規範が適用される場合も法的推論がなされる。たとえば、下記のような推論となる。なお、下記におけるカンマ（,）は、ここでは特別な意味として、「かつ」を意味している。

> 権利根拠要件 T1, T2, T3 ⇒ 法律効果 R
> 　権利障害要件 T4 ⇒ not 法律効果 R
> 　　再抗弁要件 T41 ⇒ 法律効果 R
> 　　　再々抗弁要件 T411 ⇒ not 法律効果 R
> 　　　　・・・
> 　権利消滅要件 T5 ⇒ not 法律効果 R
> 　　再抗弁要件 T51 ⇒ 法律効果 R
> 　　　再々抗弁要件 T511 ⇒ not 法律効果 R
> 　　　　・・・

　すなわち、権利根拠要件 T1〜T3 に当てはまる具体的事実が、すべて証明されたとして認定されれば、法律効果 R が差し当たり認められる（第1行目）。どれかの証明に失敗すれば R は認められない（T1〜T3 は「かつ」を意味する（,）で結合されている）。

　しかし、T1〜T3 のすべてが認定されたとしても、抗弁として権利障害要件 T4 に当てはまる事実が主張され証明されれば、法律効果 R は差し当たり認められなくなる（第2行目）。

　その場合も、再抗弁要件 T41 が主張され証明されれば、法律効果 R は認められる（第3行目）。ただし、再々抗弁要件 T411 が主張され証明されれば、法

律効果 R は認められない（第 4 行目）。以下同様である。

　また、権利根拠要件 T1〜T3 がすべて認められたとしても、権利消滅要件 T5 が主張され証明されれば、法律効果 R は差し当たり認められない（第 6 行目）。その場合も、再抗弁要件 T51 が主張され証明されれば、法律効果 R は認められる（第 7 行目）。ただし、再々抗弁要件 T511 が主張され証明されれば、法律効果 R は認められない（第 8 行目）。以下同様である。

　このように、かなり複雑な推論である。普通に法学部を卒業できただけでは、このような複雑な法的推論を、間違うことなく、また法律要件の見落としなく行うことはなかなかできない。

　そこで AI（人工知能）による法的推論支援が現実味を帯びた選択肢となってくる。AI にとって、いくら複雑で多岐にわたる場合でも、法律要件などの見落としをしないことは容易であり当然の前提である。

　また、AI にとって、法的推論を間違うことなく遂行することは、時間的にも正確性においても、人間の何万倍も得意とするところである。

　以上から、法の解釈適用における法的推論は、法的三段論法とその拡張として説明されるものであるが、AI 上に実装することができれば、人間があえて行う必要もないものであると期待されよう。

コラム 4

法の解釈適用の現実

　「法の解釈適用の実践現場は、苦痛と死で満ち満ちている。さまざまな意味でこれは真実なのである。法の解釈適用は、他者に対して暴力を科すための合図を意味したり、他者に暴力を科すことそのものであったりする。裁判官がある法文の意味解釈を論じるとき、その結果として誰かが、その自由や、財産や、子どもや、さらには生命をも失うことになる。法の解釈は、既に振るわれた暴力の正当化や、これからまさに起きようとしている暴力の正当化としても作用する。法の解釈適用の実践が完遂したとき、その跡にはしばしば、このような組織的で社会的な暴力の執行結果として、人生をズタズタにされた犠牲者たちが残される。法解釈と暴力の間を切り離したら、法解釈も、それがもたらす暴力も、いずれも適切に理解することはできない」（Robert M. Cover, "Violence and the Word," 95 *Yale Law Journal* 1601（1986））

　コーヴァーがいみじくも指摘するように、法は、組織的で社会的な暴力の起動装置である。法学、そして法の解釈適用は、一見すると、言語操作による論理的な知的営為のように見えるが、法解釈の微妙な違いが、家庭の平和と崩壊、企業の成長と破綻、身体の自由と収監、そして生死、すなわち天国と地獄を人々の人生にもたらす。法律家も法学者も、そして法学生も、そのことに対する責任の自覚を持たなければならない。

1-5　創造的法解釈とは？——エヴィデンス・ベース・ロー

1-5-1　役に立つ法の分業による実現

「序章 はじめに」で論じたように、法とは社会制禦の道具である。道具である以上、それが役に立たないならば、改良しなければならず、改良のしようがないなら廃棄しなければならない。

　では、役に立つとはどういうことであろうか。病気のための薬の場合、病気が治り、副作用が出ないことが役に立つ薬の必要条件であろう。他の治療薬と比べて、より良く病気が治り、副作用がより小さい方がより良い薬であり、それが選択されるべきである。

　法規範の場合も同様、法目的を達成でき、副作用を惹起しないことが役に立つ法規範であるための必要条件であろう。

　法規範とは、他でもありえた多様な法的制禦の代替的選択肢の中から選択されたものである。したがって、他の法規範選択肢と比べて、法目的をより良く達成でき、副作用がより小さい規範がより役に立つ法規範である。

　立法過程を考えるならば、このようなことは当たり前のことのように見えるであろう。社会問題の解決や、将来の紛争の予防や、一定の社会政策の実現などの目的をもって立法がなされる。立法とはこのように極めて目的的な社会行為である。

　立法過程のアウトプットとして創造された法について、それを司法や行政において解釈適用する場合、あるいは、人々が社会行為として法使用をする場合、

一見すると創造性は必要ない気がするかもしれない。

　プログラムを組んでコンピュータに入力して実行させる場合、すべての命令はプログラムに書かれていなければならず、かつ、ちゃんと動くプログラムはそうなっている。コンピュータがプログラムを実行する際には、プログラムの命令に従うだけであるのが通常である。

　では、企業や官庁などの組織で、あるプロジェクトを創造し、実行する場合を考えてみよう。手順書を詳細に構成し、プロジェクト担当者たちはその手順書通りに動いてプロジェクトを遂行する、ように見えるかもしれない。しかし、すべての担当者それぞれがどのような行動をするかについて、一挙手一投足までナノ秒単位で手順書に記載することは、無駄であるのみならず、不可能であることは明らかであろう。

　組織のプロジェクト手順書は、目的や骨子とある程度までの手順を具体化するまでで、そこから先の詳細は、プロジェクト担当者たちの合理的で創造的な補足判断に委ねているし、委ねざるを得ない。これは判断作用の、組織全体と個別担当者との分業である。

　では、法過程の場合はどうであろうか。コンピュータ・プログラムであろうか、人間の組織であろうか。

　言うまでもなく、法過程の担い手は生身の人間であり、人間組織である。立法のアウトプットたる法は、大まかな目的・趣旨や、ある程度まで具体化された法規範によって構成されるが、そのひとつひとつの法的ルールをどのように解釈し、どのように適用し、どのように執行・強制するかは、すなわち法の解釈適用の具体的実施は、人間組織としての司法組織、行政組織、そして社会構成員に委ねられている。

　とすれば、司法や行政、あるいは人々の法使用における法の解釈適用には、法の目的・趣旨を参照しつつ、一定以上抽象的で曖昧性を必然的に有する法規範を具体化して、社会の状況に適合させつつ実施するという、法的価値判断作用が期待されていることになるとともに、それなしには法システムは作動できない。

　法の解釈適用は、こうして、必然的に法創造的であるし、法創造的でなければならない。この点を強調して本書ではこれを「創造的法解釈」と呼ぶ。

司法、行政、そして人々の法使用において、創造的法解釈が適正になされるにはどうしたらよいか。言うまでもなく、適正な立法過程をモデルにするべきである。

1-5-2　立法事実アプローチ

　では、適正な立法過程のモデルとはいかなるものか。

　立法過程において、民主主義的な意味で正当性を認められた法政策目標を実現するために、十分に当該立法が取り組む対象についての社会の実態や問題の原因、社会構成員の支持の有無と程度、問題解決方法の選択肢とそれぞれの選択肢に期待される効果とコストなどについて、社会科学や自然科学の理論と知見を十分に蒐集し分析して、それらに基づいて法制度を設計することが要求される。

　法政策に関して参照されるべき社会科学や自然科学の理論と知見は、「立法事実」と呼ばれる。適正な立法過程となるためは、十分な立法事実の蒐集と吟味をすることが最低条件・必要条件である。

　法の解釈適用においてもこれは当てはまる。司法や行政、あるいは市民の法使用において、十分な立法事実の蒐集と吟味に基づいて法の解釈適用が実践されることが、最低条件・必要条件である。このように、事実と証拠に基づいた法の解釈適用を「エヴィデンス・ベース・ロー（Evidence-based Law）」と呼ぶ。

　エヴィデンス・ベース・ローこそ、創造的法解釈にとっての必要条件である。第2章では、この点を敷衍することにする。

コラム 5

　政策科学としての法学の必要性と重要性は、古くから慧眼の法律家によって指摘されている。ユダヤ人として初めて連邦最高裁判所判事となり、社会科学等の成果など非法的な内容の準備書面「ブランダイス・ブリーフ」で有名なブランダイス裁判官の言葉と、政策科学を主唱した政治学者ラスウェル教授と著名な国際法学者マクドゥガル教授の共著論文の言葉を紹介する。

　「法律家として必要な経済学や社会科学の知識を持たないままに裁判官は法廷に臨

み、事案について弁論する弁護士も必要な経済学や社会科学の知識をやはり持っていないので、裁判官の判断は不適切なものとなる。というのも、事案について弁護士が法廷で適切に弁論できていない場合に、裁判官が適切な判断を下せることは稀でしかないからである。こうして裁判は、盲人が盲人を導くような過程になってしまう。よって、このような状況下では、現在の経済的社会的な要請に対して、法が適切に応えることができないのは、さして驚くべきことではない」(Louis D. Brandeis, "Living Law," 10 *Illinois Law Review* 461-471, at 470 (1916))

　「現代社会における法学教育が、自由で生産的な社会のニーズに適切に対応できるためには、法学教育は『政策形成の訓練』として自覚的、効率的、かつシステマティックなものとならなければならない。ロー・スクールの適切な役割は、簡単に述べれば、[……] 国家体制の目標として公式に宣言されている民主主義的価値の完全なる達成を、一層進めることのできる政策形成者を育成することである」(Harold D. Lasswell & Myres S. McDougal, "Legal Education and Public Policy: Professional Training in the Public Interest," 52 *Yale Law Journal* 203 (1943))

　盲人が盲人を導くような裁判となってしまわないために、法学は政策科学でなければならないのである。

《参考文献》

太田勝造（1982）『裁判における証明論の基礎―事実認定と証明責任のベイズ論的再構成』（弘文堂）

太田勝造（1990）『民事紛争解決手続論―交渉・和解・調停・裁判の理論分析』（信山社、〔新装版〕2008）

太田勝造（2000）『社会科学の理論とモデル7：法律』（東京大学出版会）

太田勝造（2017）「社会科学方法論としてのベイズ推定―帰無仮説反証から研究仮説検証へ」『法と社会研究』3号 25-46頁

高橋文彦（2013）『法的思考と論理』（成文堂）

豊田愛祥＝太田勝造＝林圭介＝斎藤輝夫 編著（2018）『和解は未来を創る―草野芳郎先生古稀記念』（信山社）

長谷部恭男ほか編（2015）『法の変動の担い手（岩波講座 現代法の動態 第5巻）』（岩波書店）

原　竹裕（2000）『裁判による法創造と事実審理』（弘文堂）

第2章

伝統的法学と21世紀法の政策科学

太田 勝造

─プロローグ

　Aさんと B君は、法学部生です。AさんとB君は、法律が、人々の日常生活から、企業活動、さらには国際関係まで、人間活動の森羅万象をインフラストラクチャー（社会基盤）として支え、制禦していることを基礎法科目の講義で教わって、なるほど、それなら、法学部卒業生が社会のさまざまな分野で活躍しているのも納得できると思いました。そして、法律の勉強をする意欲がますます高まりました。

　ところが、AさんとB君は実定法科目の授業に出てみましたが、なんとなく違和感を感じたので、2人で話し合うことにしました。

Aさん：法律科目の講義なので、現在の日本の社会がどのように法律で支えられ、制禦されているのか、どうやったらより良い法実践・法実務ができるのか教えてくれるのかと思ったけど、古い明治時代にどうやって法律を西洋から導入したかとか、フランスやドイツやアメリカでの法律がどうなっているかばかり講義してくださっているのは不思議な気がするわ。

B君：それはまだ授業が導入部だからに過ぎないのかもしれないね。そのうち、条文の説明や、関連する裁判例の説明をしてくださって、法制度がどのように設計され、運営されているか教えてくれるだろうと思うよ。

Aさん：それもそうね。でも、裁判例って、世の中で生じたもめごとや紛争の極ごく一部が、話し合い交渉で解決できなくて裁判になって、裁判の中での話し合いでも和解で解決できなくて、何か月も何年も経ってから判決が出たのが裁判例なのよね。例外中の例外ってことでしょ。そんな例外事

例の裁判例ばかり教えてもらっても、世の中で法がどのように役に立っているかは分からないのじゃないかしら。

B君：そりゃそうだね。でも、法律家って、そんな例外中の例外の激しい紛争事例しか扱わないのかもしれないよ。少なくとも裁判官はそうだよね。

Aさん：確かにそうね。でも取引交渉や契約書作成などの場合はどう？ あっ、授業では、条文の文言や字句を細かく細かく検討して説明してくれているから、法律科目はその面では役に立つかもね。

B君：この文言はどういう意味で、この語句はこう解釈するべきだって、法律の授業って、本当にマニアやオタクの世界みたいだよね。しかも、通説はこう、多数説はこう、少数説はこう、有力説はこう、判例はこうなっていると、結局正解は教えてくれないよね。

Aさん：私たちに考えてほしいんじゃないの？ 法学って、正解のない学問なのね。でも、どの考え方が、より望ましいか否かを判断する基準は明確には教えて欲しいわ。これこれが「妥当である」、「相当である」、「正義公平にかなう」とかの理由付けで、先生はご自分の学説を結局は一番いいものだと言いたいみたいな感じだけど、それって理由とか根拠と言えるの？ 望ましいものが望ましいっていう、単なるトートロジーじゃないの？

B君：本当にそうだね。理論だとか言っても、なんだか言葉を別の言葉で言い換えただけとしか思えなかったり、類型論だとか言っても観念的に場合分けしただけで、それぞれの場合にどう解釈したら良いかは、根拠薄弱のままだったりが多いよね。

Aさん：サークルの先輩が話していたけど、企業に入ると法律の知識は役に立つそうよ。法律用語を使っただけで、法律の素人が相手なら説得できちゃうとか。

B君：なんだか詐欺まがいだな。大学を出て官庁に行った高校の先輩におごってもらったとき、法案をドラフトするときには少しは法学部の勉強も役に立つけど、そもそも法案の内容の法政策を立案する際には、法律学はちっとも役に立たないそうだよ。法律学って、法解釈学とも言って、すでにある法や判例を解釈する学問だから、解釈対象の法自体を創る際には全然

役に立たないそうだ。

Ａさん：法政策の選択立案は、法学部生なら自学自習するべきってことかも
　　　　ね。

2-0　課題設定

・伝統的法学の方法にはどのような特色があるのであろうか？

・裁判についての伝統的な見方はどのようなものであろうか？

・AI 時代の法学の方法である法的道具主義にはどのような特色があるのであ
　ろうか？

・AI 時代の法学では、法と社会の関係をどのように考えるのであろうか？

・エヴィデンス・ベース・ローの中核である立法事実アプローチとはどのよう
　なものであろうか？

2-1　伝統的法学の特色

2-1-1　比較法の重視

　伝統的な法学にはいくつかの特色がある。まず、日本の法学は、比較法を重
視する。とりわけ欧米の法制度や判例を参照して議論を展開する。ただし、裁
判において判決理由で海外の法制度や判例に言及されることはほとんどない。
そもそも判決において、日本の法学者の研究成果や学説が言及されること自体
がほとんどない。他方、法学者の研究論文においては、フランス、イギリス、
ドイツ、アメリカ合衆国などの法制度や判例、法学者の研究成果や学説が紹介
されたり分析されることが多い。これは、明治維新以来、日本の法制度が欧米
の法制度を継受して構築され、発達してきたという歴史的事情に基づく。とは
いえ、若手の法学者や法実務家（弁護士、裁判官、検察官）の中には、この傾向
を自虐的に「における論文」とか「海外旅行論文」、あるいは「植民地法学」、
さらには「翻訳法学」などと揶揄する者も出てきている。

2-1-2　過去志向

　伝統的な法学の2つ目の特色は、法制度、とりわけ裁判の役割として、すでに生じた過去の事象・紛争に対し、事後的に妥当公正な法的判断を下すことであると考える傾向がある点である。これは「過去志向」と呼ぶことができよう。これは言い換えれば、法制度が将来の人々の行動や社会の在り方にどのような影響や効果を持つかということを、正面からは重視しないことにつながる。つまり「将来志向」が強くないということである。社会科学、とりわけ経済学では、むしろ将来志向の方が強いといえる。

2-1-3　個別志向

　伝統的な法学の3つ目の特色は、法制度、とりわけ裁判の役割として、個別具体的な事件・事案に対してケース・バイ・ケースで、個別の事案に即して妥当公正な法的判断を下すことを重視する点である。これは「個別志向」と呼ぶことができよう。これは言い換えれば、社会や部分社会などに対して法制度が及ぼす影響や効果を、集合的・集団的な見地から分析するという視角があまり重視されないということである。「法と経済学（Law & Economics）」をはじめとする社会科学の多くでは、集合的・集団的な見地から、社会を分析することが多い。

　伝統的な法解釈学は、その2つ目（過去志向）と3つ目（個別志向）の特色のために、法制度や裁判例が持つ経済的・社会的・政治的な効果や、紛争が生じる以前に社会構成員の行動に与えるインセンティヴ（誘引）、そして、社会構成員の行動の相互作用がもたらす社会状態を正面からは研究対象としない傾向がある。言い換えれば、社会秩序に対する法による事前、事後の制禦を組み込んだものとはなっていない傾向がある。逆に言えば、さまざまな社会科学の理論と方法と成果を取り込んでいない伝統的な法解釈学は、法制度や法解釈、裁判例などが生身の人間の行動や判断にどのような影響を与え、人々の行為の相互作用がもたらす社会状態を予測したり分析したりする方法論を十分に発達させていないことになる。

2-1-4　言語操作志向

　伝統的な法学の４つ目の特色は、法的判断に際して、法的言語・法概念の論理的操作によって判断を導こうとする傾向がある点である。これは法律や裁判が言語として定式化されるものである以上、当然の特色ともいえる。法的ルールは、「法律要件に該当する事実があれば、法律効果を与える」という構造を持っているので、紛争事実関係が、問題となっている法的ルールの要件に当てはまるか否かの判断が不可欠であり、かつ、当てはまるならば自動的に法律効果が生じることになる。しかし、そのような当てはめ判断を超えて、伝統的な法学は法律や裁判例の用いる言葉を過度に重視する傾向が見られる。これは、「言語操作志向」と呼ぶことができよう。この言語操作志向のために法律用語は、日常用語とは異なる言葉を用いたり（瑕疵など）、日常用語と同じ言葉を用いても異なる意味内容として使うことがある（過失など）。さらには、同じ概念であるにもかかわらず読み方が異なることさえある（遺言を「いごん」と読むなど）。このことの副作用として、法律や判決などは一般人にとって難解なものとなり、人々を法から遠ざける結果をもたらしている。近時の若手法学者は自虐的に法学を「言葉遊び」と呼ぶこともある。確かに、「又は」と「若しくは」、「及び」と「並びに」、「その他」と「その他の」の厳密な使い分けなどは、法律の初学者はこだわりがちであるが、言葉遊びと揶揄されても仕方がないであろう。確かにブール代数や概念の階層性の観点から考えれば意味はある区別であるが[1]、一般人の誤解を招くなら、丁寧に書き下せば済むし、その方がユーザー・フレンドリーである。

1）「又は」と「若しくは」の使い分けは、たとえば、前者が「A or B」や「A, B or C」のときの or に使い、後者は「(A OR B) or X」や「(A OR B) or (X OR Y)」のときの OR に使う。概念の階層性で区別しないならば、どれもカッコ（　）なしで「or」のみで済む。「及び」と「並びに」の使い分けは、たとえば、前者が「A and B」や「A, B and C」のときの and に使い、後者は「(A and B) AND X」や「(A and B) AND (X and Y)」のときの AND に使う。概念の階層性で区別しないならば、どれもカッコ（　）なしで「and」のみで済む。「その他」と「その他の」の使い分けは、たとえば、前者が「A, B その他 C」で C が A や B と異なる場合に使い（A≠C, B≠C）、後者は「A, B その他の X」で A や B が X の例示（X=｜A, B, ・・・｜）となっているときに使う。

2-1-5　排他志向

　伝統的な法学の第5の特色は、法的判断に際しては、法以外の要素の考慮を極力避けようとしているかのように見える点である。種々の社会科学の理論、方法、成果を取り入れようという意欲が弱いといえる。さらには、法政策的な視点さえも拒絶する傾向が見られる。法解釈学は固有の方法論に基づく独自の学問であり、他の社会科学とは一線を画す高尚なものであるという潜在意識を感じさせる。これは「排他志向」と呼ぶことができよう。昔は、学生が法政策的見地で議論を始めると、「それは立法政策の問題で、ここでの法解釈学の議論ではない」と叱責する法学者もいた。しかし、法的決定は、それが立法であれ裁判判決であれ、あるいは一介の法学者の学説であれ、社会に還元されうるものである以上、社会との対峙なしの、したがって社会科学なしの議論では法学と呼べないであろう。

　伝統的な法学の第4の特色（言語操作志向）と第5の特色（排他志向）の前提には、法の世界は自己完結的に閉じており、法の内部での概念の論理的操作で、社会のすべての問題を妥当公正に解決できるという考え方が見て取れよう（コラム1参照）。

　確かに立法者が完全無欠で、将来人々がどのような意思決定と行動をするか、その相互作用でどのような社会問題・紛争が生じるかをすべて正確に見抜き、それらのすべてについて公正で正義にかなう適切な法的価値判断を下して、ミスのまったくない精密な立法を行うことができるなら、また先例を作った裁判官が同様に完全無欠であるなら、法文や先例の文言からの論理的操作で、公正で正義にかなう適切な法的判断を導けるかもしれない。しかし、言うまでもなくそのような完全無欠な立法者（選挙で選ばれた政治家である。法案の多くは官僚が起草する）も、完全無欠な裁判官（司法試験に合格するだけなら、人間や社会についての社会科学的素養は多くを要求されない）も存在しない。よって、裁判官や法学者は何が公正で正義にかなう適切な判断であるかを探求しなければならず、その際に社会科学や自然科学の成果を十分に利用できないようでは、その任を十全に果たすことはできない。

　「ところで、君は法学をやったことはあるかね？」

　「いえ、ほとんど」

　「僕は少しかじってみたことがあるけど、創造性を否定する哀しい学問だよ。だいたい、ふつう志のある学生なら、この世をよい社会にするためにはどのような体制・システムを構築しなければいけないかとか、創造的なことを考えたがるものだろう？」

　「ええ」

　「しかし法学には、驚いたことにそういった創造的なマインドはまったくないんだ。……つまり、法制度をどうすべきかという創造的な立法論はしないで、既存の法律の細かい文言の解釈論ばかりにのめり込む。法学がこんな調子だから、法学部の学生は哀れだよ。なにしろ、法律がいかに悪法であろうとも、その法文上の文言の範囲内でしか動いてはいけないと徹底的に教え込まれるんだからな」

　榊東行『三本の矢（上）』（早川書房、1998）98 頁

2-2　伝統的な法学における裁判のモデル

2-2-1　要件・効果の発想

　第1章で見たように、約束であれ、社会規範であれ、契約であれ、法律であれ、その文言に照らして、要件に該当する事実があるならば、規範的な効果を認める、という思考様式は、法律家に限られるものではなく、我々が日常的に行っているものである。伝統的な法学の特色は、この日常的で常識的な「当てはめ判断」を極度に純粋化し形式化したものであると位置づけることが可能であろう。

　この純粋化と形式化による法学の発想は「要件・効果の発想」と呼ぶことができよう。要件・効果の発想は、法律家の議論を論理的で明確なものにしている。第1章の事実認定の説明で用いた三段論法は、法的判断においても用いられ、「法的三段論法」とか「判決三段論法」と呼ばれる。論理学における三段論法は、第1章で見たように、具体例として、今度はアリストテレスという人間を当てはめると下記のようになる。

大前提：A. 人間である　　⇒　B. 死ぬ［＝人間は死ぬ］
小前提：a. アリストテレスは人間である。
───────────────────────────────
帰　結：　　　　　　　　　b. アリストテレスは死ぬ。

この形式に要件・効果の発想を当てはめれば、

大前提（法規範）：A. 法律要件が認められる　⇒　B. 法律効果が与えられる
小前提（事　実）：具体的事実 a は法律要件 A に当てはまる。
───────────────────────────────
帰　結：　　　　　　法律効果 B にあたる具体的法律効果 b が与えられる。

このように、論理的な明確さが法的判断の三段論法としての定式化で明らかと
なる。しかし、「アリストテレスは人間である」のアリストテレスが著名な古
代ギリシャの哲学者を指している以上は争いの余地がない[2]。「アリストテレス
は死ぬ」も争いの余地がない。他方、第 1 章で見たように、「具体的事実 a は
法律要件 A に当てはまる」は法的判断であり、争いの余地がある。「法律効果
B にあたる具体的法律効果 b が与えられる」も争いの余地がある。というよ
りも、裁判や学説で法的に争われるのはまさにこの「当てはめ判断」であるこ
とがほとんどである。つまり、外見上は論理学の三段論法と法的三段論法はと
もに論理的で明確であるように感じられるが、実は法的三段論法の方は、具体
的事実の法律要件への当てはめ判断や、具体的法律効果の法律効果への当ては
め判断という、規範的な価値判断を内含している。にもかかわらず、法学が「論
理的な学問」であると誤って思わせてしまうリスクがある。

コラム 2

　　裁判官が法に盲従するべきか否かについて、20 世紀イギリスで最も偉大な裁判官と
　　呼ばれたデニング卿の言葉を 2 つ紹介しておこう。

───────────────────────────────
　2）「アリストテレス」がたとえば「アリストテレスの銅像」を指しているなら、小前提が成り
立たないので、「アリストテレスは死ぬ」という結論も導くことができない。

「私の根幹的信念は、裁判官の適切な役割が、担当事件の両当事者の間で正義を実現することである、というものである。正義を実現する上で障害となるような法規範があるなら、裁判官としてなしうるありとあらゆることをしてその法規範を回避しようとするべきである」(Lord Denning, *The Family Story,* 1981, p. 174)

　「裁判官は、［法の欠缺や法の不備の際にも］あまりにしばしば、手を拱いて自分では何もせず、立法者を非難して事足れりとする傾向がある。裁判官として本当に為すべきことは、たとえ法の文言から離れることになっても、法文に合理的な意味を解釈することである。そうすることで、裁判官は真理を見出すことがよりよくできるようになる」(Lord Denning, "The Influence of Religion," in *The Changing Law,* 1953, p. 106)

2-2-2　概念法学

　もしも、法律と先例が完全無欠であれば、同じ事実関係の紛争であれば、どの裁判所の、どの裁判官によってもまったく同じ判決となるはずである。事実、そのような主張がなされたことがかつてあった。法概念の論理的操作だけで正しい法的結論を導くことができるとする考え方を「概念法学」と呼ぶ。そして、どの裁判所のどの裁判官によっても、同じ事実関係の紛争であれば同じ判決となるとする主張を「裁判自動販売機説」と呼ぶことができる。事実という名のコインを入れれば、どの自動販売機でも同じジュースが出てくるというイメージである。もちろん、概念法学を主張する法学者も、裁判自動販売機説を主張する法実務家も、現在では存在しない。なぜなら、事実を記述する命題（記述理論）としてそれらは間違っている、すなわち偽なる命題だからである。法令と法令の間に矛盾や抵触が存在し、判例と判例の間で矛盾や抵触が存在することは知られており、完全無欠ではない。法学には種々の学説の対立があることからわかるように、複数の相互に両立しない解釈可能性が残されている。裁判所や裁判官によって、その判断に相違が生じることもよく知られた事実である。「概念計算」のみによって、すべての紛争と社会問題を公正妥当に解決できるものではない。事実認定自体も、同じ証拠方法と事実主張がなされたとしても、裁判所や裁判官によって異なりうる。

　では、規範理論、すなわち、あるべき裁判、実現を目指して追求するべき裁判のモデルとしてはどうであろうか。立法者や裁判官が将来を完璧に見越して

完全無欠な法や先例を作るよう努力することは望ましいといえる。将来予測には確かに限界があるが、逆に、社会問題や紛争が新たに生じるたびに、タイム・ラグなく迅速に正義と公正にかなう法や先例を逐次作るならば予知能力は必要がない。情報収集、情報分析、立法や裁判にはどうしても時間と費用がかかるが、それでも立法者や裁判所が社会問題や紛争に対してリアル・タイム・ベースで解決するよう努力することも望ましいといえる。また、裁判所や裁判官によって法の解釈適用がバラバラでは、何が正しい法か一般国民には予想ができなくなる。そこまでバラバラでなくとも、裁判官によって異なる判断が示されることは、一般国民にとっては納得できないものであろう。同じ証拠方法と事実主張がなされても、裁判所や裁判官ごとに異なる事実認定がなされるようでは、一般国民にとってはやはり納得できないであろう。裁判自動販売機説のように、裁判所や裁判官の当たり外れのない判断を求めるであろう。以上の意味では、概念法学的な法モデルも、規範モデルとしては価値があることになろう。

コラム 3

　　消耗が判断力におよぼす悪影響を調べた実験の結果が、最近「米国科学アカデミー紀要」で発表された。イスラエルで行われた実験で、そうと知らずに被験者になったのは、8 人の仮釈放判定人［parole judges＝仮釈放の可否を判断する裁判官］である。彼らは 1 日中、仮釈放申請書類の審査をしている。書類は順不同で提出され、審査にかける時間は平均 6 分という短さである（仮釈放の申請は却下が前提［デフォルト＝積極的に仮釈放を認めるべきと判断できる場合のみ仮釈放を認める。それ以外は却下するという実務］で、認められるのは 35％ にすぎない）。実験では、決定に要した時間とともに、判定人［裁判官］に与えられる 3 回の食事休憩、すなわち朝、昼、午後の休憩

時間も記録された。そして休憩後の経過時間と許可件数の比率を算出したところ、各休憩直後の許可率が最も高く、65％の申請が認められた。

　その後は次の休憩までの２時間ほどの間に比率は一貫して下がっていき、次の［食事］休憩の直前にはゼロ近くになった。読者もお気づきの通り、これは好ましくない傾向である。実験チームはその［他の］説明をあれこれ［慎重に］検証した末に、結局考えうる最も妥当な説明は大変残念なものになった。疲れて空腹になった判定人［裁判官］は、申請を却下するという安易な「初期設定」に回帰しがちだ、ということである。この場合、疲労と空腹が重なったことが消耗の原因と考えられる。

　　（ダニエル・カーネマン『ファスト＆スロー―あなたの意思はどのように決まるか？
　　（上)』（村井章子訳、早川書房 2014）66 頁（［　］書きを追補した））

2-3　エヴィデンス・ベース・ロー：立法事実アプローチ

2-3-1　法的道具主義

　伝統的な法学では、法とは歴史的発展の精華であり、法学者や法実務家はもとより立法者が人工的に「創造する」ものではなく、観念的には正義の体系として既存であり、法学者や法実務家の仕事はこの既存の正義の体系としての「法」を「発見すること」であると考えられたことがあった。このような発想のもとでは、法の解釈適用と法学において立法政策論は無用の長物となる。この発想は、宗教における教義学（ドグマティク）と類似のものといえ、「法教義学」と呼ばれることもある。もちろん、人々の価値観、倫理観や文化・社会の変化、あるいは科学技術の発展に鑑みれば、太古から未来へと貫く固定された「正義の法」が超歴史的に存在しており、人間はそれを発見して従うだけだというのは極端な夢物語である。

　反面、このような極端な考え方に対するアンチテーゼとして、法というようなものは、裁判官が判決を言い渡すまで存在しない、という考え方も主張されたことがあった。言うまでもなくこれも極端な夢物語である。人々はたいていの場合、裁判を起こして判決を得ることなく、約束を守り、契約を履行し、法的ルールと思うものを遵守して生きている。

　では、立法者が法を制定するまで、法は存在しないという考え方はどうであ

ろうか。科学技術の発達などによって新たな社会事象が生じ、法的整備が遅れていて不便をきたすことや、紛争が生じてしまう場合、あるいは古い法の類推適用のために科学技術や産業の発展が遅れたり、諸外国との競争に負けそうになることもあり、近時は新聞等のメディアでしばしば言及される。たとえば、インターネット、生殖医療、先進医療、自動運転、IoT、AI など、法的整備が立ち遅れて種々の問題を生じさせたり、社会問題となりかけたりしている。これらの問題が生じそうになったら、その時点で即座に適切な立法がなされれば、多くの社会問題は予防でき、社会秩序は適切に発展することができるであろう。たとえ立法は間に合わなくても、紛争が生じて訴訟となった際に、裁判所が迅速に適切な裁判例を出し、それが先例となれば、その後の多くの社会問題は予防され、社会秩序は適切に発展できるであろう。

　このように考えると、法を超歴史的な不磨の大典のように位置づけるよりも、人間が自分の社会をうまく制禦してより良い社会となるように創り出した道具であると考えたほうが現実に即しているとともに、より役に立つことが理解できる。このような法についての考え方を「法的道具主義」と呼ぶ。道具である以上、法は何らかの目的のために奉仕するものでしかなく、その目的に最も適したものが最も良い法であるということになる。これは目的合理性による法の取捨選択という方法論につながる。

コラム4

　アメリカ合衆国の人種差別廃止へ向けた公民権運動の指導者で、1964 年のノーベル平和賞を受賞したマーティン・ルサー・キング牧師ならではの、法に対する哲学が示された言葉を紹介しよう。キング牧師が公民権運動のために入れられた刑務所からの手紙である。

　「自己の良心に鑑みて正義に反すると確信する法律なら、それを敢えて破る人、そして、その法律違反に対する制裁として科されたなら、刑務所に入れられることを潔く受け容れる人は、その目的が、不正義の法律に対する社会の良心を喚起しようとするものであり、実質的に見れば、法に対する最大限の尊重を表明しているものに他ならないと主張するものである」(*Letter from Birmingham Jail*, April 16, 1963)

2-3-2　法的道具主義の特色

⑴　法の操作可能性

　法的道具主義の特色の第1は、法を人為的な「操作可能性」の対象でしかない、と位置づける点である。すなわち、人々が必要に応じて改廃してゆく操作可能な対象として法を捉える。逆に言えば、法はア・プリオリ（先験的）に前提される所与の規範ではない。社会のニーズに応じて創造される人工物であるから、法はその目的が消滅すれば不要なものとして廃止され、目的を最も実効的に実現できないものであれば、改正されるべきものとなる。

⑵　実証志向

　したがって、法は常に一種の「仮説」として、「本当に社会の人々によって求められ、納得してもらえ、支持されているか」という基準をクリアしているかを問われ、法の施行後や判例の言い渡し後は、「本当にその目的を効率的、実効的に実現しているか」を問われるものである。これらの問いに対する答えは、抽象的な思弁や憶測や、外国の学者の言説の猿真似によっては決して得られないものである。日本社会についての「仮説を、データ・証拠および事実と照し合わせて検証する」という経験科学的手法によってしかその解答を得られることはない。このように、法的道具主義の第2の特色として、「事実と証拠に即して具体的な法的問題を解決していく」という態度が不可欠と考える点を挙げることができる。我々は、常に「本当に事実はそうなのか？」、「データはあるのか？」、「エヴィデンスは何か？」と問い続けなければならない。この特色を「実証志向」と呼ぶことができよう。

⑶　将来志向

　法的道具主義の特色の第3は、判例や先例について、それを単なる過去の個別事案の妥当な解決でしかないものではなく、むしろ、判例・先例が法的ルールとしてその後の社会や潜在的紛争に与える影響を重視するべきであると考える点である。この意味で、判例や先例は、これから生じるであろう事態に対して、事前的に予測し、制禦しようとするものと位置づけられる。事前の制禦を重視する点で、このような法的道具主義の特色を「将来志向」と呼ぶことがで

きよう。

⑷　集合志向

　法的道具主義の第4の特色として、単に過去の一回的な個別紛争に拘泥するのではなく、将来の多数の人々や社会がどのような影響を受けるかを重視する点が挙げられる。これを「集合志向」と呼ぶことができよう。すなわち、社会的事象、集団的事象などを全体として予測し、社会全体として望ましい方向へうまい具合に制禦しようとするのである。将来志向と集合志向は伝統的な法学に対するコペルニクス的転回となっていることがわかるであろう。

⑸　法政策志向

　そして、将来志向と集合志向は、「法政策志向」という法的道具主義の第5の特色を導く。すなわち、成文法・判例法が持つ経済的・社会的・政治的な効果や、社会構成員の行動に与えるインセンティヴを研究対象の中心に置くのである。伝統的な法学が等閑視してきた内容をまさに視座の中心に据えようという運動であるといえる。法政策的観点を重視する法的道具主義は、法による社会制禦に注目する。したがって、法的道具主義の法学は、法政策学という法の総合的社会科学と位置づけられることになる。

⑹　モデル志向

　法の総合的社会科学（法政策学）としての法的道具主義の特色の第6は、自然科学の方法論と同様に、複雑な人間の判断や行動、複雑な社会行為の相互作用とその結果生じる社会状態について、単純化したモデルを構築し、実験や調査によってその妥当性を検証しつつ、モデルの精緻化を図るという手法を採る点である。これは「モデル志向」と呼ぶことができるが、複雑な事象を分析するための必須の方法論である。伝統的な法学においては、人間や社会について、それが複雑であるがゆえに「総合判断」や「総体的考察」などを行うと主張されることがあるが、その意味するところは分析的に明確化されることはなく、結局は「結論まず先にありき」のバイアスに満ちたヒューリスティクス以上のものではないと思われる。

以上のように、法的道具主義における法学は、社会に対して開かれた体系であるといえる。

コラム5

アメリカ合衆国の法律家で最も尊敬される裁判官といわれるホームズ連邦最高裁判所判事の言葉に、法的道具主義につながるものがあるので紹介しよう。

「法の生命が論理であったことはない、それは常に経験である。その時代時代に感じられる必要性、社会で広く認められた道徳理論や政治理論、意識されるされないにかかわらず使われる公共政策上の直感、さらには裁判官が同時代人と共有する偏見でさえもが、人々に対して適用される法規範を決定する上では、法的三段論法などよりは遥かに重要である。何世紀もを通じて国家社会が発展してきた歴史を法は具現したものであり、あたかも数学の書物の中の公理と定理とのみからなるもののように法を扱うことはできない」（Oliver Wendell Holmes, *The Common Law*, 1881）

2-3-3　法と社会の共進化モデル

(1) 進化とは？

新しい21世紀の法学では、法と社会の相互作用について「共進化モデル」によって考察する。この場合の「進化（evolution）」を「進歩（progress）」と誤解してはならない。ここでの進化とは、ネオ・ダーウィニズムにおける進化アルゴリズムに基づくものであり、進歩のような目的や評価を伴う概念ではない。

進化アルゴリズムの構成要素は、(1)複製子（replicator）の複製、(2)変異発生（variation）、(3)選択（selection）の3つのモジュールである。遺伝子のように自己を複製してゆく単位が複製子である。その複製は100％の完璧なものではなく、ある程度の頻度・確率で変異を発生させる。遺伝子の場合は、放射線被曝や化学物質被爆などによる突然変異や、遺伝子の交差などによって、親とは異なる複製子が生じることである。ほとんどの変異は有害であり、淘汰されるが、中には表現型として無害（中立）なものもあり、それが確率的に広がってゆく場合もある。また、もちろん中には有益な表現型をもたらす変異もあり、それは種の中に広がってゆく。有害なものを排除し、有益ないし中立的なもの

を選択する要因は、自己をも含む環境である。したがって、選択には目的というものはない。むしろ、正確には、自己をも含む環境によって選択されるものが有益ないし中立な変異であり、淘汰されるものが有害な変異であるということになる。

　このような遺伝アルゴリズムとしての進化は、無目的であり価値自由（没価値的）である。「良い」ものが選択されるのではなく、「選択された」ものが良いものである。そして、選択されるかされないかは、自己をも含む環境要因次第である。よって、環境が変化すれば、選択されるものも異なってくる。そして、進化とはその定義から明らかなように集団的・集合的なダイナミクス（動態）である。選択されるものの割合が上昇し、淘汰されるものの割合が減少してゆく現象である。存在頻度が100%になるとは、当該変異が当該システムを席巻した場合を指し、0%になるとは、当該変異が消滅したことを指す。この場合の「システム」とは、生物の場合は主として種であるが、種には限られない。同種内のオスの場合とか、メスの場合とかもありうる。最近では、胎児期などでの脳の発達や免疫系の発達（「自己」と「外敵」の同定につながる）という個体発生においても、複製・変異・選択という進化アルゴリズムが作用していることがわかっている。

⑵　共進化とは？

　共進化（co-evolution）とは2つ以上のシステムの間で、相互作用を通じて進化プロセスが進む場合のダイナミクスを指している。生物の場合、複数の種の間での共進化、同種内でもオスとメスの間での共進化（性淘汰）、同一個体内でも複数の部分の間の共進化などがありうる。

⑶　共進化と法ミーム

　この共進化モデルが法システムと社会システムの間に存在するとして、そのダイナミクスをモデル化するのが、法と社会の共進化モデルである。法システムにおける進化の単位、すなわち複製子は文化遺伝子ミームである。これを法ミームと呼ぶことにする。法ミームが再生産されることが複製であり、立法や司法において法が意識的に改変されたり、ミス等によって無意識的に改変され

たりすることが変異を生じさせることになる。法システムは社会システムの内部で作動しているので、法システム自身を含む社会システムが法ミームの環境であり、選択を行う。選択され増え続ける法と、淘汰されて減少する法とが生じる。法システムは社会システムに対しては制禦系として作動するので、法の変化は社会の変化をもたらすことが多いといえる。そもそも意図的な法の改変は、紛争や社会問題などの制禦を目的として実施されるものであることが多い。このように法によって社会システムの状態が変化すれば、新たな紛争や新たな社会問題などを惹起させ、法システムの改変への動きとなる。こうして社会システムと法システムとは共進化でモデル化される相互作用ダイナミクスを展開することになる。

⑷　法と社会の共進化の図示

　この共進化を示したものが図1である。図が示していることは、社会が、社会問題の解決をはじめとする社会的必要性に応じて、法を立法府、司法部、行政府などを通じて創造・修正する。そのようにして生じた法が、人々の法遵守や法参照、行政による法の施行、法システムによる法強制などによってシステ

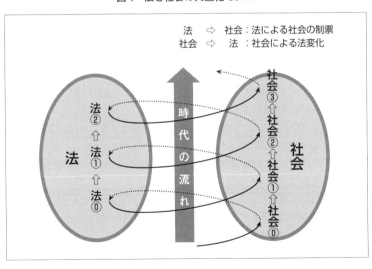

図1　法と社会の共進化モデル

ムに影響を与え、社会が変化する。そのようにして変化した社会が、新たな社会問題などの新たな社会的必要性に応じて、法を立法府、司法部、行政府などを通じて創造・修正する。そのようにして生じた法が社会に影響を与える。[・・・以下続く・・・]。こうした相互作用のプロセスを通じて法システムと社会システムは共進化して時代が進行するということである。

　このようにモデル化される法システムと社会システムとの間の共進化ダイナミクスが、より良い社会やより良い法をもたらすとは限らないことに留意する必要がある。生物における突然変異の多くが、その保持者の減少をもたらすという意味で有害なものであったように、新たな法によって制禦され変化した、その意味で選択された社会システムがより良いものとなっている保証はない。ジム・クロー法（コラム6参照）の制定やナチス立法によって社会がどうなったかを考えればこの点は理解されよう。社会システムによって改変され、その意味で選択された法システムがより良いものとなっている保証もない。この点も、人種差別を是とする社会やナチスを熱狂的に支持した社会が、どのような立法や司法をもたらしたかを考えれば理解されよう。

コラム6

ジム・クロー法

　アメリカ合衆国では1861〜1865年の南北戦争で北軍が勝利して奴隷制度が廃止されたが、南部諸州ではジム・クロー法と俗称される人種差別法を立法して、公立学校、公共の場所、公共交通機関、公衆トイレ、レストラン、水飲み場など、さまざまな場所・施設における人種隔離政策を強制した。これは、白人を優先し、アフリカ系・アメリカ先住民・アジア系などの有色人種を差別するための法律である。

　ジム・クロー法制定の背景には、アフリカ系アメリカ人は怠惰で、愚かで、劣っているという白人至上主義の差別的偏見があった。このような誤った事実認識のもとにジム・クロー法は立法され強制されたのである。

　しかも、連邦最高裁判所も1896年のプレッシィ対ファーガソン判決（Plessy v. Ferguson, 163 U.S. 537）において、「分離しても平等（separate but equal）」であれば合憲であり、平等な扱いといえるか否かは州の立法者の大きな裁量判断に任されるとして、結論として合憲判断を示した。その理由の一部として、ジム・クロー法が黒

人に「劣等のレッテル（badge of inferiority）」を貼り付けるものではない、とか、人種的偏見は法律によっては克服不能である、という誤った事実認識を示している。

その後、1954年のブラウン対教育委員会判決（Brown v. Board of Education, 347 U.S. 483）で連邦最高裁判所はプレッシィ判決を事実上変更し、人種隔離された教育施設はそれ自体が本質的に不平等であると、公立学校の人種隔離に対して違憲判決を示した。

ブラウン判決の根拠のひとつは、教育心理学者の「お人形さん実験（doll test）」の結果であった。それは、人種隔離の教育がアフリカ系アメリカ人の子どもに劣等感をもたせてしまい、施設等の平等性の有無にかかわらず有害であるという知見である。

その後、制定法によるジム・クロー法の廃止は、ジョンソン大統領の努力による1964年の公民権法（Civil Rights Acts）、および1965年の投票権法（Voting Rights Act）によってやっとなされたのである。しかし、人種差別は緩和されてきてはいるが、アメリカ社会にいまだに根強く残っている。

2-3-4　立法事実アプローチ

⑴　エヴィデンス・ベースの意義

　法と社会の共進化は、2-3-3で見たように、それ自体は価値中立的であり、法と社会がより良いものになってゆく保証はない。ユダヤ人は劣等で危険で不道徳的だという誤った人種的偏見に満ちた認識に基づくナチス立法による反ユダヤ法の制定は、ユダヤ人迫害をエスカレートさせ、悪法と差別が共進化した。コラム6の「ジム・クロー法」でも見たように、誤った差別的認識が悪法と差別を共進化させた。反面、正しい事実認識に基づいた裁判や立法であれば、このような悪法と悪しき社会状態との共進化を防止したり是正したりできる場合がある。コラム6の「ジム・クロー法」に対するブラウン判決や公民権法の制定による人種差別の是正努力がその例である。

　法と社会の共進化が悪法と悪しき社会状態の悪循環に陥ることがないようにする1つの防波堤は、立法や判決が事実の正しい認識に基づくようにすることである。これこそエヴィデンス・ベース・ロー（Evidence-based Law: EBL）の構想の出発点に他ならない。

　医学ではエヴィデンス・ベース医療（Evidence-based Medicine: EBM）の考え方が広まっており、また、政策立案の場でもエヴィデンス・ベース・ポリシー

（Evidence-based Policy Making: EBPM）が普及してきている。法学においても
エヴィデンス・ベース・ローのさらなる浸透が必要である。これらの考え方に
共通するものは、事実と証拠に基づいて判断するべきであるというものであり、
データを重視する点である。

　もちろん、エヴィデンス・ベースであることは両刃の剣の側面もある。ナチ
ス立法やジム・クロー法に見るように、誤った事実に対して、検証することな
く依拠すれば、悪法が作られる危険がある。ただし、事実である以上真偽値が
あり、自然科学や社会科学の実証的研究によって、その真偽を検証することが
できるという強みもある。単なる思い込みや偏見を、それとして白日に晒し、
誤った法的判断を是正することが可能となるからである。

⑵　立法事実とは？

　エヴィデンス・ベース・ローの中核をなすものが立法事実アプローチである。
立法事実とは、もともとは憲法訴訟における立法の合憲・違憲を判断する際に
提唱された概念である。

　第１章で見たように、裁判における法規範の解釈適用の構造は単純化すれば、

のようになる。すなわち、法規範は法律要件と法律効果とを条件関係（⇒）で
結びつけるものであり（法律要件が認められる、ならば、法律効果を与える）、証
拠方法によって真であると事実認定された主要事実が（↑）、法律要件に当て
はまると認定されれば（↑）、法律効果が認められ、具体的な権利や義務が認
められる（↓）。主要事実や間接事実などは、法規範を適用して権利義務に関
する判決を導くために必要なものであり、「判決事実（adjudicative facts）」と
呼ばれる。民事訴訟法や刑事訴訟法のルールで規定されている「事実」は、そ
のほぼすべてが判決事実である。判決事実は「係属事件の解決だけの目的で確

定されねばならない、法適用の対象たる事実」と定義される。

これに対して、「法律要件⇒法律効果」という法規範自体の妥当性や合理性を判断する上で参照されるべき事実を、判決事実に対するものとして「立法事実（legislative facts）」と呼ぶ。立法事実は、なぜその法律要件と法律効果とを結びつけて法的ルールとすることが妥当なのか、合理的なのかについての判断が依拠するべき事実である。立法事実は憲法訴訟の文脈では「法律を定立する場合の基礎を形成し、それを支えている事実、立法の背景となる社会的・経済的事実」と定義される。

(3) 立法事実の実際例

立法事実の実際例として、日本の最高裁判所の判断を検討しよう。それは、「婚外子相続分差別違憲訴訟」の最高裁判所大法廷決定（最高裁判所大法廷 2013（平成 25）年 9 月 4 日決定）である。最高裁判所は、民法 900 条 4 号但書のうち嫡出でない子の相続分を、嫡出子の相続分の 2 分の 1 とする旧規定は憲法 14 条 1 項[4]に違反していたものであると判断した。

「①昭和 22 年民法改正時から現在に至るまでの間の社会の動向、
　②我が国における家族形態の多様化やこれに伴う国民の意識の変化、
　③諸外国の立法のすう勢及び我が国が批准した条約の内容とこれに基づき設置さ

3）　民法 900 条は以下のように規定していた。なお、第 1 項には項番号を付さない。
　　　第 900 条　同順位の相続人が数人あるときは、その相続分は、次の各号の定めるところによる。
　　　1　子及び配偶者が相続人であるときは、子の相続分及び配偶者の相続分は、各 2 分の 1 とする。
　　　2　配偶者及び直系尊属が相続人であるときは、配偶者の相続分は、3 分の 2 とし、直系尊属の相続分は、3 分の 1 とする。
　　　3　配偶者及び兄弟姉妹が相続人であるときは、配偶者の相続分は、4 分の 3 とし、兄弟姉妹の相続分は、4 分の 1 とする。
　　　4　子、直系尊属又は兄弟姉妹が数人あるときは、各自の相続分は、相等しいものとする。ただし、<u>嫡出でない子の相続分は、嫡出である子の相続分の 2 分の 1 とし、父母の一方のみを同じくする兄弟姉妹の相続分は、父母の双方を同じくする兄弟姉妹の相続分の 2 分の 1 とする</u>。
　　　4 号の「ただし、……」の部分を「但書」と呼ぶ（下線を引いておいた）。
4）　憲法 14 条 1 項は、「すべて国民は、法の下に平等であつて、人種、信条、性別、社会的身分又は門地により、政治的、経済的又は社会的関係において、差別されない。」と規定している。

れた委員会からの指摘、

④嫡出子と嫡出でない子の区別に関わる法制等の変化、

⑤更にはこれまでの当審判例における度重なる問題の指摘等

を総合的に考察すれば、家族という共同体の中における個人の尊重がより明確に認識されてきたことは明らかであるといえる。そして、法律婚という制度自体は我が国に定着しているとしても、上記のような認識の変化に伴い、上記制度の下で父母が婚姻関係になかったという、子にとっては自ら選択ないし修正する余地のない事柄を理由としてその子に不利益を及ぼすことは許されず、子を個人として尊重し、その権利を保障すべきであるという考えが確立されてきているものということができる。

以上を総合すれば、遅くとも A の相続が開始した平成 13 年 7 月当時においては、立法府の裁量権を考慮しても、嫡出子と嫡出でない子の法定相続分を区別する合理的な根拠は失われていたというべきである。

したがって、本件規定は、遅くとも平成 13 年 7 月当時において、憲法 14 条 1 項に違反していたものというべきである。」

このように、①から⑤の事実を根拠としてあげているが、これらはいずれも判決事実ではない。何らかの法的ルールの要件に該当する事実ではないからである。むしろ、違憲判断の論拠としてあげている。すなわち立法事実の摘示というべきである。なお、この最高裁判所の判断を受けて、民法 900 条 4 号の但書は 3 か月後の 2013 年 12 月 4 日に改正された[5]。

コラム7

【春秋】

　訪日外国人などに空き部屋を提供する民泊が、地域の観光振興策として期待されている。そんななかで起きたショッキングな事件である。兵庫県の行方不明の女性が監禁され、遺体が遺棄された大阪市の 2 つの民泊施設は、いずれも適正な手続きを経ずに営業していた。

▼いわゆるヤミ民泊に対し、いかなる法的な監視や規制が必要か。今後、こうした議論

5）　最高裁判所の判断後 3 か月での法改正は異例の迅速さである。

が広がるだろう。が、事件の印象に引きずられ、民泊の意義や可能性まで否定してほしくない。宿泊者の身元確認や消防設備の不備など違法営業の実態を把握し、健全な発展に向けていかに知恵を絞るか。事実に基づく冷静な議論を望む。

▼なぜその法律が必要なのか。これを立法事実という。法律の合理性を支える客観的事実と定義される。かつて薬局の新規出店で、既存店との距離を制限する法律があった。競争激化で不良医薬品が販売される恐れがある、との理由だった。最高裁は「単なる観念上の想定」と違憲判決を下した。立法事実こそ法の生命線だ。

▼今国会に提出する働き方改革関連法案で、政府は裁量労働制の拡大部分を削除する。労働時間をめぐる不適切データ問題による混乱を収拾するためだという。企業も働く人も、時代の変化にかなった労働法制を望んでいる。与野党がなすべきは、裁量労働制の立法事実の当否に関する誠実な議論ではないのか。後味が悪い。

（『日本経済新聞』2018 年 3 月 2 日）

(4) 司法・行政における立法事実

　立法事実はこのように、制定法の合憲性判断の際に参考とされる客観的事実として使われるようになった概念であるが、立法に限らず、司法や行政においても、法の解釈適用が行われる際に、立法が間に合わず不存在となっている法的ルールを補完したり、曖昧さや不完全さを持っていたり、あるいは時代遅れとなっている法令や先例を補充・修正したりする際には、法の創造的作業が行われている。完璧で完全無欠な立法を、生身の政治家や行政官である立法者が実現できるわけもないので、司法や行政の場でも、補完と補充が必須であり、それはミクロ・レヴェルの立法作用と言わざるを得ない。そうである以上、可能な限り立法事実を考慮することは必須であることになる。

　そこで、もともとの憲法訴訟の文脈から一般化して、法政策的な規範的価値判断を、立法に限らず、司法や行政においてなす際に考慮するべき客観的事実、すなわち、「法的価値判断の基礎となる社会的事実・理論、科学的事実・理論の一般」を本書では（広義の）立法事実と呼ぶことにする。合憲性判断に限定した場合は「狭義の立法事実」と呼ぶことにする。

　法の解釈適用に際して、立法の場合と同様の方法、すなわち立法事実を考慮して法的判断をすることを「立法事実アプローチ」と呼ぶ。事実と証拠、データに基づいた法的判断をするエヴィデンス・ベース・ローの中核的方法である。

行政においても立法事実アプローチは採用されているといえる。たとえば、『朝日新聞』の2007年4月26日で紹介されている「奈良漬け・ノンアルコールビール、運転に影響なし」という記事では、警察における立法事実の探求が紹介されている。

> 「……道路交通法で罰則対象になる『酒気帯び運転』の呼気中アルコール濃度の基準値（1リットル当たり0.15ミリグラム）を下回る少量アルコールが運転に与える影響について、警察庁が2007年4月26日、研究結果をまとめた。……ノンアルコールビール355ミリリットル缶2本、栄養ドリンク1本、奈良漬け50グラム（7切れ程度）、ウイスキーボンボン3個をそれぞれ、15〜20人に摂取させて呼気中アルコール濃度を調べたところ、いずれも20分後には呼気中濃度はゼロになり、運転能力への顕著な影響もみられなかった。アルコール度数5％のビールを400〜800ミリリットル飲んで20分後に、呼気中濃度が基準値未満の0.1ミリグラム程度になった人たちの運転能力も調べた。視覚刺激に対する反応にアルコールの影響がみられたが、個人差があったことなどから、基準値引き下げについては引き続き検討課題とした。……」

という内容であり、酒気帯び運転の取締りという法的ルールの強制の際の基準値の引き下げの合理性の有無をこのような科学的手法で探求し、その結果を考慮して引き下げを事実上取りやめている。

2-3-5　エヴィデンス・ベースの法と社会の共進化

(1)　好循環の共進化の必要条件

法と社会の共進化のモデルは、それ自体としては価値中立的で、社会はより良くなる場合もあれば、より悪くなる場合もありうる。より悪くなることを防ぐ特効薬というものは存在しないであろうが、法制度がエヴィデンス・ベースで法の創造・修正を行うならば、事実認識を誤った共進化の悪循環をある程度は避けうるであろう。ユダヤ人は劣った邪悪な人類であるというようなナチスの誤った事実認識・偏見をある程度防止して、法と社会の共進化を制禦することができるのではないかと期待される。

「善い」共進化と「悪い」共進化？

　相互に影響を与えながら 2 種以上の生物が進化することを共進化と呼び、共進化の結果として 2 種以上の生物が「共生」する関係を築くことがある。たとえば、被子植物とミツバチなどの送粉者である昆虫の関係などである。被子植物の花の花粉をミツバチが運んで他の株の雌しべに受粉するので被子植物にとってミツバチは利益をもたらし、他方、被子植物の花の蜜はミツバチの餌となって利益をもたらす。植物は送粉者に分かりやすい目立つ花びらを進化させたり、送粉者を惹きつける独特の花の匂いを進化させたりする。送粉者は植物の花粉を運びやすいような羽毛を進化させたりする。

　共進化が「善い」関係を導くとは限らないことは、共進化の 1 つである共生関係を考えてみればわかりやすい。「善い」共進化とは、相互に利益をもたらす共生を進化させた場合であろう。もちろん、進化論的には「善い」や「悪い」などの人間の一方的な価値判断の彼岸の価値中立的プロセスではあるが、このように呼んだほうがイメージしやすい。

　「善い」共生の例は、上の被子植物と送粉者の関係が典型であるが、動物同士にも見られる。掃除魚と大型魚類の関係を例としてみよう。掃除魚は大型魚類の皮膚やエラについている寄生虫を食べてあげることで、大型魚類に利益をもたらすし、大型魚は掃除魚にかなりの食物をもたらしている。掃除魚は特別な模様を体表に進化させ、特別なダンスをして大型魚に近づくような行動も進化させている。これは、大型魚の典型的な餌の小魚と同じ大きさの掃除魚が、食べられないために進化させたものである。大型魚の方は、特別な色とダンスをする小魚（掃除魚）を見ると、捕食意欲を喪失し、ある種の恍惚状態に陥るような生理を進化させている。このような共生は「相利共生」と呼ばれる。相利共生の例としてアリとアブラムシの関係もよく知られている。共存共栄の関係を築くという点で、いわば好循環の共進化といえる。

　「悪い」共生の例は、寄生関係である。カッコーの托卵はよく知られている。これは寄生関係である。カッコーはモズやオオヨシキリなどの巣を見つけて、中の卵を 1 つ取って中身を飲んで殻を捨て、自分の卵を 1 つ生み込む。カッコーの卵は他の卵とそっくりなように進化し、また他の卵より数日早く雛が生まれるようにも進化した。さらに、生まれたカッコーの雛はまだ目も開いていないのに、他の卵をすべて巣の外に押し出す行動をも進化させている。モズなどの托卵される小鳥の方は、カッコーを見つけると激しく攻撃する行動を進化させ、また、巣の中のカッコーの卵を識別して捨てるような鑑識眼を進化させている。お互いに、進化的戦争を続けており、カッコーはますます

小鳥の卵に自分の卵を似せるよう進化したり、鑑識眼を発達させすぎた小鳥から他の種
　　の小鳥に托卵先を乗り換えたりする。小鳥の側は、ますます鑑識眼を精緻化させ托卵を
　　防止しようと進化してゆく。このような進化的な種間の戦争は、いわば悪循環の共進化
　　といえる。
　　（デイヴィス、2016 参照）

　もちろん、エヴィデンス・ベースであるだけで必ずこのような悪循環を防止
できるとは限らない。たとえば、人種差別的偏見を持った人々を、証拠と事実
で説得して、偏見を改めさせることは至難の業であることが通常である。そも
そも、偏見や差別以外の領域でも、人々の信じている事実や信奉する価値観を、
事実と証拠などのエヴィデンスによって改善させることは至難の業であること
のほうが通常である。

　人間の脳は、信じている事柄を否定されたり、信奉していることと矛盾する
エヴィデンスを突きつけられた場合、事実上の停止状態になることが知られて
いる。知能の高い人ほど、データの蒐集方法、データの量、データの質、デー
タ分析の手法、因果推論などなどで、自分の信じていることと異なるエヴィデ
ンスには批判的分析を施して、欠陥や欠点を見つけることが上手である（（シャ
ーロット、2019）参照）。そうすれば、説得されることは少なくなる。そもそも、
人間は「確証バイアス（confirmation bias）」といって、自分の確信しているこ
とと矛盾しない、むしろ支持するようなエヴィデンスばかりを蒐集したり、過
重に評価したりする生得の性向をもっている。

　したがって、エヴィデンス・ベースであれば、誤った不適切な法と社会の相
互作用が共進化することを必ず防止できるとは限らない。とはいえ、関係者が
エヴィデンス・ベースに努めることで、そうでない場合よりも、誤った差別や
偏見によって法を創造・修正してしまうことは減少すると期待できる。その意
味で、エヴィデンス・ベース・ローは、特効薬ではないが、ある程度は効果を
期待できる。法と社会の共進化の適正化による好循環化である。そのようなエ
ヴィデンス・ベースの共進化を示すのが**図2**である。

図 2　法と社会の好循環の相互作用：Evidence-based Law（EBL）

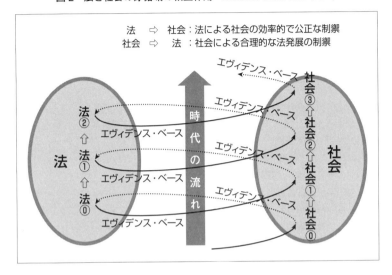

(2)　**好循環の共進化の図示**

　図 2 が示していることは、社会が、社会問題の解決をはじめとする社会的必要性に応じ、問題の所在、問題の原因、対策選択肢、対策の実効性と副作用、対策たる法的ルールへの人々の納得と支持などをエヴィデンス・ベースで検討・分析した上で、最適と考えられる法を立法府、司法部、行政府などを通じて創造・修正する。そのようにして生じた法が、人々の法遵守や法参照、行政による法の施行、法システムによる法強制などによってシステムに影響を与え、社会が変化するが、それが予定通りのものであるか、予想外の副作用を生じさせていないか、人々の反発を生じさせていないか、良きにつけ悪しきにつけ意図せざる結果をもたらしていないかなどを、エヴィデンス・ベースで探求・検討した上で、さらなる法の創造・修正に結びつける。［・・・以下続く・・・］こうした相互作用のプロセスを通じて、法システムと社会システムは適正に共進化して時代が進歩すると期待できる。

　もちろん、エヴィデンスの探求には費用と時間とマンパワーが必要で、それらには自ずと制約・限界があるので、完璧を期すことは不可能であろうが、エヴィデンス・ベースの意識のない場合よりも、過ちを犯して悪循環に陥る可能

性を縮減することはできるであろう。

《参考文献》

碧海純一（2000）『新版 法哲学概論〔全訂第 2 版補正版〕』（弘文堂）

太田勝造（1990）『民事紛争解決手続論―交渉・和解・調停・裁判の理論分析』（信山社、〔新装版〕2008）

太田勝造（2000）『社会科学の理論とモデル 7：法律』（東京大学出版会）

太田勝造 編著（2007）『チャレンジする東大法科大学院生―社会科学としての家族法・知的財産法の探究』（商事法務）

シャーロット，ターリ（2019）『事実はなぜ人の意見を変えられないのか―説得力と影響力の科学』（上原直子訳）（白揚社）

高橋文彦（2013）『法的思考と論理』（成文堂）

デイヴィス，ニック（2016）『カッコウの托卵―進化論的だましのテクニック』（中村浩志＝永山淳子訳）（地人書館）

原 竹裕（2000）『裁判による法創造と事実審理』（弘文堂）

平井宜雄（1995）『法政策学―法制度設計の理論と技法〔第 2 版〕』（有斐閣）

Repeta, Lawrence ほか（1991）『MEMO がとれない―最高裁に挑んだ男たち』（有斐閣）

第3章

法と意思決定

福澤　一吉

プロローグ

Aさん：今日の授業のテーマは意思決定ね。

B君：そうだね。考えてみれば、僕たちは毎日四六時中意思決定をしているんだよね。人生とは意思決定の積み重ねなり、ってね。

Aさん：意味深長ね。でも、あまり考えたりしてないし、そもそも何か選び取っているって意識さえしないで生活してるわね。靴下や靴を履くのを右足からにするか、左足からにするか、歯を磨くのを右下の歯からにするか左上の歯からにするかとか、ほとんど惰性よね。

B君：確かに。それに、何かした後で、なぜそうしたのか、どうして別のことをしなかったのかと聞かれても、特に理由や根拠が挙げられないというか、そもそもそんな質問には答えようがないというのが日常だね。

Aさん：うん、そうよね。でも、そもそもある選択や行為の理由とか根拠って、何なのかしら。気まぐれとか偶然とか惰性とかも、理由や根拠となりうるのかしら。ちゃんとした根拠って、どう考えるのかしら。

B君：つまり、「あることを根拠として、あることを選んだ」と説明したとき、それがなぜ説明になっているか、っていう問題だね。そう考えると、なぜそれが説明になっているといえるかの根拠って何だ、という感じでどこまでも根拠を挙げ続けなくちゃならなくなりそうだよね。なんだか、ややこしいね。

Aさん：今日の授業で、先生が色々と説明してくれるんじゃない。

B君：そう期待するよ。万一、納得できなかったら、授業の後で質問しよう

っと。

Ａさん：へ～ッ、意外と熱心ね。万一、ってことは確率0.01％ってこと？ 99.99％は理解できるっていう自信の宣言ね。

Ｂ君：意外と嫌味なことを平気で言うねぇ。お言葉を返すようだけど、理解できる確率が99％だという宣言の場合だって、理解できなかったからといって、その宣言が間違いだった、ということにはならないよ。理解できない確率が0じゃなくて1％もあるんだから。

Ａさん：典型的な屁理屈ね。

Ｂ君：今日の授業で、意思決定と確率判断の関係も説明してくれるといいね。

　私たちの人生は、それがなんであれ何かを選び、それについて判断し、判断結果に基づいて行動することにより構成されているといえる。大雑把にいえば、意思決定とは判断と選択を組み合わせた行為のことをいう（印南、1997）。つまり、常に意思決定をし続けているといっていい。たとえば、どの大学に進学するのか、どの学部を選ぶのか、卒業後就職するのか、大学院に進むのか等々、私たちは常に選択と判断を繰り返している。法的文脈でこのことを考えるなら、裁判官が有罪無罪や量刑を決定するのもなんらかの判断と選択により意思決定していることになる。

　ここでは、意思決定を暫定的に、①法的意思決定を法政策学という枠で論じることと（平井、1995）、②より狭義には裁判における判決を提示するまでの論証プロセスを論じることにより、法的意思決定が捉えられると仮定しておく。前者は、法的意思決定を「意思決定の一般的モデル」を介して理解可能である。ここでは後者②に焦点を当てる。裁判における意思決定に使われている思考プロセスについて考察し、裁判における判決と直接関わりのある論証・推論プロセスを検討する。さらに、法的意思決定と科学的意思決定

1）　意思決定理論を法的に再構成し、これを現在の日本の実定法体系と結びつけ、法制度またはルールの体系を設計することにより、現在の日本社会の直面する各種の社会問題をコントロールし、その解決のための方策を法的意思決定または法的政策決定をする者に助言し、また提供する一般的な理論枠組みおよび技法である（平井、1995）。

2）　科学的研究結果を何らかの意思決定とすることはあるが、科学的意思決定という表現は一般的ではない。そのため、ここでは科学的説明という語を用いる。

（以降、科学的説明とする）に関与する論証・推論プロセスを比較し、両者の
類似点と相違点を検討する。

3-0　本章の構成と課題設定

　本章の構成は次のとおりである。第1に、トゥールミンの論証モデルについ[3]
て簡単に述べる。本章を通じて、このモデルを参照枠に使用する。第2に、法
的意思決定に用いられている法的三段論法について言及し、そのアプローチを
トゥールミンの論証モデルとの対比で検討してみる。第3に、法的意思決定に
使われる考え方と科学的説明（ここでは心理学を含む社会科学）の論理を比較対
象として検討をする。最後に意思決定に関与する認知バイアスについて言及す
る。

　ここで、科学とは①事象・事実の、②論理的、③実証的、④説明である、と
しておく。「④説明とは何か」の答えは、説明しようとする対象が何であるか
により、複数の異なる考え方がある（戸田山、2005）。ここでは、法的思考プロ
セスとの比較検討をするために、説明の対象は事象間の因果関係であるとする。
さらに、その説明の手続には「用意された複数の仮定を用いて事象・事実を再
構成すること」が必要であるとする。また、説明は単なる事象の要約ではなく、
予測も含まれている。[4]

・司法における議論を基礎にしたトゥールミンの論証モデルとはどんなモデル
　だろうか？
・法的意思決定に用いられている法的三段論法とトゥールミンの論証モデルと
　の類似点・相違点はあるのだろうか？
・法的意思決定の論理と科学的説明の論理はどの程度類似するのだろうか？
・意思決定に関与する認知バイアスにはどんなものがあるのだろうか？

3）　イギリスの分析哲学者 Stephen Toulmin が提唱した議論のモデル（Toulmin, 1958）。
4）　科学とは何かについては本章のスコープを超えてしまうため、詳細に言及しない。詳細につ
　　いては参考文献の科学哲学書を参照されたい。

3-1　トゥールミンの論証モデル（以下トゥールミン・モデル）

　私たちは何らかの主張をする際、その主張を支える根拠を提示するのが一般的である。主張と根拠を組み合わせることを論証という。この論証は、裁判における判決などの意思決定や、科学的な説明にも使われる。論証は結論を正当化するための手続である。ここではその論証とは何かを考えるにあたりイギリスの分析哲学者 S. トゥールミンが提唱したモデル（Toulmin, 1958）を使用する。このモデルはトゥールミンが法学を参考に提案したものである。そのため、法の世界では広く知られており、かつ法関係以外の一般的議論（科学的議論を含む）への汎用性が高い。当然ながら、法的三段論法を含む法的思考はこのモデルの推論・論証形式とうまく合致する。以下、トゥールミンの論証モデルについて簡単に触れる。

3-2　2つの論証タイプ：演繹的論証と帰納的論証

　繰り返しておく。論証とはある前提となる根拠（事実、証拠、データ等）をもとに、そこから主張・結論を導くことを指す。形の上では、「根拠。だから、結論」となる。たとえば、「今日は天気がいい（根拠）。だから、外へ出かけよう（主張）」は論証である。つまり、論証は前提・根拠と主張・結論の関係性を扱うのであり、内容の性質とは独立である。論証は大きく演繹的論証と帰納的論証に分けられる。

3-2-1　演繹的論証

　演繹的論証の場合には、仮に、前提となる根拠が正しく、結論を導く過程に誤りがなければ、その結論は必ず正しくなる。つまり、前提に含意されていることを結論で導出する。たとえば、「鯨は哺乳類である。だから、卵は産まない」のような論証を演繹的論証という。つまり、哺乳類であるということは、言語規則上、卵を産まないことが意味的に含意されている。

　演繹的論証では、前提に含まれる内容が結論でもそのまま維持されるので、これを**真理保存的**であるという。前提以上の内容が結論で導かれるわけではな

いので、論証の結果として情報量は増えない。演繹的論証では前提を単に言い換えたものが結論となるため、前提から結論への飛躍はない。

3-2-2　帰納的論証

　法的、科学的議論を含め、我々が一般的に行っている論証は、帰納的論証（非演繹的論証）という。帰納的論証とは、仮に前提となる根拠が正しいとしても、そこから導出される結論は必ずしも正しいとはいえない論証である。つまり、帰納的論証では、前提となる根拠に含意されていない何かが結論で導かれる。この場合は、前提の内容が結論へそのまま引き継がれることはないので、このような論証を**真理保存的**ではないという。たとえば、「彼は昨晩徹夜した。だから、おそらく今日は疲れているだろう」という論証がこれに当たる。このタイプの論証では、前提でPといっておきながら、結論では前提P以外の何かである結論Qを導くため、何か新しいことを言っていることになる。つまり、結論では情報量が増えることになる。また、根拠から結論へなんらかの飛躍が生じる。

表1　演繹的論証と帰納的論証の特徴

	演繹的論証	帰納的論証
真理保存性	あり	なし
新規な結論	なし	あり
飛躍	なし	あり
論理的誤り	なし	可能性あり
情報量の増加	なし	あり

　トゥールミン・モデルは帰納的論証に分類される。一般に、議論において前提から結論を導出する際に飛躍は避けるべきであるとされている。しかしながら、飛躍を伴わない論証の結論は生産性がなく、ほぼ何も言っていないに等しい。たとえば、「今日は晴天だ。だから、天気がいい」は飛躍のない論証である。結論は必ず真になる。だが、この論証を有り難がる人はいないであろう。[5]

5）　これは厳密には論証とはいえないが、この形式の文を分析文という。

つまり、実質的には何も言っていないことになる。一方、飛躍がありすぎる場合はどうであろうか。たとえば、「今日は雨が降っている。だから、明日の株価は下がるだろう」というのも形式的には論証であるが、この論証の結論を信じる人はまずいない。つまり、この場合は、根拠と結論の間の飛躍が大きすぎるのである。

　論証を飛躍との関係で考えると、飛躍がまったくないものと、飛躍がありすぎるものは実際場面では使えないことがわかる。そこで、飛躍はなくてはならないが、その飛躍の程度はできるだけ小さなものが望ましい。そこで、トゥールミンは根拠と結論をつなげるための仮定を想定し、根拠と結論の間の橋渡しとなる論拠（warrant）[6]なるものを想定した。先ほどの例の「彼は昨晩徹夜した（根拠）。だから、おそらく今日は疲れているだろう（結論）」という論証の場合なら、この根拠と結論をつなぐものとして「なぜなら、疲労回復には睡眠が不可欠である」という論拠が必要となる。言い換えるなら、帰納的論証を成立させるには論拠の介在が必要ということになる。トゥールミン・モデルの一般的

図1　トゥールミンの論証モデル

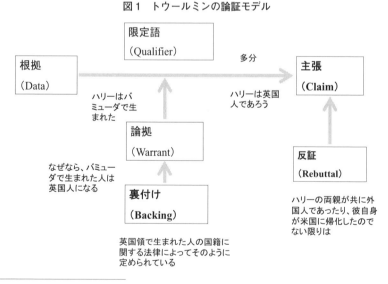

6）　Warrant とは保証をするという意味であり、この根拠からこの結論を導いてもまず問題はないことを保証するという意味である。この考え方は G. ライル（1949）による。

形式は、「根拠。だから、主張。なぜなら、論拠」となる（福澤、2017, 2018）。

　図1はトゥールミン・モデルの全体的図式である。根拠、主張以外には論拠、裏付け、限定語、反証・反駁が含まれている。

　図1はトゥールミン・モデルが含むすべての要素が書かれている。この例での論証は、「ハリーはバミューダで生まれた（根拠）。だから、ハリーは英国人だろう（主張）。なぜなら、バミューダで生まれた人は英国人になるからである（論拠）」となる。さらに、論拠にはその裏付けとして「英国領で生まれた人の国籍に関する法律によってそのように定められている」がある。

　また、主張にはその反証・反駁として「ハリーの両親が共に外国人であったり、彼自身が米国に帰化したのでない限りは」が追加されている。主張を通すにはこの反証・反駁に耐える根拠の提出が必要となることを意味する。

　最後に、論証全体が主張を支持する蓋然性を示すために「多分」という限定語がつけられている。なぜなら、帰納的な論証は仮に根拠が正しい場合でも、その結論は正しいとは限らないのであるから、主張の正しさの程度を示しておく必要があるのである。このモデルを、後ほど法的論証に言及する際の参照枠としておく。

コラム1

根拠の信頼性と導出の妥当性

　導出とは前提となる根拠から主張／結論を導くことを指す。論証するとは導出すると同じことである。導出という言葉に注目して、帰納的論証と演繹的論証の違いを検討してみる。

　論証の全体図の、①前提となる根拠、②主張／結論、それに③導出の3つを含む全体を④論証と呼ぶ。この図は基本的にトゥールミン・モデルと同じである。

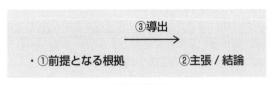

論証の全体図

ここでは論証を構成する根拠、主張／結論、前提となる根拠から主張／結論の導出について見てみる。次の４つの論証を見ていただきたい。

論証Ａ
　　根拠１：山中伸弥教授はノーベル賞をとった研究者の１人だ。
　　根拠２：ノーベル賞をとった研究者は全員、アインシュタインを知っている。

　　結　論：だから、山中伸弥教授はアインシュタインを知っている。

論証Ｂ
　　根拠１：山中伸弥教授はノーベル賞をとった研究者の１人だ。
　　根拠２：ノーベル賞をとった研究者は全員、アインシュタインを知っている。

　　結　論：だから、山中伸弥教授はニュートンを知っている。

論証Ｃ
　　根拠１：坂本龍馬はノーベル賞をとった研究者の１人だ。
　　根拠２：ノーベル賞をとった研究者は全員、アインシュタインを知っている。

　　結　論：だから、坂本龍馬はアインシュタインを知っている。

論証Ｄ
　　根拠１：神経心理学は脳の病変部位と患者の臨床行動とを対応づける学問である。
　　根拠２：ウインブルドンではテニスの全英オープンが行われる。

　　結　論：だから、論理学では前提から結論を導出するプロセスが重視される。

　まず、論証Ａだが、この論証は読むとすぐに正しい論証であることが分かる。なぜ、すぐにその判断ができるのだろうか？　この答を探るために、この種明かしは後回しにして、まずは、残りの論証Ｂ、Ｃ、Ｄを比較してみる。
　論証Ｂの根拠１、２、結論はそれぞれ単独では正しい内容である。しかし、根拠１、２からこの結論を導くことはできない。結論の「山中伸弥教授はニュートンを知っている」ことは事実と考えて問題ない。しかし、仮に根拠１、２が正しくても、それらの根拠からは導けない結論が出されている。
　論証Ｂがまずい論証であることを端的に示しているのが論証Ｄである。論証Ｄは根拠１、２、結論とも単独では正しい内容なのであるが、根拠と結論にはなんら意味的な関係が見られない。これは明らかに誤った論証である。
　それでは論証Ｃはどうだろうか？　根拠２は正しいが、根拠１は明らかに誤っている。ところが、仮に根拠１を正しいとするなら、結論の導出は誤っていない。すなわ

ち、論証Cは導出は妥当であるが、論証としては誤っている論証なのである。つまり、根拠の内容の正しさと結論を導くそのプロセスの妥当性は別物である。

「正しくない根拠なのに、それを仮に正しいと認めるなら、論証全体としては誤っていても、導出としては誤りではない」ということに読者の皆さんは違和感を感じられるかもしれない。

さて、ここで最初に保留した「論証Aはなぜ、読むとすぐに正しい論証だと思えるのか」という話しにもどる。論証Aの根拠1の「山中伸弥教授はノーベル賞をとった研究者の1人だ」は事実である。また、「ノーベル賞をとった研究者は全員、アインシュタインを知っている」も事実と考えて問題ない。したがって、論証Aの内容は根拠1、2が正しく、かつ結論の導出も妥当であったのである。導出も論証も正しかったのである。このような論証の場合に、私たちはそれが正しい論証であると思えるのである。妥当な論証で、かつ、前提がすべて真の論証を健全な論証、という。

ポイントをまとめておく。導出するということは論証自体からは独立であり、論証として正しいかどうかとは関係がない。したがって、先ほどの論証Cの根拠1にあったように「坂本龍馬はノーベル賞をとった研究者の1人だ」が事実に反するかどうかは導出にとっては関係のないことである。つまり、導出が正しくなされても前提が誤っていれば、論証全体としては誤りになる。もちろん、導出が誤っていれば結論も誤りとなるので、当然、論証は誤りとなる。

3-3 論拠を介して根拠が解釈される

論証が持つトリッキーな側面についてお話しておく。読者の皆さんは、事実とは「客観的」に示すことができるものであり、それはどんな人にとっても同様に認知される対象であると思っているかもしれない。しかし、事実と呼ばれているものは、それを認識する側の主観でいかようにも変化することを知っておく必要がある。

たとえば、同じ「事実」から出発しても、論拠をどうするかによって結論はいかようにも変えられる（図2）。

図2の例で考えてみる。この論証の根拠は「彼は犯罪を犯したと自白した」であり、これが事実として認定されているとする。この根拠をもとにすると主張1が導かれ、その論拠1として「自白は信憑性がある」が用いられる。一方、同じ根拠から出発しても、主張1とはまったく異なる主張2の「彼は無罪だ」

図2　根拠（事実）の相対的意味と論拠の役割

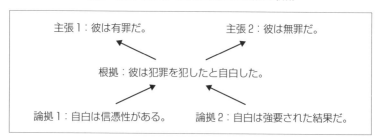

主張1：彼は有罪だ。　　　　　　　主張2：彼は無罪だ。

根拠：彼は犯罪を犯したと自白した。

論拠1：自白は信憑性がある。　　　論拠2：自白は強要された結果だ。

が導出可能である。この場合には、論拠2の「自白は強要された結果だ」が用いられている。このように事実としての根拠が1つであっても、論拠1をとるか、論拠2をとるかで導かれる主張はまったく異なる。

　この事例でわかるように一見客観性があると思われる「事実」であっても、それを観察する視点（認知）が異なれば、その「事実」の意味が変化する。根拠＝事実は論拠が意味を付与するのであり、根拠自体に誰もが認める唯一の意味が内在すると考えるのは危険である。根拠、主張、論拠の三者間の関係が外部的にみて整合性があるように見せるために、この三者の内容をどうすればいいのかを考えることは実際の民事訴訟における議論でも同様な意義をもつ。

3-4　暗黙に用意されている論拠

　Gilovich (1991) は事実を捉えようとする際に、論拠が自分でも気がつかないうちに、暗黙のうちに自分の認知に侵入することを示す次のような例をあげている。

　第二次世界大戦時に、ドイツ軍はロケット砲弾をロンドンの市街地にむけて発射した。この砲弾は着弾すると爆発してあたりを破壊する。地図1はロンドンの市街地の地図で、● はそのロケット砲弾が着弾して爆発した位置を示している。当時、ロンドンの住民はこの着弾についての情報を入手しており、彼らはドイツ軍はロンドンの市街地のある特定の場所を狙っていると解釈していたという。そして、ロンドン市民はより安全な場所に避難したとされている。

　さて、質問です。もし、あなたが当時のロンドンの住民だったらこの地図上

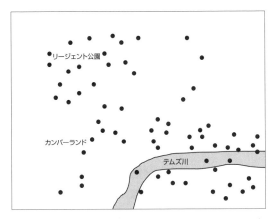

地図 1　ロンドン市街地の爆弾着弾分布　Gilovich（1991）

のどこへ避難していたでしょうか？　先を読む前に、ロンドン市民の気持ちに
なって避難場所と、どうしてそこに逃げるかを考えておいてください。

　この質問に対し、回答者の 8 割程度は地図の右上か、左下へ逃げるという。
その理由は、そのあたりは比較的着弾している数が少ないというものである。
残りの 2 割の人は左上、か右下へ避難するという。理由はそこは着弾している
数が比較的多いので、すでに攻撃対象からはずされているのではないかという
ものだ。
　それぞれの理由はここでは問題ではない。ここでのポイントは多くの人が上
記のような判断をするのは、地図 2 にあるように、心のなかで暗黙に地図に 2
本の直行軸を描いていたからではないだろうかということである。
　このような直行軸を引いて、4 つの四角内の着弾数を比較してみると、確か

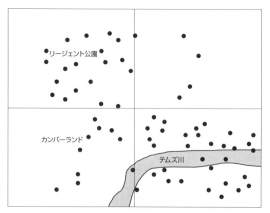

地図2　直行軸を引いたロンドン市街地の爆弾着弾分布　Gilovich（1991）

に右上、左下の着弾数は他と四角のそれと比べて比較的少ないような印象をうける。実際に、各四角の中の砲弾を数えて、χ 二乗検定という統計処理をしてみると、有意な差がみられる。すなわち、統計的に右上、左下が少ない着弾数だといえる。

　しかし、一方、地図3のように斜めにまじわる2本の線を地図に描いたらどうなるだろうか？

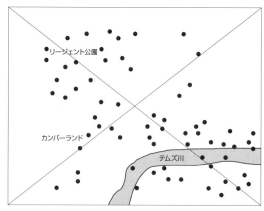

地図3　斜交軸をひいたロンドン市街地の爆弾着弾分布　Gilovich（1991）

一見してわかるように今度は各三角形のなかにある着弾数間にあまり差がみられない。これはいったいどうしたことだろうか？　それぞれの三角内にある着弾を数えて同じく統計処理をかけると、今度は有意差がなくなる。すなわち、今度は統計的にはどの場所により多くの着弾があるとか、ないとは言えなくなってしまう。当然のことながら、元の着弾分布はまったく同じである。

事実に意味を付与する

　地図1はいわば論証における根拠・データにあたる。事実と捉えていい。それに直行する線を引いたのは（地図2）、それを読み取る側が暗黙のうちに用意した論拠である。そしてその論拠を使うと確かに右上とは左下は着弾数がほかより少なく、そこから主張／結論として「図の右上、左下を避難先とする」と決定したというわけだ。

　一方、斜交軸を引いた地図3の場合には、どこを選んでも同じような数の着弾がみられた。このとき、地図3で斜交軸を引いたのは分布をそう読み取った際の論拠である。この論拠を使うと今度はどこへ逃げても安全性には違いがないという主張／結論になるだろう。繰り返すが、ここで重要なのはどちらの結論もまったく同じ分布図（同じ根拠ないしデータ）から出発しているということである。

　このロンドンの市街地爆弾の解釈から次のことが言える。すなわち、与えられた一定の爆弾着弾地点の分布図（根拠）に、直行軸なり斜交軸なりの異なる捉え方（論拠）を用いることで、同じ根拠の意味が大きく変わってしまう。言い換えるなら、根拠のなかに初めから「客観的」に唯一無二の意味が内在しているわけではない。

　ロンドンの市街地の着弾分布地図1を見たときに、自分が論拠には気がつかずに、データの着弾分布図から結論を出しているのではないだろうか？　根拠（データ）を見て、そこから主張／結論を導くときは、自分でも気がつかないうちに何らかの論拠を使っている。論拠は暗黙のうちに用意されている。

9.11 テロと論拠

2001 年 9 月 11 日にニューヨークの世界貿易センター（WTC）ビル（2 棟）が破壊された。あの事件の 2 年後に起きた WTC ビルの損害補償訴訟の中心的問題は「出来事 occurrence」という言葉の意味解釈にまつわる議論であった（Pinker, 2007）。

2003 年 7 月、WTC ビルのリース権をもつラリー・シルヴァーシュタイン（Larry Silverstein）は WTC の保険会社を相手取り、70 億ドルの損害賠償を求める訴訟を起こした。彼がかけていた損害保険は「1 件（event）につき」35 億ドルが損害賠償額であった。この保険の契約内容によれば、それがどのようなものであれ、WTC ビルの破壊をもたらすようないかなる出来事（occurrence）に対しても、最大額を受け取ることが保証されていた。しかし、契約の文言が曖昧であったため、何をもってして出来事（occurrence）とするかが明確に示されていなかった。

この契約書では、出来事（occurrence）とは「1 つの原因、または一連の類似する原因に直接、間接に起因する損失または被害」と定義されていた。このとき、3 人の裁判官が問題にしたのは「第 1、第 2WTC ビルへの攻撃はいくつの出来事（event）なのか？」というものだった。

シルヴァーシュタインと彼の弁護士はこの攻撃は 2 つの事件から成ると主張した。まず、テロリストの操縦する飛行機が午前 8 時 46 分に第 1WTC ビルに、その 15 分後、午前 9 時 1 分に第 2WTC ビルに突入した。原理的には次のことが考えられた。つまり、計画が実行されても第 1WTC ビルだけの破壊に終わったという可能性も考えられる。または、第 1、第 2WTC の両方とも攻撃されなかったことも想定可能である。したがって、両方のビルが順に破壊されたということは、これを 2 つの出来事として数えられると考えられる、とした。すなわち、シルヴァーシュタイン側は、人が引き起こした出来事や事件を「その人の行動の結果という観点で捉え、その人がいくつ物を壊したのかというその数である」とする論拠を主張した。

一方、WTC 側の保険会社は次のように主張した。旅客機に乗っていたテロリストは両方のビルを破壊するつもりであった。そして、それは 1 つのテロ計画の一部を構成するものだ。だから、この攻撃は 1 つの事件であると。すなわち、人に関して何かを論じる場合には、その人が引き起こした出来事や事件を、「その人が考えていたと思われる計画から生じたものである」と考えるべきであるとする論拠を主張した。

シルヴァーシュタイン側の弁護士も、保険会社側の弁護士も、2 棟のビルが時間差をもって破壊された事実については同様に認めている。しかし、その出来事を物理的事

象として捉えるのか、心理学的事象として捉えるのかによって、対象となる「事実」が異なるものとして扱われる。人間の心の中で世界がどう表象されるかは、その人間の論拠次第といえそうである。

3-5　トゥールミン・モデルのまとめ

　このモデルでは、根拠としての事実をもとに、そこから一定の飛躍をして、事実の中に含まれていない何かを主張・結論として導いている。その際、根拠に含意されない結論を出すため、飛躍が生じる。この飛躍が無理からぬものであることを保証するために論拠が使われる。論拠とは当該の根拠から当該の主張を導く場合、その導出に論理的に問題がないことを保証するためのものである。さらに、論拠がどうして根拠から結論を導けるかと問われた際には、論拠の裏付けをさらに示す。また、結論を導くにあたりそれを覆すような反証事例があれば、論証が成立しないとしている。最後に、根拠から導かれた主張・結論は真理保存的ではないため、どの程度の強さで結論を出せるかについては、「おそらく、多分」などの限定語が使われる。

　トゥールミン・モデルは従来の三段論法には含まれていない限定語、裏付け、反証という要素が設けられており、論証としてより現実的議論に耐えうるものとなっている。

3-6　法的三段論法：法的意思決定をするための論証法

　ここではトゥールミン・モデルを参照しつつ、法的な意思決定に使われている法的三段論法について検討する。

　一般にいわれる三段論法とは2つの前提から1つの結論を導く論証のことを指す。よく引用されるのは「大前提：人間は死ぬ。小前提：ソクラテスは人間である。ゆえに、結論：ソクラテスは死ぬ」という例である。一方、法的三段論法では、たとえば、「人を殺したならば、死刑または無期若しくは5年以上の懲役に処する。本件事件の被告人は被害者を殺した。ゆえに、被告人を死刑に処する」という形式をとる。法的三段論法とは、論理を模した、広義の意味

での「論理的」推論であり、形式論理学で扱う狭義の論理ではない[7]。

　法的三段論法では、適用するべき**法規範**を大前提とし、**要件事実**（具体的事例）を小前提とし、この2つの前提から**法律効果**（判決）を結論として出す推論形式をさす（永島、2017）。なお、法的論証においてなされた主張は、抗弁によって覆される場合があり、このことを覆滅可能性という。つまり、法的世界の出来事には元来例外が含まれていることが前提になっている。法的三段論法をトゥールミンの論証モデルと対比させると図3のようになる。

図3　法的三段論法とトゥールミン・モデルの対比

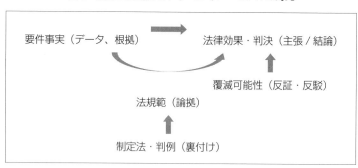

（　）内はトゥールミン・モデルの用語

3-6-1　法規範

　法規範とは法的三段論法において根拠と結論を論理的に結びつける参照枠、基準と考えていいだろう。法規範は、自分自身の行動の基準になるだけでなく、自分自身の行動を正当化する際の理由に使用したり、他人の行動に対して何かを要求・期待する際や、また相手を非難するときの理由として公的に用いる社会的ルール、とされている（平野＝亀本＝服部、2010）。法規範とはトゥールミン・モデルにおける論拠に相当する。

7）　概念としては経験的事実に対応するが、科学のようにこれを実験、観察、調査などの方法で確認することは不可能である。
　　法的三段論法では個体（固有名によって特定される個人または個物）を扱うが、それには記述論理を含む標準的な論理学が必要である。法的三段論法は記述論理でも説明が不可能とされている。したがって、法的三段論法は厳密な意味での論理ではなく、「論理的なもの」である（永島、2017）。

法規範と論拠はその機能において対応する概念ではあるものの、トゥールミン・モデルでは、論拠をどう設定するかは、どのような根拠から、どんな主張をするかに応じて自由に設定できる。一方、法的議論では法規範が条文として事前に、いわば固定的に与えられている点で、その設定の自由度は限られている。

3-6-2　要件事実

要件事実とは一定の法律上の効果（有罪無罪の判決や、量刑等）を決定するために必要な事実を構成する個々の具体的内容のことである。要件事実に対応する具体的事実のことを主要事実という。これはトゥールミン・モデルでは「データ、根拠」に相当する。ここで注意が必要なのは、主要事実は経験的事実[8]として捉えられるものを指し、要件事実とは法的概念であり、類型的なものである[9]という点である。

要件事実の具体事例を示す（永島, 2017）。消費貸借は、A さんが同じ種類、品質、数量を返還することを B さんに約束して、A さんが金銭その他の物を B さんから受け取ることで、成立する（民法587条）。これは条文で、トゥールミン・モデルでは「論拠」に当たる。ここでは法規範として金銭消費貸借の効力が発生する、すなわち、法律上の効力が発生する。このときの法律要件（法的に有効になると考えられる事実）としては「返還の約束」、「金銭のやり取り」が必要となる。これが要件事実に当たる。この要件事実に対応するより具体的な事実は、B さんが A さんの預金口座に振り込んだという事実であり、これが主要事実となる。

法的意思決定では形式的には訴訟であっても、法律要件が規定されないもの、たとえば、共有物分割の訴え、父を定める訴えなど、があるという（永島, 2017）。このような問題には法的な解があるわけではないが、実際にはこのような問題は発生する。法的意思決定では、科学ではそもそもまったく対象にな

8）　一般的には、実験、調査、観察などによって捉えることのできる、経験することのできる具体的事実のことを指す。

9）　要件事実と主要事実を同一視する考え方もあり、両者を分けて考える立場が有力であるというわけではない。

らないような事象が解決の対象となる。その解決は当事者にとって納得いくか
どうかであり、論証上の正当性とはかぎらない。

3-7　事実認定：法の世界 vs 科学の世界

　法における意思決定は、刑事、民事などの裁判の判決が出される際にとられ
る選択と判断として捉えることができる。その際、裁判で問題になるのは主に
次の2つである。(1)事実関係を証拠方法（証人や書証など）の取調べによって
確定する事実認定。(2)認定された事実に法を適用して法的判断（判決）を導く
法適用（太田、2010）。つまり、データとなる根拠（経験的事実）を確定し、法規
範を論拠として結論を導く論証に該当する。上記2点について法と科学の類似
点と相違点について検討する。

　法の世界において事実認定[10]するのは裁判官であり、認定にあたり必要となる
事実の証明とは「裁判の基礎として認定すべき事実について、それが存在した
ことの確からしさ（蓋然性）が、**証拠や経験則**などによって、裁判官が確信で
きる程度に（合理的疑いを抱かせない程度に）裏付けられた状態をいう」とされ
る（新堂、2019）（太田、2010）。

　ここで事実認定について考えてみる。事実認定という語は法的世界で使用さ
れている理論語[11]である。上記の定義をできるだけ意味を変えずに、言い換えて
みると次のようにいえる。つまり、「ある事象が事実かどうかは、裁判官の自
由な心証（裁判官の主観的確率判断、確信の程度）によって決められる。さらに
事実の存在の確からしさ（蓋然性）は、これまた裁判官の経験則によって決定
される」となる。仮にこの定義の書き換えが正しいとしても、ことが厄介なの

---

10)　事実認定とは、「裁判に必要な事実を認定すること。日本では自由心証主義による」（『広辞
　　苑』岩波書店〔第6版〕）とある。また、「訴訟又は公的機関による類似の手続において、事件
　　の内容である事実関係を確定すること。また、「事実の認定は、証拠による（刑訴317）」（『法
　　律用語辞典』有斐閣〔第3版〕）とある。この定義によれば、事実認定とは要件事実を確定する
　　までの手続のことを指している（太田、2010）。なお、事実認定を定義する際、「事実」と「認
　　定」という語を使用したり、「事実関係を確定する」など具体的な操作や行動を通してその意味
　　内容が確認できない方法で語るのは意味がない。
11)　理論語とはその使用の条件と範囲を示さないと使用できない語であり、理論的に負荷のかか
　　っている語のことを指す。

は事実認定を定義するために使われている用語が、これまた理論語から構成されている点であろう。つまり、蓋然性、心証、経験則などの語が使用可能となるには、明文化されない暗黙の補助仮定を明文化しなければならない。このままでの事実認定の手続は、「それを確かめるための行動指標」として使えない。

　一方、科学的説明では、事実や事象はある研究者が認定する対象ではない。その事実が新しい事実（仮説など）であれば、それは科学的説明の対象である。[12]科学が扱う事実として記述される対象は本来何であるか誰にも分からないものである。つまり、分かっているものはそもそも説明の対象にはならない。法的世界における事実認定と科学における事実の発見は、目指しているゴールがまったく異なる。

　科学は実証性を重視するため、科学者の自由な心証ベースで事実認定を決定するというわけにはいかない。そこで科学では「どのようにしてその事実が得られたか」という実証の手続の明文化が要求される。それはある特定の科学者によってたまたま得られた事実ではなく、同じ手続を踏めば誰でも同じ事実が確認できることを保証するためでもある。

　前述の通り、科学の役目は因果関係の説明である。この因果関係の考え方は法においても判決に使われている。ただし、科学的研究では実験室実験が可能であるが、法的世界では現実に起こっている世界自身が自然の実験室である点、両者の実証法は手続の点で大きく異なっている。

　どのように異なるのか見ていこう。科学的実証の手続でよく用いられる例として「子供はどうして暴力的になるのか」という問いに対して、「暴力的シーンをテレビや Youtube で見るからである」というのがある（Bandura, 1973、大渕、1980）。「暴力的シーンをテレビや Youtube でみる」が原因で、「子供は暴力的になる」が結果であるといっているので、これは因果関係についての言及といえる。トゥールミン・モデルでいうなら、原因の部分はデータ（根拠）であり、結果の部分は主張・結論に相当するといってもいい。

　ここでいう因果関係が本当に存在するかを実際に調べるには、実証の手続が

---

12)　事実は証明の対象ともいえる。しかし、証明は結論が先に与えられていて、その結論を正当化するというニュアンスがある。また、事実の証明という場合は、事実命題の真偽値を決定することであり、事実命題の真である確率を決定するという統計的立場もある。

必要となる。知られる方法として一般的なのは、原因と考えられる事柄を実験者が操作した環境で実験をし（これを独立変数の操作という）、被験者からの反応を取る方法（これを従属変数の測定という）である。たとえば、暴力シーンを見ることと暴力行動の生起の因果関係をみたいのであれば、暴力シーンが出てくるビデオを見る子供たちと（これを実験群という）、暴力シーンが出てこないビデオを見る子供たち（これを統制群という）の２つのグループを作る。ついで、これらの２つのグループの子供たちがその後に暴力的行為¹³⁾をするかどうかを調べることになる。

　科学では独立変数をさまざまに操作し、その操作結果とそれに対応する被験者の反応である従属変数との関係を吟味することで因果関係を捉える。つまり、事実認定を行う際に、その原因を操作する。さらに、この実験に参加する子供たちがそもそも暴力的な環境で育っていないかなど結果に影響する可能性のある要因は事前に取り除く手続（剰余変数の統制）もとっている。

　このような方法を法的な事実認定において再現することは困難である。科学における事実認定は、「ある事象が事実かどうかは、裁判官の自由な心証（裁判官の主観的確率判断、確信の程度）によって認定される」のとは違っている。このような手法を実際の場面ですでに起こってしまった事象について実施するのは実質的に不可能である。たとえば、ある被疑者がなぜある罪を犯してしまったかの原因が仮にあるとして、その原因を想定して独立変数を操作し、その結果その被疑者が罪を犯すという結果をもたらすかどうかを従属変数として測定できるはずがない。再現可能性もまずないであろう。つまり、科学では原因が先で結果が後という時間的流れを前提としているが、法的な世界では、何らかの結果（犯罪など）がまずもたらされ、その結果を前提にし、そのような結果が得られる原因を探るという、結果から原因を探る方法を取らざるを得ない。

---

13)　実際に暴力を振るう現場を観察することはできないので、人形を叩く、蹴るなどの行為を暴力とみなして観察することになる。

法の世界の確率観 vs 科学の世界の確率観

コインを投げて表が出る確率などの事象の確率は、コインを多数回投げる試行を繰り返した場合の相対頻度として捉えられている。偏りのないコインを投げる試行を多数回繰り返したときに表が出る事象の相対頻度は 2 分の 1 に近づいて行くので、コインを 1 回だけ投げたときに表の出る確率は 2 分の 1 であると考えるのである。このように相対頻度で確率を定義する考え方を頻度論とか、古典的確率理論という。

頻度論は法廷において科学者が何かを証言する際に使っている確率概念であり、これが科学的な論理である。頻度論の論理は次のように展開する。たとえば、ある症状に対してある薬の効果があるかどうかを検討する際、まず、対象となる患者を、薬を投与する群（実験群）と薬を投与しない群（統制群）の 2 群に分ける。そして一定の期間、実験群に薬を投与した後[14]に、症状の改善があったかどうかを、統制群の症状と比較する。その際、統計的には帰無仮説という仮説を設定する。帰無仮説とは「薬の投与の前後で症状の変化はない」とする仮説である（ちなみに、このとき「薬の投与の前後で症状の変化がある」と考えるのを対立仮説という）。「薬には効果がないという仮説」は研究者が元々否定するために、つまり「無に帰するために作った仮説」なので、これを帰無仮説という。たとえば、この帰無仮説を実験群と統制群に対して検証を何度も繰り返したとすれば、この比較実験で薬の効果が出現する割合の差以上の差が観察される確率は、全繰り返し中の数パーセント（100 回実験を試行した場合に 5 回程度しか起こらない程度の確率）であると主張する。そして、帰無仮説を真として受け入れるにはその確率は非常に低い、このような低い頻度でしか生じないものは真ではないとして、帰無仮説を棄却する。そして、対立仮説を採択する。これが頻度論を背景とする仮説の統計的検定である。

この科学的アプローチは原因があって結果が生じるとする因果関係を前提としており、科学が採用している統計的手法は、**帰無仮説が真であることが前提で、当該のデータが得られる条件付き確率を使っている**。条件確率の式でこれを表現すると p（当該のデータ | 帰無仮説が真）となる。

一方、法的議論においては科学的因果関係の視点とは異なる、結果から原因を探るアプローチ[15]をとっている。科学的議論とは前提と結果が逆の条件つき確率を使っている。

---

14) 実際には二重盲検法を使用し、独立変数のより厳密な操作をする。
15) 数学的には逆問題を解くことに相当し、計算論的神経科学の文脈では不良設定問題を解くことに相当する。

つまり、**当該データが得られることを前提に、それを引き起こした原因に関する確率を問題にする。**条件確率の式でこれを表現するとp（帰無仮説が真｜当該のデータ）となる。当該データが得られた原因の確率は逆確率（inverse probability）と呼ばれており、この考え方はトーマス・ベイズに由来するといわれている。また、p（当該のデータ｜帰無仮説が真）とp（帰無仮説が真｜当該のデータ）の確率は一致しない（フィンケルスタイン、太田監訳、2014）。

　なお、諸説あるが、古典的確率理論とベイズ統計学はどちらがより良いか悪いかという観点で比較することには意味がない。限られた情報と仮定を組み合わせることで効率が上がるときにはベイズ統計学を使用し、可能な限り間違う可能性を減らしたい場合や、十分なデータが利用できる場合には古典的確率理論を使えばいいとする立場もある（西内、2013）。

3-8　事実認定における理論的バイアス

　先ほど、3-7 において、科学と法は事実認定に用いる手法が異なることについて述べた。この点は両者で異なっているといえる。一方、「そもそも事実は何か」というメタレベルの問いをすると、科学と法は同様な認知プロセスによって事実を認識しているといえる。

　科学的説明では、科学者が構築した理論[16]（仮定の集合であり、トゥールミン・モデルにおける論拠と考えていい）を使用して、その事実を論理的に再構築することをする。その再構築がうまく行けば、事実を説明したことになるし、そのような説明ができる理論はそこからの演繹によりさまざまな予測が可能となる。

　確かに、「科学ではそのような手続で事実を認定しているのである」とも言えなくはない。その意味では法的、科学的アプローチは程度の差でしかないといえる。

　科学的アプローチでも「何をもってして事実、事象とするか」は、その事実・事象をどのような理論的視点から観るかに依存している。したがって、事実は本来理論負荷的な対象である。つまり、どのような理論的立場から対象を

---

16)　唯一無二の科学的説明があるのではなく、複数の説明のあり方がある。戸田山（2011）を参照。

観察するかによって対象は異なって認識される。たとえば、ハンソン（1986）の古典的事例では、2人の生物学者が同じアメーバのような生物を観察している例が挙げられている。一見同じ観察対象に対して、前者はそれを「単・細胞動物」といい、後者は「無・細胞動物」という。このとき、前者は、アメーバは肝細胞や神経細胞のようなタイプの単一細胞と類型上類似しているとして観るべき事実であることを暗黙の仮定としている。一方、後者は、アメーバを他の類似する単細胞動物として把握する事実として考えるのではなく、それは動物全体という視点から対象を把握するべきであると暗黙に仮定している。ここでは対象を単一細胞の類似に注目すること、動物全体を視野に入れることが理論的に対立していることになる。

　両者の対立は一見、それらを検証する際の実験的手続に関係しているようには見えない。しかし、その実験的手続に深く影響する。つまり、この2人の研究者が単細胞―動物という表現の前半を強調するのか、あるいは、後半を強調するのかによって、この2人が事象のうちの何を問題として重視し、どのような事実が正しいと仮定しているかが決まってくるのである。これらの観察プロセスは裁判官の心証と同様に主観的で、恣意的なものであるといえよう。

　科学的理論は、事象を再構成するために必要にして最小限の仮定を集めたものといえる。これは論拠に相当することは述べた。そしてこの仮定は、先ほどのハンソンの事例のように科学者の中に暗黙のうちに入り込んでいる。一方、法的な議論においては、論拠部分は条文として用意されている。そして、この条文を通して事実と結論（原因と結果）を法的理論として結びつけているのである。

3-9　法的証拠 vs 科学的証拠

「証拠」とは、当事者の主張する事実関係についての言明が、実際の事実関係と対応していることを示すものであるという。「DNA 鑑定」などがそれに相当する。そして、証拠には当該の事実を証明する上で「証拠力」の高いものと低いものとがある。たとえば、アリバイがあれば犯人でないことはほぼ確実であり、証拠力は高い。一方、目撃証人の証言などは記憶の誤りや見間違えな

どの可能性が高く、あまり証拠力は大きくない（太田、2010）。

　科学的説明における証拠（evidence）の扱いと、法の世界での証拠の扱いで顕著な差が見られるのは、違法収集証拠の排除である。法の世界では真実の発見が阻害されるような場合であっても、正義や衡平や法政策の観点から違法に収集された証拠を排除する場合があるという（太田、2010）。つまり、法の世界での証拠のあり方自体が社会的規範によって規定されている。議論の結果が、最終的に人間に対する処罰など人権に直接関わることを決定するにあたり必要な道徳規範が作用しているためであろう。

　科学の世界で違法収集証拠に対応するものがあるとすれば、それはそもそも証拠として認められないであろうが、科学的コミュニティが証拠のあり方を決定しているという見方も可能である。[17]この点は、法的世界における証拠の規定のされ方と似ているといえるであろう。

　前述の通り、科学的説明に用いられる証拠（事実）は追試可能であり、一定の手続に従えば、だれがその証拠を取得しようとしても同じ結果になることが要求される。たとえば、ある仮説を検証するために実験を行う場合の、実験的プロセスを詳細に明示する。そしてそのプロセスに従う限りにおいて、誰が実験を実施しても同じ結果が得られることが科学では重視される。たとえば、STAP 細胞の発見に纏わる証拠捏造が話題になったときも、追試が不可能であることが研究成果を否定する決定的なポイントとなった。

3-10　違法収集証拠の排除と実験補助仮定

　一見、科学的理論的説明においては、違法収集証拠に該当するような証拠でも、使えそうな証拠はすべて利用するように思えるかもしれないが、そうでもない。なぜなら、科学的説明では証拠の収集は一連の実験的手続と切り離して考えることができないからである。そのため、一連の実験手続の背景となる実験補助仮定を明示する必要がある。その補助仮定がその場限りに作られてしまうと、後に証拠の理論的解釈に問題が生じる。

---

17)　トーマス・クーンのパラダイム論を参照されたい。

補助仮定について 3-7 のところで取り上げた「暴力シーンを見る子供は暴力的になる」というバンデューラの仮説を参考にして具体的に考えてみる（高野＝岡、2004）。バンデューラは次のような実験を行った。まず、子供たちを 2 つのグループに分けて、1 つのグループには空気で膨らませたビニールの人形を大人が叩いたり蹴ったりするシーンを見せた（実験群）。もう一方のグループは、同じ人形が出てくるが大人はその人形には何もしなかった（統制群）。次に、子供は 1 人ずつ別の部屋に連れていかれるが、その部屋にはさっきのシーンで見たのと同じ人形が置いてあって、子供は自由に遊んでいいと告げられる。実験群、統制群それぞれの子供たちが、それぞれ人形を叩いたり蹴ったりする頻度を計測し、両群の頻度に統計的に差があるかどうかをみれば、バンデューラの仮説の検証ができることになる。結果的には、実験群の子供たちの方が、統制群の子供たちよりも人形を叩いたり蹴ったりする行動が多く観察されたのである。つまり、バンデューラの仮説は確証されたことになる。

　ここまでは分かりやすい仮説、実験の手続、とその結果であった。問題はこのようなクリアーな実験であっても、この実験が仮説を検証したと主張するには次のような点を考慮する必要がある。まず、暴力を振るうこととビニールの人形を蹴ることとは同じであろうか？　実験においてはビニールの人形を叩いたり蹴ったりする子供が、対人間にはまったくそのような行為をしないことが判明した場合、実験は何を見ていたことになるであろうか？　さらに、同じビニールで作ったビーチボールを叩いたり蹴ったりすることは暴力といえるだろうか？　ボールから人形に相性が変わると何が変化するのだろうか？　つまり暴力とは何かとは実は難しい問題だったのである（高野＝岡、2004）。

　一方、このような仮説を、実際の人間に対して行われる暴力の頻度をチェックして検証することは不可能である。そこで、実験はあくまでも実際に生じるであろうと想定される事象を単純化し、実験室で実施可能な形式に翻訳しているのである。その翻訳には、色々な補助仮定が含まれている。たとえば、この実験についていうなら、「ビニールの人形を叩いたり、蹴ったりすることは暴力である」という補助仮定である。つまり、補助仮定とは「この研究で用いた具体的な手続は、仮説に含まれる抽象的な変数に正しく対応している」という前提のことを指す。

一般に仮説には抽象的な考え（暴力など）が含まれているため、それを実験的に検証する場合の具体的手続と一対一に対応しているわけではない。補助仮定自体が間違っていることもある。つまり、証拠を提示する際に必要な補助仮定の正しさについての検討が科学では重要である。

　ここまでの話と、本セクションで最初に言及した、「科学的理論的説明においては、使えそうな証拠をすべて利用するわけではない」とがリンクする。科学的説明では、証拠の収集には一連の実験補助仮定を明示する必要がある。科学的研究において、補助仮定が誤りであることが実際によく起こる。その補助仮定の部分的書き換えは、その他の証拠の解釈と関連がある。使えそうな証拠が、どんな補助仮定に依拠しているかが押さえられない限り、どんな証拠も使うというわけにはいかないのである。

3-11　意思決定を左右する論理的誤り

　普段、私たちは論理的に考えるというよりは、直感的にいろいろと考えている。何かを考える場合、すべてを直感でというわけではないが、一般的にはそれがごく自然の心のあり方といえる。一方、論理的に考える場合はその直感が論理的考え方を阻害する。どのように阻害するか検討してみる。ここでは論証と認知スタイルを通して、推論上でのバイアスや誤謬について検討する。

前件肯定（正しい導出）

　「もしそれが、PならばP、それはQだ。Pだ。だからQだ」という形式の推論を前件肯定の三段論法という。「もしそれがイルカなら、それは哺乳類だ。それはイルカだ。だから、哺乳類だ」というのが具体的事例となる。Pの部分を前件、Qの部分を後件という。ここでは「それはイルカだ（Pだ）」と前件部分が肯定されている。それでこのような形の三段論法を前件肯定という。前提から結論を導くことを導出というが、前件肯定は正しい導出である。私たちの一般的な考え方に合致している。

前件否定（誤った導出）の誤謬

それでは「もしそれがイルカなら、それは哺乳類だ。それはイルカではない。だから、それは哺乳類ではない」という例はどうだろうか？ これは「もしそれが、Pならば、それはQだ。Pではない。だからQではない」という形式になっている。これは前件否定と呼ばれている。前件部分が「それはイルカではない。Pでない」と否定されているためである。

この導出は正しいだろうか？ 実はこれは誤りである。なぜなら、仮にそれがイルカでなくても、それが哺乳類であることはおおいにあり得ることだからだ。したがって、イルカでないということだけから、それが哺乳類でないとはいえない。これも私たちの考え方にしっくりくる論証なので、これが誤りであることはすぐに気がつく。

後件否定（正しい導出）

「もしそれが、Pならば、それはQだ。Qではない。だから、それはPではない」という導出を後件否定といい、正しい導出である。今度は、「Qではない」と後件が否定されている。具体例を入れるなら「もしそれがイルカなら、哺乳類だ。それは哺乳類ではない。だから、それはイルカではない」となる。それがイルカかどうか不明なときも、それが哺乳類ではないことが判明すれば、少なくともそれがイルカでないことがいえる。

後件肯定（誤った導出）の誤謬

「もしそれが、Pならば、それはQだ。Qだ。だからPである」という形式を後件肯定といい、誤った導出である。この論証では、後件であるQが肯定されている。イルカの事例でいうなら、「もしそれがイルカなら、哺乳類だ。哺乳類だ。だから、それはイルカだ」となる。これもイルカ以外に多くの哺乳類がいることから、哺乳類であることがわかったら即それがイルカであるとはいえない。故に、誤った導出となる。この論理的誤りを我々は誤りとは気づかずに犯している。もっとも、論理的な意味においては誤りであっても、実質的な社会生活ではそれほど大きな問題にはならないため、注意されていない。しかし、法的な問題や、よりフォーマルな議論では後件肯定の誤りは重大な誤り

となる。

前件肯定と後件否定は同じこと（対偶）

　「P ならば、Q である」と「Q である。だから、P である」との関係を逆の関係という。よく逆は真ならずという。これは後件肯定の誤りを示したことになる。また、「P ならば、Q である」と「P でない。だから、Q でない」との関係を裏の関係といい、誤った関係である。

　一方、「P ならば、Q だ」と「Q でないなら、P でない」とは論理的には同じことを指している。両者の関係を対偶という。したがって、「P だ。だからQ だ」から「Q でない。だから、P でない」は正しい導出である。「それがイルカであれば、それは哺乳類だ」ということと、「それは哺乳類ではない」ということから、「それがイルカではない」ことを導いても問題ない。

3-12　意思決定を左右する認知的誤り

確証バイアス

　まずは、人間の認知スタイルを知る分かりやすい事例として「確証バイアス」と呼ばれる人間行動を見てみる。これはウエイソンという心理学者が報告した事例で 4 枚カード問題として広く知られている。

　上記のような 4 枚のカードがあり、カードの一方の面に数字が、もう一方の面に文字が書かれています。これらのカードには次の規則があります。「もし一方の側に書かれている文字が母音なら、その裏に書かれている数字は偶数である」。

　さあ、ここからが読者への質問です。「ここに提示されているカードがこの規則（仮説）に合致するかどうかを確認する場合、あなたがどうしても裏返してチェックする必要のあるカードはどれか選びなさい」（Wason, 1966）という質問です。このとき、どうして「そのカードを裏返してチェックする必要がある

か」の理由を考えてみてください。ポイントは「どうしても裏返してチェックする必要のあるカード」という点です。

　「もしカードの文字が母音なら、その裏の数字は偶数である」という仮説は「PならばQ」という形式になっています。ですから、PのときにQであることの確認はどうしても必要です。そこで、母音のカード「E」の裏は見なくてはなりません。次に、この仮説は子音については何も触れていませんから、子音の裏は偶数でも奇数でもかまわない。どちらでもいいのです。したがって、子音カード「K」の裏は確認する必要はないですね。この2つは簡単にクリアできそうです。

　次に、偶数カード「4」の場合はどうでしょうか？ 仮説の内容には偶数という言葉がでてきますので、気になります。「もしカードの一方の側に書かれている文字が母音なら、その裏に書かれている数字は偶数である」という言い方は、一方が母音のときは、その裏が偶数でないと仮説に反することになります。しかし、このことは、一方が偶数であってもその裏側が母音であるということを意味するわけではありません。仮に、カードの一方の面が偶数であったことが判明しても、「一方の面が母音のときに、その反対側が偶数である」という仮説に反しているわけではないからです。偶数カード「4」をめくってみて、その裏が母音でなく、子音であったとしても、「もし文字が母音なら、その裏は偶数である」という規則にあてはまらないわけではないのです。したがって、「4」はめくる必要はないことになります。

　読者のみなさんで、この4枚カード問題をはじめてお読みになる方の相当数の方が、「4を裏返す」とお答えになったのではないでしょうか？ 直感的に判断すると4を裏返すという答えはでてきますね。

　さて、残りは7というカードです。奇数という語は仮説の文面に登場しません。ところが、「もしカードの一方の側の文字が母音なら、その裏は偶数である」という仮説は、「カードの一方の面が偶数でない場合は、その反対側は母音でない」ということと同じ内容を示しています。これは否定式とか対偶といいます。ここでの事例では、カードの一方の面が7ですから偶数ではないですね。ですから、一方の側に奇数が書かれているカードの反対側が母音であったとしたら、仮説に反することになるのです。したがって、最初の仮説をチェッ

クするには「7」のカードは必ず裏側を確認する必要があることになります。つまり、最初の質問の正解はカード「E」とカード「7」を裏返す、となります。

　振り返ります。4のカードを裏返し、その面が子音であったとしても仮説の正しさをチェックすることとは関係がありませんでした。仮に、そのときに母音がでたとしてもそれは仮説が正しかったという情報しか得られません。それでもなお、私たちは直感的には4のカードを裏返してしまう。このことは「もし一方の側に書かれている文字が母音なら、その裏に書かれている数字は偶数である」という仮説が正しい場合に必要となるデータを私たちが自然と集めてしまう、またはそのようなデータ収集なり観察に目が向いてしまうということを示唆しています。つまり、仮説の中に表現されているものをそのまま肯定するような、確証するような行為にでてしまうのです。これは確証方向にバイアスがかかっているということです。

　確証バイアスは4枚カード問題のような比較的抽象的な問題だけに起こるわけではありません。たとえば、「血液型がO型の人はおおらかである」と思っている人は、O型の人でおおらかな人を見つけては、「やっぱり、O型の人はおおらかというのは正しいのだ」と考えがちです。先ほどのカード問題で7に目を付けて裏返す態度と同じスタンスにたち、「O型の人でおおらかでない人、またはおおらかでないのに、O型の人」を捜す必要があるのです。

《参考文献》

印南一路（1997）『すぐれた意思決定―判断と選択の心理学』（中央公論社）

太田勝造（1982）『裁判における証明論の基礎―事実認定と証明責任のベイズ論的再構成』（弘文堂）

太田勝造（1986）「民事訴訟法と確率・情報理論―証明度・解明度とベイズ決定方式・相互情報量」判例タイムズ 598 号 203-220 頁

太田勝造（2000）『社会科学の理論とモデル 7：法律』（東京大学出版会）

太田勝造（2010）「法適用と事実認定」〔特集 法廷における科学〕科学 Vol. 80, No. 6

大渕憲一（1980）「暴力映像が視聴者の行動に及ぼす効果について―攻撃促進か攻撃抑制か」実験社会心理学研究 20 巻 1 号 85-95 頁

新堂幸司（2019）『新民事訴訟法〔第 6 版〕』（弘文堂）

高野陽太郎 = 岡隆 編（2004）『心理学研究法』（有斐閣）

高橋文彦（2013）『法的思考と論理』（成文堂）

田中成明（1994）『法理学講義』（有斐閣）

戸田山和久（2005）『科学哲学の冒険』NHK ブックス（NHK 出版）

戸田山和久（2011）『「科学的思考」のレッスン』（NHK 出版）

永島賢也（2017）『争点整理と要件事実—法的三段論法の技術』（青林書院）

新村　出 編（2008）『広辞苑〔第 6 版〕』（岩波書店）

西内　啓（2013）『統計学が最強の学問である』（ダイヤモンド社）

ハンソン.N.R.（1986）『科学的発見のパターン』（村上陽一郎訳）講談社学術文庫（講談社）

平井宜雄（1995）『法政策学〔第 2 版〕』（有斐閣）

平野仁彦 = 亀本洋 = 服部高宏（2010）『法哲学』（有斐閣）

フィルケルスタイン.M.O.（2014）『法統計学入門』（太田勝造監訳）（木鐸社）

福澤一吉（2017）『論理的思考』サイエンス・アイ新書（SB クリエイティブ）

福澤一吉（2018）『新版議論のレッスン』NHK 出版新書（NHK 出版）

法令用語研究会 編（2006）『法律用語辞典〔第 3 版〕』（有斐閣）

Bandura, A. (1973) Aggression: a social learning analysis. Englewood Cliffs, N.J.: Prentice-Hall.

Gilovich, T. (1991) How we know what isn't so.　邦訳（守一雄 = 守秀子訳）『人間この信じやすきもの』（新曜社、1993）

Pinker,S. (2007) The stuff of thought. Penguin Group（Viking Press）

Ryle, G. (1949) The concept of mind　邦訳（坂本百大ほか訳）『心の概念』（みすず書房、1987）

Toulmin.S. (1954) The uses of arugument　邦訳（戸田山和久 = 福澤一吉訳）『議論の技法—トゥールミンモデルの原点』（東京図書、2011）

Wason, P. (1966) Reasoning In Foss, B.M.New Horizons in psychology 1 Harmondsworth: Penguin.

Wason, P. (1968) Reasoning about a rule. Quarterly Journal of Experimental Psychology 20 (3):273-281

第 4 章

社会秩序と法

太田　勝造

プロローグ

　Aさんと B君は、大学の法学部で、「法学入門」の授業に出ることになりました。講義をしに先生が来る前に、2人は以下のような会話をしています。

B君：この法学入門では、社会秩序と法について教えてもらえるそうだね。

Aさん：そうね。とっても重要なテーマね。

B君：でも、社会秩序って何なんだろう。図書館に並んでいる本を見たら、「世界システム」とか「21世紀システム」とか、社会秩序と似ていそうな言葉が出てきたけど、なんだかよく分からなかったよ。

Aさん：先輩が、そういう言葉は、使っているご本人にもよく分かってないことが多いから、分からないのは当たり前で、別に気にしなくていいよ、って教えてくれたわ。

B君：へ〜ッ！　君の先輩って、シニカルだね。

Aさん：そうかもね。この授業ではゲーム理論という相互依存関係にある人と人の間のやり取りを分析する理論で説明してくれるそうよ。社会秩序のイメージが明確になるかもしれないわ。

B君：そうだといいね。善い社会秩序、悪い社会秩序、フツーの社会秩序なんちゃったりして（笑）。

Aさん：意外と本当にそういう区別があったりするかもよ。

B君：かもね。法やルールって、人々の行動や社会秩序をコントロールするものだといわれるのも、悪い社会秩序があって、それを法で改善しようとしているってことだろうね。

Aさん：でも、社会をコントロールする法やルールは、なぜそれができるの

かしら。

Ｂ君：なぜできるかって、それが正しいからじゃないの？

Ａさん：法やルールって、国会議員や裁判官、あるいはお役人が定めたものなんでしょ。あの人たちの決めたことが正しいかどうか、怪しいわよ。

Ｂ君：確かに。誰が具体的に法やルールを決めてるか考えると、手放しで正しいはずだ、なんて言えなくなるね。

Ａさん：ただ、議員は選挙で選ばれ、議会は多数決で決めるのだから、多数決が正当なものなら、結果も一応は正当なものと言えるんじゃないかしら。

Ｂ君：でも、多数決の結果が、グー・チョキ・パーみたいな堂々巡りになちゃったら、どれを選ぶのが正当か、分からなくなっちゃうね。

Ａさん：政治学の大学院に行ってる先輩が、そのグー・チョキ・パーみたいなことが本当に多数決では起こりうるって言ってたわ。本当かしら。

Ｂ君：そりゃ、大変だ。僕の先輩は、法的ルール同士で、矛盾抵触やパラドクスもありうるって言ってたよ。

Ａさん：パラドクスって何なの。

Ｂ君：ちょっとネットで検索してみるね。ウィキペディアによると「正しそうに見える前提と、妥当に見える推論から、受け入れがたい結論が得られることを指す言葉である」とあるよ。そして、逆説、背理、逆理とも言われるそうだよ。

Ａさん：なるほど。でも、法の内部にそんなパラドクスがあったらとんでもないことになるんじゃないかしら。

Ｂ君：たぶん、「法のパラドクスを解決する法」が用意されてるんじゃないかな。

Ａさん：でも、その「法のパラドクスを解決する法」の中にもパラドクスがあったらどうするの？

Ｂ君：そのパラドクスを解決するような、さらに上位の法があればいいね。でも、そうすると無限にパラドクスとその解決が続いちゃうね。

Ａさん：さっき、法が社会をコントロールするってＢ君は言ってたけど、それって、裁判とか刑務所とかのことよね。

Ｂ君：多分、そうだと思うよ。でも、その他にも何かあるのかなぁ。

Aさん：だから、それこそ、今日の授業を聞けば分かるんじゃない？

B君：そうだね。なんだか授業が楽しみになって来たね。

4-0　課題設定

・社会秩序を、一定の期間繰り返されるような社会状態のパタンであると考える。

・社会秩序のモデルをゲーム理論を用いて構築する。社会秩序のモデルとしてナッシュ均衡の概念を用いる。

・善い社会秩序と悪い社会秩序を区別できる社会的望ましさの基準を設定する。その基準とはパレート効率性である。

・法の正当性の根拠を探る。民主主義的正当性をもたらすものとして多数決の望ましさを検討する。

・社会的決定方式としての多数決の問題点を検討する。

・高階の自然言語で記述される法的ルールのパラドクスの可能性を検討する。

・法による社会制禦のダイナミクスとして、法強制、説得・正当化、情報的効果、シグナリング効果、バトナ設定効果の考え方を説明する。

4-1　社会秩序

4-1-1　社会秩序とは？

⑴　法の影響力と社会状態

　法システムは社会を制禦するための道具の体系だということができる[1]。立法システムを通じて制定された法規範や、司法システムや行政システムにおける法的判断や法的裁量を通じて創造・修正された法規範は、第一次的には社会構成員、すなわち、自然人や法人等のアクターたちが、自己の意思決定や行動選

---

1)　法と社会の共進化モデルにおいては、逆に社会システムは、マクロ・レヴェルでは立法プロセスを通じて、ミクロ・レヴェルでは司法プロセスや行政プロセスを通じて法システムに影響を与え、法と社会はこのような相互作用によって共進化する（第2章 2-3-3 以下参照）。

択の際の考慮要素の1つとして法規範を参照することを通じて、社会構成員（アクター）の意思決定や行動に影響を与える。さらに、そのようなアクターとアクターの間の相互作用を通じて、人間関係や社会関係、要するに社会の在り方に法は影響を与える。法規範がアクターにとって主要な考慮要素となるか、単なる副次的な考慮要素となるか、あるいはほとんど意識さえされないかは、アクターとその置かれた状況とによるであろう。

　たとえば、「刑法に違反する犯罪行為を・し・な・い」という意思決定や行動の際に、刑法の規定や刑務所収監等の刑事制裁が考慮要素として、行為者の意識に具体的な形で登っていることはむしろ稀であろう。刑法で禁じられているから、とか、刑務所に入れられるから、ということで人を殺さない人は稀で、たいていの人は人殺しなど思いも及ばないだけである。スーパー等で食品を買う際にも、それが消費者契約という法律行為であると意識するのは法律家くらいであろう。

　他方、高額の不動産を購入したり売却したりする際には、それが法的な行為であると意識しているであろうし、所有権の移転や登記や抵当権の有無などに留意するであろうし、司法書士や弁護士などからの法的助言を受けることも多いであろう。また、自動車を運転する際にも、赤信号や一時停止線、制限速度などに注意するとともに、そのときには「交通違反切符を切られる」などの刑事的ないし行政的な制裁も意識されているであろう。もちろん、高速道路の制限速度があまり遵守されていない場合などのように、法的規制が意思決定や行動の考慮要素ではあるが、決定的に大きな要素とはいえない場合もある。

　具体例を続ければ、高速道路を走行する際には、それぞれの自動車の運転者の意思決定や行動が、お互いに参照され、「流れに乗って運転する」という状況が生じることも多い。周囲の自動車の多くが時速80キロメートルで走行している場合に、自分も同じくらいで走る人は、周囲の車が時速120キロメートルで走行しているなら、自分も時速100キロメートルを超えたスピードで走る場合が多いであろう。

　このように、人々の行動の相互作用の結果、ある社会状態が生じる。この状態を社会秩序と呼ぶことができる。ちなみに、多すぎる自動車が路上にあふれる交通渋滞も、この意味での社会秩序の1つといえることになる。

法的規制を念頭に置いたり置かなかったり、置いたとしてもその重み付けはいろいろであったりするが、直接的、間接的に法的規制の影響を受けた個々の社会構成員たちの意思決定と行動が、お互いに影響を与えあって、すなわち社会的相互作用を起こして、何らかの社会秩序を形成することは、上記の高速道路通行や渋滞の他にも多い。むしろ通常であるとさえいえる。

⑵　社会状態パタンとしての社会秩序

　このような社会構成員たちの相互作用は、中・長期的に見れば、科学の進歩、技術の革新、社会・経済・文化などの変遷などに鑑みて、永劫の有為転変を続けてゆくであろうことは確かである。しかし、短期的には、あるいは中期的に見ても、一定のパタンが生じて、それが維持されることも多い。卑近な例を上げれば、お辞儀をするとか、名刺を交換するとかは繰り返されている。このような、社会構成員（アクター）の間の相互作用が生じさせる、一定の期間繰り返されるような社会状態のパタンを、ここでは差し当たり「社会秩序（social order）」と呼んでおくことにする。

　社会秩序といっても、社会全体に生じるような、繰り返されたり一定期間維持されるマクロなパタンだけを指しているわけではなく、部分社会や、数名だけのグループ、あるいは2人のみの間で生じるパタンなどで、繰り返されたり一定期間維持されたりする関係性も含まれる。取引交換とは、契約法制度を前提として、お弁当のおかずなどの財物とお弁当のおかずなどの財物とを交換したり（第1章1-1参照）、財物と金銭とを交換したりする社会的相互作用であり、取引交換をする者たちの間で一定期間は維持される関係性を形成するものである。その意味で、社会秩序であるといえる。より明白な例は結婚であろう。結婚するとは、2人の人間が、その後は夫婦としての相互作用を続けるという関係性を形成する社会的相互作用であり、結婚関係とは一定期間繰り返され維持される関係性である。したがって、結婚するとは社会秩序形成行為をすることであり、結婚関係とは社会秩序であるといえる。会社に就職して従業員として働くことなども、社会秩序と呼べる。

　また、社会秩序は契約や結婚などのように、意識的な選択行為から直接に生じる関係性に限られるわけではない。たとえば、先程の交通渋滞の場合、渋滞

に巻き込まれた運転者たちが、渋滞という一定期間は継続し、道路上で繰り返される関係性のパタンを意識的に選択しているわけでは決してなく、前後の車等と衝突しないように運転するという行為の相互作用の結果、一定以上の自動車が道路上で運転している場合に生じてしまう社会秩序である。もちろん、事故や故障などの外生的事情の発生によって生じてしまう場合もある。

同様に、多くの人が利用する駅の場合、人々の通行の流れには全体としてみれば一定のパタンが見られ、それは多くの場合、流体力学の法則に沿ったものとなっている。しかし、個々の通行者はたいてい、流体力学についての知識がないし、そもそもそのようなパタンを目指して歩いているわけではなく、前後左右の歩行者との関係でぶつかったりせずに、出口やホームなど目的の場所に最も迅速かつスムーズに行けるように歩いているだけである。そのような歩行者の相互作用が、一定の期間維持されたり毎朝繰り返されたりするパタンを生み出している。

こうしてみると、本章における社会秩序は非常に多様なものを含むことがわかる。社会秩序と法秩序の関係を分析するためには、この多様な社会秩序のモデルを構築しておく必要がある。

4-1-2 社会秩序のモデル化

⑴ 相互依存関係

一定の期間維持されたり繰り返されたりする社会関係のパタンである社会秩序を分析するための最適のモデルが、社会科学においては開発されている。それがゲーム理論である。ゲーム理論とは相互依存関係にある複数の主体の関係性を分析し、どのようなパタンを形成するかを分析する理論である。ゲーム理論は数学的で難解であると誤解されているが、数学的部分は専門家が計算やシミュレーションによって分析するためのものに過ぎず、エッセンスは人間の戦略的な洞察であり、その部分は、取引交渉、紛争の和解交渉、国際紛争の交渉など人間相互行為を考察する上で非常に参考となる。

ゲーム理論が対象とする「相互依存関係」とは、あるアクター（行為者）の意思決定や行為選択の結果がどうなるかが、単に当該アクターの意思決定や行為選択だけでは決まらず、他のアクターたちの意思決定や行為選択によって変

化することを指している。これだけでは分かりにくいかもしれないが、極度に
単純化した2人社会の例で見ればわかりやすい。

　社会にはアクターが甲と乙の2人のみであり、2人は片側一車線の道路上で
すれ違わなければならないとする。甲が向かって右側の車線を行き、乙も向か
って右側の車線を行くなら、2人は向かい合って進んでいるので、2人は別々
の車線を通ってすれ違うことができる。同様に、甲が向かって左側の車線を行
き、乙も向かって左側の車線を行くなら、2人は向かい合って進んでいるので、
2人は別々の車線を通ってすれ違うことができる。ところが、甲が向かって右
側の車線を行き、乙は向かって左側の車線を行くなら、2人は向かい合って進
んでいるので、そのまま進めば、2人は同じ車線上で衝突事故を起こしてしま
うことになる。同様に、甲が向かって左側の車線を行き、乙は向かって右側の
車線を行くなら、2人は向かい合って進んでいるので、そのまま進めば、2人
は同じ車線上で衝突事故を起こしてしまうことになる。

　以上の状況を表すのが表1である。このような表は「利得行列」と呼ばれる。

表1　道路通行の利得行列

| | | 乙　向かって | |
		右　側	左　側
甲　向かって	右側	1 　　　　1	−10 −10
	左側	−10 −10	1 1

　表1では、衝突せずにすれ違えれば無事に通行できて目的地に到達できるの
で便宜上1点の利得としてあり、衝突事故を起こせば目的地に到達できないの
で便宜上マイナス10点の利得（＝10点の損失）としてある。

　このように、甲にとって向かって右側を行くか左側を行くかの結果は、向こ
うからやってくる乙が向かって右側を行くか、向かって左側を行くかによって、
プラス1にもマイナス10にもなりうる。同様に、乙にとっても選択の結果が、

甲の選択によって異なってくる。これが相互依存関係の意味するものである。

　このような右側通行か左側通行かに関する相互依存関係の状況を知っている人々が合理的であったとしたら、どのような社会状態が生じるであろうか。もちろん、右側通行か、あるいは左側通行のいずれかに落ち着くであろう。では、どちらに落ち着くか？　世界の国々を見れば、イギリス、日本、オーストラリアなどは自動車は左側通行であり、ヨーロッパ大陸諸国、アメリカ合衆国、中国などでは右側通行であるから、それ自体としてどちらかが他方より優れているとはいえず、何らかの歴史的偶然でどちらかになったものである。

⑵　ナッシュ均衡

　ゲーム理論の分析では、ひとたび成立した社会状態で、社会構成員の誰にも単独で別行動に移るインセンティヴ（誘引）がない状態は、そのまま維持されると考える。なぜなら、誰にも単独で別行動をするインセンティヴがないとは、単独の別行動をしても損をすることはありえても得をすることはありえない状態に全員が置かれていることであるから、社会構成員の全員が今までと同じ意思決定や行動を続け、したがってその社会状態は維持されると期待できるからである。このような社会状態のことをゲーム理論では「ナッシュ均衡」と呼ぶ。いわば、全員お互いに拮抗し合って膠着状態にあるというイメージである。したがって、ゲーム理論におけるナッシュ均衡は社会秩序のわかりやすいモデルであることになる。

　上の道路通行の場合、両者向かって右側通行と、両者向かって左側通行の2つがナッシュ均衡となっている。ナッシュ均衡の定義に従って、そのことを確かめておこう。両者向かって右側通行の状態で、1人だけ向かって左側通行に変更すれば、両者は衝突してしまいマイナス10となる。よって、単独で別行動に移るインセンティヴ（誘引）は誰にもない。よってナッシュ均衡である。両者向かって左側通行の状態もナッシュ均衡であることは、読者が確かめておいてほしい。

4-1-3　社会秩序としてのナッシュ均衡の評価

　このように、ナッシュ均衡は社会秩序を説明する良いモデルではあるが、

我々が日常でイメージする社会秩序とは少しずれた側面も持つ。社会秩序のイメージはかなり曖昧で人によっても異なるのに対し、ゲーム理論の定義は数理的に厳密に定式化されているので、どうしてもズレが生じるからである。

どのようなズレに注意しなければならないのか？ 第1に、ナッシュ均衡では、ある社会秩序に落ち着いたとき、その社会状態で、単独の別行動で得をしないということが社会の全員にとって成り立っているときであると定義したゆえ、2人以上で同時に別行動をしたとき（2人の別行動が同一の別行動であるとは限らない）、その2人以上の者が得をするという場合を排除していない。そのような場合には、互いに示し合わせて別行動をとるインセンティヴ（誘引）が生じているので、必ずしも当該社会秩序が維持されるとは限らなくなる。

第2のズレは、ナッシュ均衡は安定であるとは限らない点である。誰も単独で別行動をとろうとしない膠着状態であるので、ナッシュ均衡は安定しているように見えるかもしれない。確かに、そのままで外生的なショックが起こらなければ、膠着したままではあるが、ここでの「安定性」はその意味ではない。外部から攪乱がもたらされたときに元に戻れるかどうかである。谷底の石は、そのままで自分からは動き出さない点で均衡しているとともに、地震が起きて揺れても元の状態に戻るので安定である。山頂の石は、そのままで自分から動き出さない点で均衡しているが、地震が起きて揺れれば谷底に落ちてゆき、元には戻らないので不安定である。

第3に、ナッシュ均衡は社会的に望ましくない場合がある点がある。この点を見るには、まず「社会的望ましさ」の基準を明示しておかなければならない。本章での社会的望ましさの基準として、社会Xと社会Yとを比較したとき、「社会改革への賛否の投票をしたら、有効投票はすべて社会Yから社会Xへの改革に賛成するものである場合には、社会Xの方が社会Yよりも社会的に望ましいと考え（これを「パレート改善」という）、そのような社会改善ができない社会状態まで社会改善を突き詰めることは社会的に望ましい」と考えることにする（これを「パレート最適」な社会状態という）。この基準を当てはめた場合、意外なことに、ナッシュ均衡が他の可能な社会状態よりも、社会的に望ましくなくなる場合が生じてしまうのである。

検察官と刑事被告人の間の司法取引

2016年5月24日改正、2018年6月1日施行の刑事訴訟法等改正法によって、「証拠収集等への協力及び訴追に関する合意制度」、すなわち「司法取引制度」が新たに導入された（刑事訴訟法350条の2以下）。

この制度の対象は、詐欺、横領、恐喝、公文書・私文書偽造、有価証券偽造、独占禁止法違反、金融商品取引法、税法など一定の財政経済事件、および、薬物・銃器事件や組織犯罪関連の事件などであり、検察官が、弁護人の同意を条件に、犯罪の被疑者・被告人との間で、ある合意を結び、それが両者に対して一定の法的拘束力を有するというものである。

その合意とは、一方で、被疑者・被告人の側が取調べや法廷での証言の際に、共犯者等の関連する他の人の犯罪事実を明らかにする供述をしたり、証拠の収集で協力したりすることを約束し、他方で、検察官の側が、不起訴など被疑者・被告人に有利な取扱いを約束する、というものである。

このように、日本でもアメリカ合衆国の刑事裁判物の映画のような司法取引（plea bargaining）が導入されている。近時のマスコミを騒がせた事例として、日産自動車の会長であったカルロス・ゴーン氏の逮捕・訴追の際に、日産自動車の執行役員が検察側と司法取引を行っており、ゴーン氏の弁護人はこの司法取引を違法であると主張して公訴棄却を申し立てている。

日本で導入された司法取引は、他者を告発して捜査・訴追に協力するタイプで「捜査公判協力型」ないし「捜査訴追協力型」と呼ばれる。司法取引には他に、被疑者・被告人が自らの犯罪について事実を認めたり証拠を開示したりすることと引き換えに、捜査機関や訴追機関が、微罪処分や不起訴処分、公訴における訴因や罪条の内容や求刑における便宜を図る、というタイプのものもあり、「自己負罪型」の司法取引と呼ばれるが、こちらは日本では導入されていない。

司法取引制度によって、本文で説明する「囚人のディレンマ」のような状況が、日本でも起こるかもしれない。検察側と被告人側のそれぞれに、どのようなインセンティヴが生じるか、ゴーン事件を例として分析をしてみて欲しい（太田、2019bも参照）。

(1) 囚人のディレンマ

この点を見るには、**表2**の利得行列で表される「囚人のディレンマ」状況を考えると分かりやすい。AさんとBさんが共謀して泥棒をした。共謀の際に、

お互いに、万一捕まっても相手のことは秘密にしておこうと誓いあった。案の定、2人は別々の場所に逃げたところを逮捕され、別々の警察署で取調べを受けることになった。

　Aさんの取調官αがこう言った。「お前が、Bが泥棒だとの供述調書に署名したら、執行猶予が付くように取り計らってやるが、Bもお前が泥棒だとの供述調書に署名していたら、執行猶予は裁判所が認めないが、捜査に協力した点は認めて懲役8年の実刑となる（利得マイナス8とする）。Bがお前のことを黙秘し続けていたなら、執行猶予がついて刑務所に入らずに済む（刑務所に入らずに済むので、利得1とする）。お前が供述を拒否してBのことを黙秘し続けるなら、10年の懲役刑を刑事裁判で請求する。その場合、Bが、お前が泥棒をしたとの供述調書に署名していたら、お前は必ず10年の請求通りの実刑判決となる（利得マイナス10とする）。ただし、Bも供述調書の署名を拒否してお前のことを黙秘し続けていた場合は、証拠が弱いので5年の実刑になる（利得マイナス5とする）」。

　別の警察署では、取調官βがBさんにまったく同様の提案をした。「お前が、Aが泥棒だとの供述調書に署名したら、執行猶予が付くように取り計らってやるが、Aもお前が泥棒だとの供述調書に署名していたら、執行猶予は裁判所が認めないが、捜査に協力した点は認めて懲役8年の実刑となる（利得マイナス8とする）。Aがお前のことを黙秘し続けていたなら、執行猶予がついて刑務所に入らずに済む（刑務所に入らずに済むので、利得1とする）。お前が供述を拒否してAのことを黙秘し続けるなら、10年の懲役刑を刑事裁判で請求する。その場合、Aが、お前が泥棒をしたとの供述調書に署名していたら、お前は必ず10年の請求通りの実刑判決となる（利得マイナス10とする）。ただし、

Ａも供述調書の署名を拒否してお前のことを黙秘し続けていた場合は、証拠が弱いので５年の実刑になる（利得マイナス５とする）」。

以上を利得行列に書いたのが**表２**である。

表２　囚人のディレンマの利得行列

		Ｂさん	
		黙　秘	供　述
Ａさん	黙秘	−5 −5	1 −10
	供述	−10 1	−8 −8

　この状況で、合理人であるＡさんは「Ｂが黙秘し続ける場合、自分も黙秘すれば５年の実刑で、自分だけが供述すれば執行猶予がついて刑務所に入らずに済んで、利得１だ。ならば供述した方が得だ。Ｂが供述していた場合、自分が黙秘すれば10年の実刑で、自分も供述すれば８年の実刑で済む。ならば供述した方が得だ。いずれにせよ供述した方が得だ」と考える。合理人であるＢさんもまったく同じ論理で「Ａが黙秘し続ける場合、自分も黙秘すれば５年の実刑で、自分だけが供述すれば執行猶予がついて刑務所に入らずに済んで、利得１だ。ならば供述した方が得だ。Ａが供述していた場合、自分が黙秘すれば10年の実刑で、自分も供述すれば８年の実刑で済む。ならば供述した方が得だ。いずれにせよ供述した方が得だ」と考える。その結果、両者ともに供述調書に署名して、両者とも８年の実刑を受ける結果になると予想される。

　この両者が供述して８年の実刑を受けるという結果はナッシュ均衡となっている。なぜなら、この状態で、Ａさんだけが単独で黙秘を選んだ場合（Ｂは供述のまま）、Ａさんは８年の実刑が10年の実刑へと立場が悪化する。同じことはＢさんにもいえて、単独で黙秘を選んだ場合（Ａは供述のまま）、Ｂさんは８年の実刑が10年の実刑へと立場が悪化する。したがって、「両者ともに供述する」がナッシュ均衡であることが分かる。

では「社会改革の投票をしたら、有効投票はすべて社会 Y から社会 X への改革に賛成するものである場合には、社会 X の方が社会 Y よりも社会的に望ましいと考え、そのような社会改善ができない社会状態まで社会改善を突き詰めることは社会的に望ましい」という価値評価基準を当てはめるとどうなるであろうか？　囚人のディレンマのあり得る状態は 4 つのみ、すなわち「両者ともに黙秘」、「A さんが供述、B さんが黙秘」、「A さんが黙秘、B さんが供述」、および「両者ともに供述」、である。「両者ともに黙秘」の社会状態から他の 3 つの社会状態へ改革しても損をする者が生じる。すなわち「A さんが供述、B さんが黙秘」へ改革すれば B さんの刑期が 5 年から 10 年へと悪化する。「A さんが黙秘、B さんが供述」へ改革すれば、A さんの刑期が 5 年から 10 年へと悪化する。「両者ともに供述」へ改革すれば、両者ともに 5 年から 8 年へと悪化する。自分の立場が悪化する者は、そのような社会改革に反対票を投じる。したがって、「両者ともに黙秘」という社会状態から全員一致で他の社会状態に改革することはできない。したがって、上記の価値評価基準（パレート基準）によれば「両者ともに黙秘」は社会的に望ましい。

　同様にして、「A さんが供述、B さんが黙秘」も「A さんが黙秘、B さんが供述」も、そこから他の 3 つの社会状態への改革では必ず立場が悪化する者が出てくる。よって、上記の価値評価基準によれば、他の 3 つの社会状態への改革には反対票が出てくるので全員一致の賛成は得られない。こうして上記の価値評価基準からは、「A さんが供述、B さんが黙秘」も「A さんが黙秘、B さんが供述」も社会的に望ましいという結論となる。

　では、「両者ともに供述」というナッシュ均衡という意味で社会秩序である社会状態はどうであろうか？「両者ともに黙秘」へと改革すれば、両者ともに 8 年の刑が 5 年の刑へと改善するので、損をする者はおらず、投票を 2 人ですれば全員一致でこの改革に賛成票を投じる。したがって、「両者ともに供述」（ナッシュ均衡）よりも「両者ともに黙秘」の方が社会状態として望ましいことが分かる。このように、囚人のディレンマ状況では、ありうる社会状態の中で、唯一社会的に望ましくない社会状態がナッシュ均衡としての社会秩序であり、それ以外の残る 3 つの社会状態は、社会的に望ましいということが分かる。

　以上の例から分かるように、ナッシュ均衡としての社会秩序は、社会的に望

ましいとは限らないのである。

　ちなみに、4-1-2 の道路通行の場合は、両者向かって右側通行と、両者向かって左側通行というナッシュ均衡としての2つの社会秩序は、ともに甲乙ともに1の利得同士であり、一方から他方に改革しても得をする者が出て来ないので特に賛成票を投じる者はいないとともに、残る2つの社会状態への社会改革ではともに損をするので反対票を投じる。したがって、両者向かって右側通行と両者向かって左側通行のいずれも、そこから有効投票全員一致での社会改革はできない。こうして、上記の社会的望ましさの評価基準による望ましい社会状態と、ナッシュ均衡としての社会秩序とは一致している。

　このように、社会的に望ましいナッシュ均衡と、望ましくないナッシュ均衡とが存在することから、法制度を設計する上でのひとつの指針が得られる。すなわち、立法や法解釈において、社会的に望ましいナッシュ均衡が実現しやすくなり、望ましくないナッシュ均衡が実現しにくくなるように工夫を凝らすべきである、という指針である。具体的には、後述（4-3）で論じる、法による社会制裁の種々の手法を用いて、社会的に望ましい社会秩序が実現するような判断と行動を、人々が採用するように誘導するべきである。

コラム2

豊川信用金庫事件

　日本でも、銀行の取り付け騒ぎが起きたことがある。「豊川信用金庫事件」と呼ばれており、1973年12月14日に起きた。

　通学の途中の電車の中で、ある女子高生が「あの銀行、つぶれるわよ」と冗談を言った。その話を真に受けた友人は、帰宅後、家族にその噂を伝えた。家族は、それが豊川信用金庫のことだと思い、電話で親戚に問い合わせをした。これをきっかけとして、豊川信用金庫の経営が危ないという噂が、親戚や知人や友人の間で広がり、とうとう、5000人が豊川信用金庫に押しかけて合計で何億円もの預金引き出しをしたという事件である（当時のお金で合計14億円とも20億円ともいわれる）。

　銀行は預金者から預かったお金を企業等に融資して運用し、運用益から従業員の給与等の手数料を控除した残りを、金利として預金者に還元する。したがって、銀行には預金総額のごく一部しかキャッシュとして手元にない。何らかのパニックによって多数の

預金者が引き出そうとすれば、キャッシュが不足してしまい、健全な銀行でも倒産の危機に直面することになる。これを「取り付け騒ぎ」とよび、英語では人々が預金を引き出しに銀行に走るという意味で、Bank Run と呼ぶ。

　多数の銀行に同時に取り付け騒ぎが起これば金融危機を引き起こすことになり、これを「銀行パニック（Bank Panic）」と呼ぶ。実際のところ、1927 年の金融恐慌なども銀行パニックがきっかけで起きたとされる。

　取り付け騒ぎもナッシュ均衡の 1 つであるといえる。ナッシュ均衡の定義に戻って検討してみよう。

　デマによるパニックなど何らかの理由で多数の人々が銀行預金を引き出しに走っている場合、その銀行に預金しているあなたには、銀行の経営の健全性を信じて何もしないか、みんなと同じように預金を引き出そうと走るかの選択肢がある。

　銀行の経営が健全か否かは、粉飾決算の場合などを典型例として、外部者にはなかなか判断できない。本当に倒産してしまえば、預金はほぼ回収できなくなるので、預金額を失う。銀行に走って預金を引き出すことができれば、あなたはお金を失わずに済む。合理人なら銀行に走るであろう。

　そのように合理的に考えて、預金者の全員が銀行に走れば、必ず銀行はキャッシュ不足に陥ってしまう。預金を下ろせないので預金者はパニックを増長・拡大させる。銀行はこうして信用を失い倒産の憂き目にあう。

　このように、囚人のディレンマのナッシュ均衡と同じ構造が生じていて、銀行が健全であったならば破綻するべきではないにもかかわらず、取り付け騒ぎで健全企業たる銀行の倒産という社会的に望ましくない結果となってしまうのである。

　なお、豊川信用金庫の場合は、日本銀行が名古屋支店を通じて大量の現金を運んだので、危機を乗り切ることができた。

4-2　法の正当性

　法は社会制裁の道具であると本章では位置づけるが、社会制裁を法に委ねるためには、法が社会的ないし民主的正当性を持っていることが前提である。では、前提である法的ルールの正当性はどのように考えればよいのであろうか？実は、法的ルールの正当性には重大な問題点が隠れている。

4-2-1　投票による多数決の望ましさ——メイの定理
日本のような民主主義社会における法的ルールの正当性の淵源は、投票によ

る多数決が想定されることが通常である。多数決が正当性を本当に調達できるのであろうか？

　多数決とは、社会構成員のそれぞれの価値判断を「集計」して社会的決定を導く手法の1つである。「集計」の仕方には、無数が考えられるが、ここでは投票のようなものを考え、全員一致投票から、4分の3超とか3分の2超のような絶対多数による多数決、過半数の単純多数決、さらには寡頭制のような少数決、そして究極の1人の独裁者による決定などを「集計」と呼ぶ。

　このように多様な多数決は社会的決定のための手法であるから、社会的決定としての必要条件を満たしていなければならない。そのような必要条件としてケネス・メイは(1)決定性（普遍性）、(2)匿名性、(3)中立性、(4)正の感応性を提案している（宇佐美、2000 参照）。

　(1)の決定性（普遍性）とは、「個々人がどのような選好順序（価値観）を持っていたとしても社会的決定を一義的になしうる」ということで、投票をする社会構成員はどのような価値観を持った者でも構わないとともに、それら価値観が社会構成員の間でどのような組合わせになっていたとしても、必ず社会的決定をなしうる、という要件である。逆に言えば、特定の価値観の者は社会構成員として認めず、投票から排除するというようなことは絶対にしないということである。なおここでの「社会的決定」とは、任意のどのような選択肢2つの間で投票しても、必ず、一方が他方より社会的に望ましいか、あるいは、同程度に社会的に望ましい、という結論を出すこと、を意味する。

　(2)の匿名性とは、社会構成員の間で差別をしないということで、具体的には「個々の社会構成員の間で選好順序（価値観）を入れ替えても、それによっては社会的決定の結論が変化しない」という要件である。これは、要件に該当しない例を見ればよく分かる。すなわち、たとえば、株主総会決議を考えれば、各株主の持ち株数は異なるので、たとえば、6割の株主Aさんと4割の株主Bさんが入れ替われば、単純多数決による場合の株主総会決議の内容は変わりうるので、匿名性を満たさない。

　(3)の中立性とは、選択肢の間で差別をしないということであり、具体的には「ある選択肢Aと選択肢Bについての個々人の選好順序の組合わせと、別の選択肢Xと選択肢Yについての個々人の選好順序の組合わせが同じなら、社会

的決定の結果も同じになる」という要件である。単純な例として、選択肢 A の支持者が6割、選択肢 B の支持者が4割で、選択肢 A の方が選択肢 B より望ましいという結論が、何らかの社会的決定手法によって出た場合には、同じ組合わせである6割が支持する選択肢 X と4割が支持する選択肢 Y の間で同じ社会的決定手法を用いたならば、必ず選択肢 X の方が選択肢 Y よりも望ましいという結論に至らなければならないということである。このようなことがどのような選択肢の組合わせ同士でも成り立たなければならない。これが満たされない例を見るとより分かりやすい。たとえば、特定の2つの選択肢 A と選択肢 B の間でのみ3分の2超を要求し、その他の選択肢の対の社会的決定では単純多数決でよいとする場合である。この場合、選択肢 A、B、X、Y の支持の構造が上記と同じである場合、選択肢 A と選択肢 B の社会的決定では選択肢 A の方が選択肢 B より望ましいという結論は得られない（選択肢 A の支持票が3分の2を超えない）が、選択肢 X と選択肢 Y の間の社会的決定であれば、支持の構造はまったく同じでも選択肢 X の方が選択肢 Y よりも望ましいという社会的結論が得られて選択肢 X が勝利する。

(4)の正の感応性とは、社会構成員の選好が変化したときに、社会的決定の結果が社会構成員の変化と矛盾しないということで、具体的には「ある個人が、ある選択肢 A の順序を上昇させた場合、他の点で同じなら、社会的決定で A の順序は下がらない」という要件である。用語的な厳密性からいえば、「正」の感応性というよりも「非負」の感応性の方が正確ではある。具体例で見ておこう。選択肢 X、Y、Z について、ある社会構成員 α の選好順序が当初は X＞Y＞Z であったところ（X は Y より望ましく、かつ、Y は Z より望ましい）、社会的決定の結果が X＞Z＞Y であったとする。その後、当該社会構成員 α の選好順序が X＞Z＞Y となった、すなわち、選択肢 Z の順位が上昇したとし、その他の社会構成員の選好構造は当初とまったく同じままであったとする。このとき、同じ社会的決定方式を実施した場合に、当初の結論の X＞Z＞Y に対して、Z が3番目に落ちることはない、同じ2番目か、上昇して1番目になるか、のいずれかであるとき、そして、そのことがどのような選択肢においても、どのような社会構成員においても成り立つとき、正の感応性は満たされる。

　以上の4つの要件について記号論理学的に検討したメイは、これら4つを同

時に満たす社会的決定方式は単純多数決であり、かつ、単純多数決のみであることを証明した。この定理を「メイの定理」と呼ぶ。

4-2-2 多数決の結果の正しさ――陪審定理

メイの定理で、社会的決定としての望ましさが単純多数決には存在することがわかったが、多数決結果の正しい確率が、個別の投票者の正しい確率よりも高くなることも簡単に示すことができ、その点でも多数決が社会的決定として望ましいとすることができる。

「陪審定理」と呼ばれるこの定理は、簡単化のために 3 名の合議制の裁判官の評決（投票）結果を検討すれば見えてくる。さらに簡単化のために、3 名の裁判官の判断の正しさは同等であると仮定する。その正しい判断である確率を p とする。したがって、$1-p$ の確率で誤判を犯すことになる。

この状況で、多数決による合議の結論が正しい確率を検討する。合議のあり得る可能性は、**表 3** のようになる。

表 3　多数決による合議の結論が正しい確率

裁判官甲		裁判官乙		裁判官丙		各評決結果が正しい確率	評決結果の正誤
正	p	正	p	正	p	p^3	正
正	p	正	p	誤	$1-p$	$p^2(1-p)$	正
正	p	誤	$1-p$	正	p	$p(1-p)p$	正
誤	$1-p$	正	p	正	p	$(1-p)p^2$	正
正	p	誤	$1-p$	誤	$1-p$	$p(1-p)^2$	誤
誤	$1-p$	正	p	誤	$1-p$	$(1-p)p(1-p)$	誤
誤	$1-p$	誤	$1-p$	正	p	$(1-p)^2p$	誤
誤	$1-p$	誤	$1-p$	誤	$1-p$	$(1-p)^3$	誤

評決結果が正しいのは上から 4 つの場合であり、よって評決結果が正しい確率の合計は、

$$p^3+3p^2(1-p)=-2p^3+3p^2$$

となる。これと個人の正しい確率 p とを比べるために差 $\varDelta$ を取ると、

$$\varDelta=-2p^3+3p^2-p$$

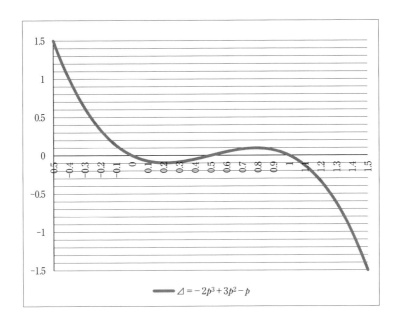

$$\varDelta = -2p^3 + 3p^2 - p$$

となる。これはマイナス係数の三次関数で、$p = 0$、$p = 0.5$、$p = 1$ で$\varDelta = 0$であるので、区間 $(0.5, 1.0)$ で $\varDelta > 0$ であることがわかる（図を参照）。

　すなわち、個別の裁判官の判断が正しい確率が50％よりも高い場合、3人の合議での単純多数決の結果の方が常に個人の判断よりも正確であることになる。一般的に、N人での単純多数決の結果は、50％よりも高い確率で正しい判断をする投票参加者が、相互独立に投票する限り（他者の単なる模倣等による投票はしない）、投票結果は個別の投票者の正しい確率よりも高くなり、Nが無限に近づくと投票結果が正しい確率は1に無限に近づくことが知られている。これを陪審定理と呼ぶ。

　このように、単純多数決は、投票者個々人よりも正しい結論を導くことが一定の条件のもとに証明されており、社会的決定の内容的にも望ましい性質を持っていることがわかる。

4-2-3　多数決の問題点：循環

　メイの定理と陪審定理から、単純多数決は社会的決定方式として社会的に望

ましいものといえそうである。しかしながら、重大な問題点が古くから指摘されている。すなわち、投票結果が循環してしまい、社会的に最も望ましいものを選ぶことが論理的に不可能となるという問題である。これは「投票のパラドクス」とか「コンドルセ・パラドクス」と呼ばれる。

　投票のパラドクスを仮想的な具体例で見ておこう。単純化のために、甲裁判官、乙裁判官、および丙裁判官の3名による合議の事案で、原告から被告に対して契約上の債務として100万円が請求され、被告から契約は成立していない、仮に成立していたとしても反対債権60万円を原告に対して有しているので、その額で相殺する、と主張された場合を考えてみよう。

　証拠・証人等の証拠調べが終了し、弁論が終結された後、3名の裁判官で合議を行ったところ、下記の3つの判断のどれかを評決で選ぶことになったとする。

　判断A：原告の主張する契約は成立していると認められるので、原告は被告に対して100万円の債権の支払いを請求することができるとともに、被告の主張する60万円の反対債権は履行期に到達しておらず相殺適状ではないので、被告は相殺できない。よって被告は原告に対して100万円を支払え、との判決をするべきである。

　判断B：原告の主張する契約は成立していると認められるので、原告は被告に対して100万円の債権の支払いを請求することができるが、被告の主張する60万円の反対債権は相殺適状となっているので、被告は相殺できる。よって被告は原告に対して差額の40万円を支払え、との判決をするべきである。

　判断C：原告の主張する契約は成立しているとは認められないので、原告は被告に対して100万円の債権の支払いを請求することはできない。よって原告の請求を棄却する、との判決をするべきである。

　そして、甲裁判官の心証は「判断A＞判断B＞判断C」、すなわち、判断Aが最も適切で、次いで判断Bがやや適切で、判断Cは適切とはいえない、というものであったとする。乙裁判官の心証は「判断B＞判断C＞判断A」の順序でより適切であり、丙裁判官の心証は「判断C＞判断A＞判断B」の順序でより適切であるというものであったとする。

この場合、判断 A と判断 B とで評決を多数決で行うと、判断 A の方を判断 B よりもより適切であると考えるのは、甲裁判官と丙裁判官で、乙裁判官は逆の順序であるので、2 対 1 で「判断 A＞判断 B」となる。もしも、判断 B と判断 C とで評決を多数決で行うと、判断 B の方を判断 C よりもより適切であると考えるのは、甲裁判官と乙裁判官で、丙裁判官は逆の順序であるので、2 対 1 で「判断 B＞判断 C」となる。仮に、判断 A と判断 C とで評決を多数決で行うと、判断 A の方を判断 C よりもより適切であると考えるのは、甲裁判官のみで、乙裁判官と丙裁判官は逆の順序であるので、2 対 1 で「判断 C＞判断 A」となる。

　以上の評決を整理すると、「判断 A＞判断 B」かつ「判断 B＞判断 C」かつ「判断 C＞判断 A」となって結論が循環してしまう。つまり、推移律（a＞b かつ b＞c ならば a＞c、ただし正式の推移律は＞ではなく≧を使う場合であり、「同等」ないし「無差別」の評価も含めて考える）が成り立たない。これはいわば、ジャンケンのグー・チョキ・パーの関係になっているといえる。

　このように選択肢の間で推移律が満たされず、社会的決定が循環してしまう場合、どれが最も社会的に望ましいかを決めることができなくなる。そもそもそのような社会的決定は矛盾した非合理なものであるといえることになる。

　投票のパラドクスが生じる可能性が多数決には存在するために、多数決という社会的決定方式には重大な欠陥が内在していることになる。

コラム 3

いろいろなパラドクス的状況

　世の中には、いろいろなパラドクス的状況が見られる。その中のいくつかを見てみよう。

(1) **キャッチ＝22**

　『キャッチ＝22』(*Catch-22*) はジョセフ・ヘラー（Joseph Heller）の 1961 年の小説で、この小説の影響で Catch-22 は英語文化圏においてパラドクス的状況を表す日常用語として使われるようになっている。

　ここでの「キャッチ（catch）」は、「そんなうまい話が転がってるわけがない。何かウラがあるんだろう」というときの「ウラ」のように、「罠の仕掛け」とか「落とし穴」を意味する。

『キャッチ＝22』は第二次世界大戦の兵士の置かれた不条理についての実験的な小説で映画化もされている。空軍兵士のジョン・ヨサリアン（John Yossarian）と軍隊の精神療法士ドク・ダニーカ（Army Psychiatrist Doc Daneeka）との会話が以下である。

……

「何かウラに仕掛け（catch）があるというのですか？」

「もちろんだ。ウラに仕掛けがある」とドク・ダニーカが答えた。「キャッチ＝22 さ。戦闘の現場から退役したいと思う奴で、本当に頭がおかしくなっている奴はいない」。

「そこについて 1 つウラの仕掛けがあって、それがキャッチ＝22 という規定さ。その規定には、差し迫った真の危険を目の当たりにして、自分の身の安全を図ろうとするのは、合理的な精神状態である、と書かれている。オールは頭がおかしくなっていて空軍の出撃命令から免除されてもおかしくない。免除を申し出さえすればいいんだ。ところが［この規定のために］、免除を申し出たとたん、もはや頭がおかしいはずがないとされて、さらに出撃しなければならなくなるんだ」。

このような、パラドクス的状況がキャッチ＝22 である。

(2)　平家の落人

源義経率いる源氏の軍に、平家の軍勢は一敗地に塗れて壇ノ浦に沈んだ。

しかし、ごく一部の平家の残党は生きながらえて落人となった。追手を逃れて山深い里に隠れ住むことになる。

弓折れ矢尽きて、命からがら人里から遠い山奥の谷間に身を隠した。

食料も尽き、キジなどの鳥を捕らえて食料にしたいが、弓矢がなければ飛ぶ鳥は捕えられない。弓は竹を切って作ることができても、矢は鳥を捕らえて羽を取って矢羽としなければうまく飛ばない。鳥を捕まえるには弓矢がなければならない。……

まさに平家の落人はパラドクス的な状況に置かれてしまった。

(3)　人の世と人でなしの国

「山路を登りながら、こう考えた。

智に働けば角が立つ。情に掉させば流される。意地を通せば窮屈だ。とかくに人の世は住みにくい。

住みにくさが高じると、安い所へ引き越したくなる。どこへ越しても住みにくいと悟ったとき、詩が生れて、画ができる。

人の世を作ったものは神でもなければ鬼でもない。やはり向う三軒両隣りにちらちらするただの人である。ただの人が作った人の世が住みにくいからとて、越す国はあるまい。あれば人でなしの国に行くばかりだ。人でなしの国は人の世よりもなお住みにく

ろう。」（夏目漱石『草枕』の冒頭）

　このように、智・情・意地の間のパラドクス的な関係のために、人の世は住みにくい。しかし、人でなしの国はもっと住みにくい。

(4)　社会規範とインフォーマルな制裁

　マナーや社会規範を守らない人を街角などで見かけることも珍しくない。マナーや社会規範を刑罰や損害賠償等の法的制裁で取り締まることは、罪刑法定主義（刑事処罰をするには、事前に当該行為が犯罪となることを法律で定めておかなければならないという原則で、憲法 39 条に「何人も、実行の時に適法であつた行為又は既に無罪とされた行為については、刑事上の責任を問はれない」と規定されている）からみても、法的取締りに要するコストに鑑みても無理である。

　他方、マナーや社会規範については、ゴシップ（悪口）、白い目で睨む、文句を言うなどのインフォーマルな制裁で取り締まることが効果的であるといわれている。しかし、社会調査によると、人々はこのような制裁が、違反者を改めさせる効果をあまり信じていないようである（太田、2019a を参照）。

　一方で、マナーや社会規範を平気で破るような人々に対しては、ゴシップ（悪口）や白い目で睨む、文句を言うなどのインフォーマルな制裁は効果がなく、他方、マナーや社会規範を守る人々は、インフォーマルな制裁の有無にかかわらずマナーや社会規範を当然に守っている。このように、インフォーマルな制裁とマナー・社会規範の遵守との間には、パラドクス的な関係が生じている。

(5)　電車の車内放送

　電車の中で音楽を大音量で聞いていて、イヤホンからの音漏れで周囲の乗客たちの顰蹙を買う人々が今でも時おり見られる。

　車内放送で注意がなされることがある。「音楽等を大きな音でお聞きになると、イヤホンからの音漏れで、周囲のお客様の御迷惑になる場合がございますので、ご配慮をお願いいたします」。

　ところが、このような車内放送は、そのターゲットである、音楽を大音量で聞いている無神経な人間には聞こえない。すでに迷惑を蒙っている周囲の乗客にしか届かない。これもパラドクス的状況である。

　より一般的には、ケネス・アローによって、それ自体としては否定しがたい、合理的な一定の要件を同時に満たすような社会的決定方式は存在し得ないことが論理的に証明されている（「一般可能性定理」と呼ばれる）。したがって、万人

が納得できるような社会的決定方式は存在し得ないことが分かっている（以上、宇佐美、2000による）。

このように、選挙や議会の投票、裁判での評決などで採用される多数決という社会的決定方式には、実は決定的に克服困難な欠陥が内在していることになる。法の社会的正当性は、実は脆弱な基盤の上にしか立っていないわけである。このことは、法について議論する際には、常に意識しておかなければならない。

4-2-4　法のパラドクス

(1)　高階性と論理パラドクス

法規範や法的ルールは、制定法であれ判決であれ契約条項であれ、自然言語で記述される。自然言語は、実は、非常に柔軟で、融通無碍といって良いものである。自然言語のそのような柔軟性の1つの特色として、高階性（higher order）を挙げることができる。言語の高階性とは、言語が当該言語についても語ることができることを指している。

たとえば、下記の例を考えてみよう。

「『自分の所持しているある物をBさんに売ろうというAさんの意思と、AさんからそのAを買おうというBさんの意思が合致した。』ということの契約法上の意味は、AさんとBさんとの間でその物の売買契約が成立したということである」。

この長い文章の『　』で囲まれた部分は、AさんとBさんの間の意思の合致という外界の出来事（事象）についての言明である。それに対して「『……』ということの契約法上の意味は、AさんとBさんとの間でその物の売買契約が成立したということである」という「　」で囲まれた部分は、『　』の部分について語る言明である。

すなわち、『……』は「語られる言語」であり「『……』ということの契約法上の意味は、AさんとBさんとの間でその物の売買契約が成立したということである」は『……』について「語る言語」である。前者は、語られる対象という意味で「対象言語」ないし「オブジェクト言語」と呼ばれ、後者は、論理的により上位の位置から語っているとして「メタ言語」と呼ばれる。

どのような人間の自然言語も、そして法の言語も、オブジェクトとメタの構造を有しているという意味で高階である。

　このような「高階性」はパラドクスを導いてしまうのである。それを見るために、次の2つの文章がそれぞれ、紙の表と裏に記載されている場合を考えてみよう。

　　紙の一方の面の記載：(A)「この文章が書かれた面の裏面の記述内容は偽である」
　　紙の他方の面の記載：(B)「この文章が書かれた面の裏面の記述内容は真である」

　これがパラドクスとなっていることは、以下のように分かる。まず、「記載(A)が真である」と仮定することから始める。すると記載(A)が真であるから、記載(B)は偽であることになる。すると真偽のみの二値論理的に見て、記載(B)が偽であるから「この文章が書かれた面の裏面の記述内容は真である」が否定されて「この文章が書かれた面の裏面の記述内容は偽である」となって初めの仮定であった記載(A)が真であると矛盾する結論となってパラドクスが生じる。

　逆に「記載(A)が偽である」と仮定することから始めるとしよう。すると記載(A)が偽であるから、真偽のみの二値論理的に見て、記載(A)の否定である「この文章が書かれた面の裏面の記述内容は真である」が真となる。すなわち、記載(B)である「この文章が書かれた面の裏面の記述内容は真である」が真となって、初めの仮定であった記載(A)が偽であると矛盾する結論となってパラドクスが生じる。

　記載(B)から始めても同様にパラドクスが生じることは、記載内容自体は同一であることからすぐ分かる。

⑵　法的なパラドクス
　法についても同様にパラドクスが生じうる。たとえば、以下の例を見よう。

　　法律(A)「法律(B)の内容は偽である」
　　法律(B)「法律(A)の内容は真である」

法律(A)が真であると仮定すると、真偽のみの二値論理的には法律(B)は偽となるので、「法律(A)の内容は偽である」となり、最初の仮定と矛盾する結論となる。逆に法律(A)が偽であると仮定すると「法律(B)の内容は真である」となり、最初の仮定とやはり矛盾した結論となる。

コラム4

嘘つきのパラドクス

　世の中に、嘘つきと正直者の2タイプしか存在せず、嘘つきは常に嘘をつき、正直者は常に真実を語るとしよう。これは真偽のみの二値論理の世界を意味している。このとき、下記の発言はどう理解すればよいのであろうか？

　「私は嘘つきである」

　まず、この発言者が嘘つきだったと仮定しよう。すると、定義により、嘘つきは常にウソをつくので、この発言は偽であることになり、「私」は嘘つきではなくなるが、この世界には嘘つきと正直者しかいないので、結局、「私」は正直者であることになる。これは出発点の「私」が嘘つきだったという仮定と矛盾する。

　次に、この発言者が正直者だったと仮定しよう。すると、定義により、正直者は常に真実を語るので、この発言は真実であることになり、「私」は嘘つきであることになる。これは出発点の「私」が正直者だったという仮定と矛盾する。

　こうして、この発言者が嘘つきなのか正直者なのかを決定することが論理的に不可能であることが分かる。

　もちろん、このような論理パラドクスではなくとも、高階の自然言語による法は相互に矛盾抵触しうる。下記の例を考えてみよう。

法律(A)「法律(B)の内容は偽である」
法律(B)「法律(A)の内容は偽である」

これは、法律(A)の内容と法律(B)の内容とが正面から矛盾抵触する例であり、両者は論理パラドクスの関係にはないが、両立し得ない。両者の「〜は偽である」を「〜を廃止する」としても両立し得ない2つの法となる。このような単純な法規範同士の内容的抵触は、現実の法の世界ではありふれた現象である。

⑶ 法的パラドクスの解消

　法の内容的なパラドクスを解消するために、法の相互間に階層構造を導入する法を作る場合がある。階層が上位の法は下位の法について語ることが認められるが、下位の法にはより上位の法について語ることを認めない、という法を考えるのである。

　こうした場合、上位の法はメタ言語の法となるので、下位の法に対しては「メタ法」と呼びうることになり、下位の法は対象言語の位置づけとなるので「オブジェクト法」と呼びうることになろう。そして、このような階層構造を規定する法はいわば「メタ・メタ法」と呼びうることになる。

　そのような「メタ・メタ法」の例として、憲法を最高法規とする規定がある。憲法に矛盾する法律はすべて憲法違反となって無効となるのである。それを規定する条文は、憲法98条にあり、

>　「この憲法は、国の最高法規であつて、その条規に反する法律、命令、詔勅及び国務に関するその他の行為の全部又は一部は、その効力を有しない。……」

と定められている。憲法の規定が、憲法自身の最高法規性を規定しているという、高階性を用いて「自己言及」をしている点でも興味深い規定である。

　もうひとつの「メタ・メタ法」の例として憲法96条があり、次のように規定する。

>　「第1項　この憲法の改正は、各議院の総議員の3分の2以上の賛成で、国会が、これを発議し、国民に提案してその承認を経なければならない。この承認には、特別の国民投票又は国会の定める選挙の際行はれる投票において、その過半数の賛成を必要とする。
>　第2項　憲法改正について前項の承認を経たときは、天皇は、国民の名で、この憲法と一体を成すものとして、直ちにこれを公布する。」

この憲法96条の規定に従って憲法96条を改正するとどうなるであろうか？

　単純な法規範同士の抵触については、メタ法規範としてのいくつかの原則が存在している。たとえば、「後法は前法を破る」という法原理によれば、前に制定された法は、その後に新たに制定された法に劣後し、新しい法の方が適用される。また、「特別法優先の原則」によれば、適用領域がより広い一般法よ

りも、適用範囲がより狭い特別法の方が優先して適用される。

　法規範は国ごとに制定されるので、国際取引・貿易などで同じ行為に異なる複数の国の法規範の適用が可能で、それらの法規範の間で矛盾抵触が起こりうる場合もある。このような場合に、どの国の法規範が優先して適用されるべきかについてのメタ法規範が、国ごとに定められていることが通常である。国際私法（international private law）とか抵触法（conflict of laws）と呼ばれる。国ごとに定められているため、そもそもどの国のメタ法規範としての国際私法・抵触法が適用されるかというメタ抵触・メタ矛盾も起こりうる。このようなメタ構造的な矛盾・抵触は論理的には無限に退行しうるものである。それを解決する別の手法として、国際条約、とりわけ多国間条約が締結されて統一的なメタ法規範による法の選択をする場合や、国際連合などによって世界共通の法（オブジェクト法規範やメタ法規範）を制定しようとする場合もある。

コラム5

国際私法の反致

　国際私法は、どの国の法が適用されるべきかを決定する法的ルールのことである。

　国ごとに法的ルールの内容が異なっている場合があり、適用法がどこの国の法かで法律関係が異なってしまい、当事者の間の有利不利が生じることがある。

　国際私法の原則では、契約などの場合、契約当事者の私的自治として、自分たちの法律関係に適用される法がどこの国の法であるかを合意によって決定する権能が認められている。適用法のみならず、どこの国の裁判所や仲裁廷で紛争解決の審理を受けるかも当事者が合意によって決定することができる。したがって、たとえば、日本の企業と中国の企業の取引契約について、適用法をドイツ法と指定する合意を結び、紛争になったらインドの裁判所の審理に服するという合意を結ぶこともありうる。

　ここでたとえば、次のような国際私法の事例を考えてみよう。

　ある当事者間の法律関係について、当事者間の合意や連結点や最密接関係地法など、何らかの法原則によって、実体法についても国際私法についてもA国法が適用法とされるとしよう。

　ところが、A国の国際私法によればB国法が当該当事者間の当該法律関係について、適用法とされるとしよう。

さらに、当該当事者間の当該法律関係にＢ国法が適用法とされるならば、Ｂ国の国際私法によって、逆にＡ国法が適用法とされることになるとしよう。

　このようなことはもちろんありうる問題である。

　これが生じるならば、適用法は、Ａ国の国際私法とＢ国の国際私法との間で、お互いに相手国法を適用法として指定し合うことになって、論理的に無限に行ったり来たりし続けることになる。

　国際私法ではこのような問題を、「反致」の問題と呼んでいる。たとえば、このような無限退行の場合に、国際私法の原則として、便宜上、Ａ国法を最終の適用法としたりする。しかし、これは便宜論であり、論理的な無限退行に対するメタ・ルールとしての解決原理を、論理的に整合的で納得のいく形で定める解決とはなっていない。

4-3　社会秩序の法的制禦

　法制度は、第一義的には、人々の行動・判断や社会制度・社会秩序を制禦するための道具として制定・改定されたり、司法・行政によって創造・修正されたりするものであると本書では位置づけている。では、法はどのようにして個人の行動や社会秩序を制禦するのであろうか？

4-3-1　法強制

⑴　事前効果と事後効果

　現代社会の公式の法規範は、そのための社会的強制装置を有している。すなわち、民事および刑事などの裁判制度、強制執行制度、矯正制度（刑務所や少年院）などである。たとえば、契約を破れば相手方から民事裁判を提起され、敗訴して請求認容判決を受け、その判決が確定すれば不履行や不完全履行に陥っている契約上の債務を履行しなければならない。それでも、確定判決で命じられた債務を任意に履行しないならば、判決債権者が判決に執行文の付与を受けて、強制執行を申し立てて債務を強制するであろう。また、たとえば、刑法の規定に違反する行為（犯罪）をした場合、逮捕され、刑事訴追を受け、刑事被告人となる。刑事裁判で有罪とされ、たとえば懲役７年の実刑を宣告され、その判決が確定すれば、刑務所に収監されて刑に服すという刑事制裁を受ける。このような刑事制裁によって、犯罪を侵さないように人々は強制されている。

行政規制に違反すれば、行政庁から行政罰を受けるので、行政規制に違反しないように人々は強制されていることになる。

このように、人々の行動と意思決定に対して法が制裁をする第一次的メカニズムは、法強制を通じてであるといえる。

ここで注意しておかなければならないのは、これら法による人や社会に対する制裁が「事前効果」である点である。犯罪はもとより民事違法においても、実際に刑事処罰や民事裁判によって制裁を科される人はごく少数派である。しかも、刑事制裁を受けても犯罪を繰り返すことも少なくないので（常習犯や累犯と呼ばれる）、刑事制裁を受けたことで犯罪を犯さなくなる者はさらに少数派である（犯罪を行った者が刑事制裁によって犯罪を犯さなくなることを、刑法の「特別予防」の効果と呼ぶ）。すなわち、刑事制裁や民事制裁を蒙ることによって法を守るようになるのは例外中の例外である。言い換えれば、刑事・民事の制裁による「事後効果」は法システムの作動としては例外である。

法による人や社会に対する制裁の「事前効果」とは、犯罪や民事違法行為をすると、刑事・民事の制裁を科される可能性があることを「事前に」慮って、犯罪を思い止まったり、民事法を遵守したりするという法的制裁の効果である。刑事法では事前効果のことを、人々一般が事前に犯罪を抑止されるという意味で「一般予防」と呼ぶ。

このことは、法学にも跳ね返ってくる。法学では、法の解釈適用とは、個別具体的な過去の一回的紛争や犯罪について、事後的・個別的に公正で妥当な解決を探求する知的営為であるといわれることがある。裁判における法の解釈適用については特にこの点が強調されたりする。しかし、犯罪や民事違法行為など、例外中の例外である「過去に起きてしまった紛争や犯罪」について、「事後的」に公正妥当な解決を求めるときの考慮要素や規範的判断（裁判規範と呼ばれるものなど）と、「将来の法的制裁の可能性を慮って行動する人々」が適切妥当な行動を選択するよう「事前的」に制裁するために法の解釈適用をする際の考慮要素や規範的判断（行為規範と呼ばれるものなど）とが、一致する保証はどこにもない。むしろズレがあると考えるのが自然である。とすれば、裁判例を中心に考慮して、事後的・個別的に公正で妥当な法解釈を求める従来の法学のあり方は、適切・妥当な社会制裁にとって役に立たない場合や、有害な場合

があることになる。

(2) 法強制の限界

その上、このような法強制のメカニズムを通じての社会制禦が、法が人々の行動や社会秩序を制禦する上で本当に第一次的であるかについてさえ疑問の余地がある。

人々の多くが犯罪を犯さないのが、罰金や懲役などの刑事制裁を恐れてである場合は、実はそれほどないであろう。人を殺さない理由が、将来逮捕され刑事訴追を受け、有罪判決を食らって、刑務所に入れられたくないからであると、主観的に意識して、人を殺さない人は稀でしかない。タクシーに乗ったときに料金を支払うのが、払わないと将来タクシーの運転手に民事裁判を起こされ敗訴判決を食らって、強制執行をされるからであると、主観的に意識して、料金を支払っている人は稀であろう。たいていの人は、日常のさまざまな行為選択において、具体的な法強制のことなど、思い及ぶことなどないままに意思決定をしているものである。

また、何らかの形で法に違反した行為をしたことがない人はまずいないであろう。自動車を運転しているときに、制限速度を完璧に守って運転したことしかない人はまずいない。ミスや過失で人の物を壊してしまったとか、軽い怪我をさせてしまったことが生まれてこの方一度もない人はまずいないであろう。

こうしてみると、法の強制による社会制禦は、必ずしも第一次的であるとは限らないとともに、法の強制装置の存在にもかかわらず、法が違反されることも社会生活の場面によっては稀ではない。むしろ、法の強制が主観的に強く意識されて法違反を抑止する場合はむしろ稀であるとともに、法の強制装置が現実に作動する（裁判になる、強制執行される、刑務所に入るなど）ような場合は、もっともっと稀であることになる。まとめると、法強制によって社会制禦が現実になされることは、法違反行為の場合であれ法遵守行為の場合であれ、決して第一次的であるとも原則であるともいえないのである。

人々はなぜ法に従うのか？

人々が法に従う理由についての社会心理学的研究がある。トム・タイラーの『なぜ人々は法に従うのか？』である（Tyler, 2006）。

本書によれば、人々が法に従うのは、アメとムチ、すなわち制裁や報奨といったことのためではない。それらが役割を演じる場合もないわけではないが、他の要因に比べるとずっと小さな影響しかない。

このように、伝統的な法学が前提としていた「法強制による法遵守」という考え方は、現実にはあまり妥当していないとされる。

では、人々が法に従うのはなぜなのであろうか？

タイラーの研究によれば、その法が正当なものである（legitimate）、と人々が信じているときに、人々は法に従う。

では、どのような場合に、人々は法を正当なものと考えるのであろうか？

法の内容が正義と道徳にかなうものだと人々が評価しているとき、人々は法を正当なものと考えると、伝統的な法学においては考えられていたといえる。

しかし、タイラーによれば、そうではない。そのような法に至ったプロセスが手続的正義にかなうものである、と人々が考える場合に、人々は法を正当なものと考えるのである。

タイラーの研究は、実体的正義中心の伝統的法学に対して、手続的正義の重要性への目を啓かせるものである。

4-3-2　法による正当化と説得

(1)　法の説得力

人々が法による制禦を受ける場合として、日常的に見られるのは、交渉や紛争において、自己の要求を法によって正当化したり、自己の主張について法を用いて相手を説得しようとしたりする場合である。法律の条文によればその主張が正当であるとか、その主張を認めた判例が存在する、と相手に言われたときに、反論することはなかなか難しい。

たとえば、賃貸家屋の持ち主が、賃貸人となって自分の家屋を他人に貸したところ、その賃借人が、さらに別の人に又貸ししたとしよう（法では、又貸しのことを「転貸」と呼ぶ）。それに気付いた賃貸人が、「俺に無断で又貸しして

けしからん。もう貸さないから、持ち物を運び出して、家から出てゆけ」と言ったとしよう。賃借人は「ちゃんと月々の家賃は滞りなく払っている以上、俺が借りた家をどう使おうと、汚したり壊したりしてないんだから、お前に文句を言われるいわれはない」と応酬したとする。これでは、決着がつかず、水掛け論の末に、喧嘩となってしまいそうである。

　これに対し、たとえば、賃貸人が「私に無断で本件家屋を第三者に転貸したことは、民法 612 条 1 項の『賃借人は、賃貸人の承諾を得なければ、その賃借権を譲り渡し、又は賃借物を転貸することができない』とある規定に違反しているので違法である。この場合、その 2 項によれば『賃借人が前項の規定に違反して第三者に賃借物の使用又は収益をさせたときは、賃貸人は、契約の解除をすることができる』とあるので、私はこの権利を行使して本件賃貸借契約の解除をする。したがって、本件賃貸借契約は解除されたので、あなたは本件建物の明渡し義務、および原状回復義務を負うので、すべての持ち物を搬出し、本件建物を明け渡してください」と言ったのであれば、法律上の明確な根拠に基づいているので説得力が圧倒的に増す。

　他方、賃借人が「最高裁判所の昭和 28 年 9 月 25 日判決によると、無断転貸借は原則として賃貸人と賃借人の間の信頼関係を破壊する行為であるとされてはいるが、『背信的行為と認めるに足りない特段の事情』があるときには賃貸人は民法 612 条 2 項による契約解除をすることはできない、とされており、本件の転借人は私の親戚の大学生が卒業まで住むだけであるから、特段の事情に該当し、契約解除はできない」と反論したのであれば、理性的な法的議論であり、説得力が圧倒的に増す。

　このように、法と法論理は、ややもすると感情論と暴力に走ってしまいがちな論争を、きちんと整理し、お互いに理性的で説得力のある議論の応酬へと改変する力を持っている。

(2)　論争停止のシステムとしての法

　以上のように、法的ルールは正当化根拠となったり説得理由となることを通じて、人々の行動・意思決定を制禦し、当事者の議論等の相互作用を平和的で理性的かつ説得的なものとすることができ、それを通じて社会秩序を制禦して

いることが多い。

　翻って考えてみれば、紛争や対立は感情論の応酬となり、いくら議論しても、究極的には「神々の争い」という不倶戴天の敵の関係をもたらしてしまう。この点は冷戦時代の自由主義陣営と共産主義陣営の戦いや、イスラム原理主義と称するテロリスト集団と国連の間の対立などを考えれば分かりやすい。それに対して、国家という統一的集中権力の存在する法治国家では、適正手続に則って制定された法秩序によって、いかなる価値観の対立も、法の支配の下では、それ以上は戦いの矛を収めるという、いわば「判断停止」ないし「論争停止」のシステムを設定することで、社会秩序の平和と安寧を維持しているといえる。

　法的ルールの正当化と説得の効力は、まさにこのような「論争停止」のシステムとして機能することを通じて、法的安定性と社会秩序の維持とを実現しているといえるのである。

(3)　法的説得の限界

　もちろん、法による正当化と説得の機能にも限界は存在する。たとえば、現在である 2020 年と、100 年ほど前の 1920 年とを比較したときとでは、科学技術、社会状態、文化経済の変化は、現在のほうが圧倒的に大きくて速い。このような社会変化の速度が急激な時代に、法制度が追いついていないならば、「法の規定ではこうなる」と主張しても、「それは時代遅れの馬鹿げた法で、10 年も前に改正されていて然るべきである。単に、立法者である国会と裁判所の怠慢で、時代遅れの法規定が未だに残っているだけである。よって、その法には、説得力も正当性もまったくなくなっている」と反論されて、議論は収束しないであろう。

　このように、いわゆる「立法不作為」や「司法怠慢」の状況が生じている場合には、法による正当化と説得の機能は麻痺してしまう。この点は、すべての法学者、法実務家は肝に銘じておくべきである。

4-3-3　法の情報的効果
(1)　マクロな情報的効果
　人々と社会が法による制禦を受ける場合として、日常的に見られる状況とし

て、法学部教育から見ると意外であるのに、比較的に通常の状態であるものが他にある。それが法の情報的効果と呼ばれるものである。

　法の情報的効果にもさまざまなものがあるが、もっとも分かりやすいものは、ある法の規定によって、当該社会の基本的価値選好を広く人々の間に知らしめるという効果である。顕著な例は、憲法の国民主権（憲法1条）、平和主義（憲法9条）、基本的人権の尊重（憲法11条〜14条）という三原則の宣言であろう。

　憲法1条は「天皇の地位・国民主権」の規定であり、

　　「天皇は、日本国の象徴であり日本国民統合の象徴であつて、この地位は、主権の存する日本国民の総意に基く。」

と定められており、主権が国民にあることが宣言されているとともに象徴天皇制を定めている。

　憲法9条は「戦争放棄、戦力及び交戦権の否認」の規定であり、

　　「第1項　日本国民は、正義と秩序を基調とする国際平和を誠実に希求し、国権の発動たる戦争と、武力による威嚇又は武力の行使は、国際紛争を解決する手段としては、永久にこれを放棄する。
　　第2項　前項の目的を達するため、陸海空軍その他の戦力は、これを保持しない。国の交戦権は、これを認めない」。

と定めている。すなわち、平和主義を高らかに謳い上げている。しかし、日本の現状とこの規定の間にはかなりのズレが生じていることは周知であろう。

　憲法11条は「基本的人権の享有と性質」についての規定であり、

　　「国民は、すべての基本的人権の享有を妨げられない。この憲法が国民に保障する基本的人権は、侵すことのできない永久の権利として、現在及び将来の国民に与へられる」。

と定めている。国民の基本的人権に関する規定は、引用は省略するが、続けて、12条に「自由・権利の保持義務、濫用の禁止、利用の責任」、13条に「個人の尊重、生命・自由・幸福追求の権利の尊重」、14条に「法の下の平等、貴族制度の否認、栄典の限界」が定められている。これらは、国家社会の価値の規定であって、人々や国家・政府に何らかの具体的行為を直接に命じたり禁じたりするものではない。

⑵ よりミクロな情報的効果

　法の情報的効果には、もう少しミクロで、条文の直接的な内容ではないために見過ごしがちなものもある。たとえば、民法709条は「故意又は過失によって他人の権利又は法律上保護される利益を侵害した者は、これによって生じた損害を賠償する責任を負う」と規定している。これは、たとえば、脇見運転とか、歩きスマホとかの過失のある行為をしていて、衝突事故を起こして他人に怪我をさせた場合には、損害賠償をする法的義務を負うという意味である。この規定の情報的効果には、故意・過失で他人に損害を与えてはいけないという直接の意味以外にも社会経済的な意味が込められている。社会行為をしていて、何らかの事故などで他人に身体的または財産的な損害を与えてしまうことがありうる。そういう場合も、当該社会行為自体をする際に十分注意して行えば、たまたま事故が起きてしまっても、過失には当たらないので法的責任を負わない、という裏の効果があり、これは市民社会において過度に萎縮することなく自由に活動をしてよい、という自由主義的な価値の宣言でもある。

　また、刑法41条は、「14歳に満たない者の行為は、罰しない」と規定している。未熟で判断能力の未完成な子どもは、現時点で犯罪的な行為をしてしまったとしても、これからの可塑性も大きく将来立派な人間に成長する可能性を秘めているということで、子どもに大人と同じ刑罰を課すことはしないという、子どもの教育に価値を置くという社会の価値判断を示している。

⑶ さらにミクロな情報的効果

　以上に対し、さらにミクロな法の情報的効果も存在する。たとえば、次のような例が挙げられる。

　時速80キロメートル制限の高速道路を走行していたが、高速道路でオービスは制限速度の40キロメートル以上の超過で反応すると思っていたので、安心して時速90キロメートルで走行していた山田さんの例である。曲がり角に差しかかると、制限速度が時速60キロメートルとの表示が出ていた。山田さんは、近くにオービスがあったわけでも、近くにパトカーや白バイが見えたわけでもないが、速度を時速70キロメートルまで落としてカーヴを曲がりきった。そのうち、しばらくまた時速90キロメートルで走っていると、今度はカ

ーヴがあって時速 40 キロメートルと制限時速の表示があった。山田さんは、近くにオービスがあったわけでも、近くにパトカーや白バイが見えたわけでもないが、速度を時速 45 キロメートルまで落としてカーヴを曲がりきった。

　以上のような山田さんの行動は、交通チケットを切られるとか速度制限の取締りにあうとかの制裁の可能性を考慮してのものではない。制限速度の表示によって、その道路の法的制禦を知ったからであるが、その意思決定の要因は、速度制限表示の持つ情報の意味、すなわち、最初の例ではカーヴがきつくて70 キロ近くまで落とさないと曲がりきれないとか、次の例ではカーヴがさらにきつくて時速 40 キロ近くまで落とさないと曲がりきれないという情報内容によってである。すなわち、法的ルールは、取締りによる制裁のリスクによって山田さんの行動を制禦したのではなく、その表示する情報内容、すなわちカーヴのきつさ（曲率半径の小ささ）によって山田さんの運転行動に大きな影響を与えたのである。このような法規範の効果が法の情報的効果である。

　さらにマイナーで日常的な「規範」の情報的効果として、見通しの悪い狭い通りの入口に、「私道につき通り抜け禁止！」と張り紙が出ている場合も挙げられるであろう。私人の所有する土地の利用の仕方の決定は、当該所有者の権利であるから、他人に通り抜けを禁じることは、法律の認める私人の権利であり合法である。この張り紙の持つ効果の 1 つとしては、通り抜け禁止ルールを無視して通行すると所有者に文句を言われるとか、場合により損害賠償を請求されたり、警察に通報されたりしかねない、というものがある。しかし、別の、所有者にとっては嬉しくない情報的効果も持っている。すなわち、この通り抜け禁止ルールの張り紙を見た人は、「はは〜ん、向こうが見えないから行き止まりかと思ったけど、向こう側の道に通り抜けできるんだな。今はすごく急いでいるから近道として通り抜けしよう！」と考えるかもしれない。すなわち、この通り抜け禁止ルールは、情報的効果として「通り抜けできる道であること」を公表していることになる。

　このような、非常にミクロな法的ルールの場合の情報的効果とは、当該ルールが示唆する社会経済的あるいは工学的な環境状態に関する情報が伝わって、ルールそのものの趣旨や意味としてではなく、当該環境情報についてのリアクションとして人々が対応する反応をすることである。法的制禦としては、その

ことをも見越して、法的ルールに反応する人々の行動が結果として概ね適切なものとなるように、いわば逆算して法的制裁の内容を設定する必要があることになる。

4-3-4　法のシグナリング効果

(1)　シグナリング・モデル

　法が社会に影響を与えるメカニズムとして、シグナリング効果を説明しておこう。ここでのシグナリング効果は、前節の情報的効果とはまったく異なるものである。シグナリング効果とは、ゲーム理論における「シグナリング・モデル」という考え方に基づくものであり、社会秩序発生のダイナミクス（動態）を説明する理論である（シグナリング・モデルについては、ポズナー(2002)参照）。

　まず、非常に単純化された社会を想定した思考実験をしてみよう。社会には多数の人々がいるが、2つのタイプしかいないとする。人々の行うある行為を想定し、その行為を行うためのコスト（苦痛）は、タイプの違いによって異なるとする。

　たとえば、ある中学校のあるクラスの中に「Gタイプ」と「Bタイプ」の2つのタイプのみが存在するとしよう。ここに「学校生徒は毎日2時間、予習と復習を家庭でしなければならない」というルールが定められているとしよう。これを校則甲と呼ぼう。毎日2時間家庭でじっくり予習と復習をすれば、テストで良い点が取れるが、家庭で勉強しないとテストでは悪い点しか取れないとする。

　Gタイプは従順で、ルールを守って2時間家庭で勉強することがまったく苦にならないとする。それに対してBタイプは反抗的で、押し付けられたルールを守って2時間家庭で勉強することは苦痛でならないとする。

　そのクラスの阿部君の成績は「優」でとても良く、伊藤さんの成績は「可」であまり良くなかったとする。この成績から分かることは、阿部君がGタイプで、伊藤さんはBタイプだということである。なぜであろうか？

　Gタイプの人にとって校則甲を守って家庭で2時間予習と復習をすることはまったく苦にならないので、校則甲を守る。Bタイプの人にとって校則甲を守って家庭で2時間予習と復習をすることは嫌で仕方がないので、家庭での勉強

をしない。その結果、Ｇタイプの人は全員が家庭で予習復習を２時間して良い成績の「優」を取り、Ｂタイプの人は全員が家庭で勉強しないのであまり良くない「可」の成績を取る。したがって、テスト結果を見れば、阿部君がＧタイプで伊藤さんがＢタイプであることが分かるのである。

　もしも「学校生徒は毎日５時間、予習と復習を家庭でしなければならない」というルールが定められているとしたらどうであろうか。これを校則乙と呼ぼう。毎日５時間家庭でじっくり予習と復習をすれば、テストで特に優れた成績の「特優」が取れるが、家庭で勉強しないとテストではあまり良くない「可」の成績しか取れないとする。さて、この場合、Ｇタイプは従順でルールを守ろうとはするが、毎日５時間も家庭で勉強することはさすがに不可能だとする。

　この場合は、Ｇタイプの生徒もＢタイプの生徒もこの厳しすぎる校則乙は守ることができないので、家庭で勉強しないことになる。すると全員が「可」の成績を取ることになる。そして、成績を見てもその生徒がＧタイプかＢタイプかを区別することができない。

　さらに、もしも「学校生徒は毎日30分間、予習と復習を家庭でしなければならない」というルールが定められているとしたらどうであろうか。これを校則丙と呼ぼう。毎日30分間家庭で予習と復習をすれば、テストでまあまあの成績の「良」が取れるが、家庭で勉強しないとテストではあまり良くない「可」の成績しか取れないとする。さて、この場合、Ｇタイプは従順で校則丙を守ることが苦痛ではまったくないので、30分間予習と復習をする。ところが、Ｂタイプにとっても、校則丙の遵守は嫌ではあるが、たった30分間家庭で予習と復習をするくらいなら大したことはないので勉強するとする。

　この場合は、Ｇタイプの生徒もＢタイプの生徒もこの緩すぎる校則丙は守ることができるので、みんな家庭で勉強することになる。すると全員が「良」の成績を取ることになる。そして、成績を見てもその生徒がＧタイプかＢタイプかを区別することができない。

(2)　シグナリングとルール

　以上がゲーム理論におけるシグナリング・モデルの基本的な考え方の柱である。

この考え方を前提としたとき、ルールをよく守って働く「良いタイプ」のアルバイト学生を求めている企業αの人事担当者だったらどのようなルールを校則として設定してほしいと思うであろうか？

　先のGタイプの生徒は校則というルールを守ることが苦痛ではなく、ルールをよく守ろうとする。したがって企業αから見たら「良いタイプ」である。Bタイプの生徒は押し付けられた校則を守ることが嫌でたまらないので、できるだけルールを無視しようとする。したがって企業αからみたら「悪いタイプ」である。

　企業αのアルバイト学生採用の基準から見ると、Gタイプの生徒とBタイプの生徒を見分けることのできるような校則を学校には設定してほしいと思うであろう。そうすれば、アルバイト募集に応募してきた生徒の成績を見ただけで、採否を決定することができるからである。

　こうして、企業αは、学校側には生徒の識別力のある校則甲を制定してほしいと願うであろう。アルバイトでお小遣いの欲しい生徒たちは全員、企業αでアルバイトをしたくてたまらないとしよう。採用されるアルバイトには数に制限があるので、Gタイプの生徒たちも、Bタイプの生徒と区別できる校則甲の制定を望むであろう。なぜなら、校則甲の下では、Gタイプは「優」の成績を企業αに提示できるが、Bタイプの生徒はGタイプのフリをしようにも、2時間の家庭の勉強は苦痛すぎて「可」の成績しか取ることができないので、バレてしまうからである。

　校則乙や校則丙の場合は、成績を見ただけでは区別できないので、自分が、企業αが求める意味での「良いタイプ」であることをGタイプの生徒もBタイプの生徒も主張することができ、企業αとしてはランダムに採用するほかなくなるからである。

　こうして、校則甲が採用され、Gタイプの生徒は、自分が良いタイプの生徒であることをアピールするために校則甲を遵守することになる。

　以上の例からいえることは、あるルールが命じる行為について、その行為のためのコスト（苦痛）がちょうど良い具合であるようなルールは、その行為が苦痛でない「良いタイプ」と、行為が苦痛でならない「悪いタイプ」を区別することができる、ということである。このようなちょうどよい内容の行為がル

ールの命じる内容である場合、「良いタイプ」の人々は自分が「良いタイプ」であることを誇示するためだけにでもルールを遵守し、そのことを通じて「悪いタイプ」と自分とを区別しようとする。「悪いタイプ」の人々は、その行為のコストが大きすぎるので、「良いタイプ」のフリをすることができず、区別をごまかせない。

(3) 法遵守とシグナリング

　このようなちょうど良い内容の行為を命じるルールは特殊なものに過ぎないと思われるかもしれないが、実は多くの社会規範や法的ルールを人々が遵守するのは、このように自分が「良いタイプ」であることを示し、自分を他の「悪いタイプ」と区別してもらおうとするためであることも多いのである。

　たとえば、人が周りにたくさんいるときに、車がまったく通っていない交差点で、赤信号でも止まって待つ場合を考えてみよう。まず、お巡りさんに叱られたり、まして逮捕されるかもしれないと慮って、この場合に赤信号で待っているわけでないであろう。周りの人から「赤信号は渡ってはいけない」のがルールだから、渡ってはいけませんよ、と説得されたから渡らないのでもない。自動車は来ていないのであるから、赤信号が「今渡ると危ない」という情報的価値をもたらして、それによって立ち止まっているわけでもない。すると、この場合に赤信号で立ち止まっているのは、周囲の人に自分が「ちゃんとした人」で「良いタイプ」であることを示そうとしている可能性があることになる。周囲に誰もいなくて、自動車も来ていないのに赤信号で渡らないとすれば、それは自分自身に対して「自分は良いタイプである」と示そうとしているからかもしれない（これを「アイデンティティ」と呼んでも同じことである）。もちろん、赤信号の場合は、ちゃんとしていない「悪いタイプ」も立ち止まって「良いタイプ」のフリをすることも容易ではあるので、赤信号で「良いタイプ」と「悪いタイプ」を識別することがうまくゆかない場合も多い。

　お見合いやデートでの食事の際に、食事のマナーを守ってナイフとフォークを正しく使って食事をし、口を開けてクチャクチャ噛んだりせず、お皿などをカチャカチャ鳴らせたりしないのも、自分はコストと時間をかけてマナーをちゃんと勉強し、それを覚え、実践できることを示して、自分が「良いタイプ」

の「ちゃんとした人」であることをアピールしようとしている可能性が少なからずある。それが証拠に、家で一人で食べるときには、お皿を舐めたり、素手で摘んで食べたりする人も少なくないであろう。食事マナーの場合は、各種料理のそれぞれのマナーを学んで実践しなければならないので、赤信号よりも「良いタイプ」と「悪いタイプ」の識別には役に立つであろう。

　取引先との契約を遵守して履行するのも、周囲の人や他の潜在的取引先などに対して、自分は契約をちゃんと遵守して履行する「良いタイプ」の「まともなビジネスマン」であることをアピールしようとしているからである可能性が少なからずある。期限を守ってちゃんと履行するには、それなりにコストをかけて準備をしておく必要があり、「良いタイプ」にはそれほどのコストとは思われなくても、「悪いタイプ」には苦痛だったり困難であったりする場合も多いからである。とりわけ、商取引の場合は、評判が将来のビジネス機会に大きな影響を与えるので、無理をしても履行をするインセンティヴは大きい。評判を気にしないということは、将来の取引機会を重視していないということで、信用できない行動を取る可能性が高いことになる。

　以上のように、法や社会規範などのルールが人々の行動や社会秩序に影響を与えるメカニズムには、自己のタイプを知らせるためというシグナリングとして人々がルール遵守をするというチャネルも重要なのである。

コラム7

ハンディキャップ原理

　クジャクのオスは、目立つ巨大で重い尾羽を引きずって生活している。より大きくて目立つほど、繁殖のパートナーとしてメスに選ばれやすいことから、メスとオスの相互作用による一種の共進化をしたのではないかと考えられていた（これは「性選択」と呼ばれる）。そして、性選択によって、餌をとったり捕食者から逃げたりする上でオスにとって非常に不利な形質である、目立つ巨大で重い尾羽が進化してしまったのではないかと考えられていた（進化が暴走したという意味で「ラナウェイ進化」と呼ばれたりする）。

　しかし、この理論には2つ問題点が指摘されている。1つ目は、そもそもなぜメスは、繁殖の成功率や子孫の繁栄とは無関係どころか、むしろ大いに不利なはずの、目立

つ巨大で重い尾羽のオスに惹かれるようになったのかを説明できないという問題点である（単なる偶然にしては不自然である）。2つ目は目立つ巨大で重い尾羽は、メスを惹きつけるだけでなく、他のオスを追い払う効果があることを説明できないという問題点である。餌を取ったり捕食者から逃げたりする上でオスにとって非常に不利な形質なら、他のオスとの間のメスの取り合いの戦いで不利になるはずで、他のオスが戦わずに逃げることを説明できない。

20世紀の後半になって提示され、現在では通説化している考え方が、本文のシグナリング・モデルの生物学ヴァージョンと言える「ハンディキャップ原理」である（ザハヴィ＆ザハヴィ(2001)）。メスにとって繁殖のパートナーとして望ましいオスとは、健康で強く、餌を取るのも上手なオス、つまり、繁殖の成功率や子孫の繁栄に有利という意味の「適応度の高いオス」である。

オスは自分の適応度が高いことをどうやってメスにシグナリングするか？　「僕は健康で強く、餌取りも上手だよ」と単にアピールするだけではダメである。より適応度が低い劣った他のオスも「僕も健康で強く、餌取りも上手だよ」と簡単にウソのアピールができてしまい、メスには識別できなくなるからである。

適応度がより高いオスは、自分にはできるが、適応度のより低いオスにはできないような事柄をシグナリングに用いれば良い。それには自らハンディキャップを背負えば良い。目立つ巨大で重い尾羽というハンディキャップをアピール材料にするのである。そうすれば、より劣ったオスは、目立つ巨大で重い尾羽では、餌がうまく取れなかったり、病気になったり、また、捕食者に見つかっても逃げ切れなかったりする。したがって、本当に健康で強い、餌取りも上手なオス、すなわち適応度のより高いオスしか、目立つ巨大で重い尾羽というハンディキャップを背負って生き残ることができない。

適応度がより低い劣ったオスには真似ができないハンディキャップというアピールなので、正真正銘の望ましいパートナーとして、目立つ巨大で重い尾羽のオスをメスは選ぶのである。他のより適応度の低いオスたちも、自分たちよりも目立つ巨大で重い尾羽のオスは、ハンディキャップを乗り越えて元気にしている以上、本当に強いオスであることが分かるので、尻尾を畳んで逃げ去るのである。

4-3-5　バトナとしての法

(1)　私的自治

　民事法の大原則は私的自治である。私的自治とは、人々は自分の私法上の権利義務を自由に形成したり処分したりできるという原則である。したがって、存在しない義務を認めて履行したり、存在する権利を放棄して義務者にその義

務の履行を免除したりできる。だからこそ、貸したお金について、お金に困っている友人に、「もう、返してくれなくても構わないよ」と許してあげることができるのである。また、故郷から上京して来て住む場所に困っている知人に、無料で自宅の離れを使わせてあげることもできるのである。

　私的自治の原則の取引分野での表れが契約自由の原則である。契約の内容は、刑法などの強行法規に違反しない限り、自由に形成して良いとする原則である。契約自由の原則のおかげで、人々も企業も、たとえばミカン4キロと代金3000円の取引契約を結んだり、ミカン10キロと代金5000円の取引契約を結んだりすることが自由にできるのである。

　こうして人々は、契約自由の原則のもとで、話し合い交渉を通じて自由に権利・義務の関係を形成する契約を合意することができる。

(2)　バトナと交渉力

　交渉理論に「バトナ（BATNA: Best Alternative to a Negotiated Agreement）」という考え方がある。交渉で合意できない場合に取りうる他の選択肢の中で最も有利なもの、という意味である（交渉理論については野村＝太田（2005）、草野＝太田（2005）など参照）。

　たとえば、近くのディーラー甲で自動車購入の値切り交渉をしているとしよう。ディーラー甲が最初は500万円と言っていたが、交渉して450万円まで値下げしてもらったとする。その時点で、ちょっと近くの別のディーラー乙に寄ってみたところ、同じ型の自動車を400万円で売ってもいいと言われたとする。この別のディーラー乙で自動車を400万円で購入するという選択肢がバトナである。このバトナが分かったら、元のディーラー甲との交渉では、400万円よりも安くしてくれない限り、交渉を打ち切って400万円のディーラー乙に行って自動車を買う。したがって、安心して強気になって、たとえば350万円まで負けてほしいとディーラー甲と交渉することができるようになるのである。この意味でバトナは「交渉力」の本質を構成する。

(3)　法的交渉とバトナ

　私的自治の下、契約自由の原則に則って交渉して自由に契約を結んで、自分

たちの権利・義務の関係を形成するとき、法や判例は交渉理論におけるバトナとなる。

　たとえば、お父さんが死んだとき、兄Aと妹Bだけが残されたとする。そこにお父さんの隠し子Xが現れたとしよう。お父さんの残した1500万円分の財産を子どもたちで分け合う話し合いになったとする（遺産分割協議という）。

　2013年よりも前であれば、Xのような非嫡出子（婚外子の法律用語）の相続分は嫡出子の半分と民法で規定されていた。もちろん、民法の規定は任意規定で、これと異なる財産の分け方を合意することも可能である。A、B、Xの遺産分割協議でも、財産の分け方を話し合って決めることができる。しかし、この話し合いでも、その出発点は民法の規定で、嫡出子の半分が非嫡出子の相続分とされていることから、合意できずに裁判となれば（家庭裁判所での家事調停から家事審判）、Aが600万円、Bが600万円、Xが300万円の相続分とされるであろう、というところから出発する。よって、Xに300万円より相続分を増やすか減らすか、という形からの話し合いとなろう。このように、合意できないときにどうなるかがバトナであり、話し合いの出発点として、交渉の仕方と至る合意に大きな影響を与える。

　2013年9月の最高裁判所の決定で、この民法の規定は子どもの間を不当に差別するもので憲法違反であるとされた（憲法14条「法の下の平等」）。これによって、2013年以降はバトナが変化したことになる。しかも、民法の規定も同年12月に改正されて、嫡出子と非嫡出子の相続分が平等となった。すなわち、こうして、遺産分割協議のバトナは、Aが500万円、Bが500万円、Xが500万円の相続分となり、これを出発点として、誰がいくら受け取るかの話し合いが進められてゆくことになる。

　もしもここで、Xがお父さんの遺言があると言って、遺言書を持ち出したらどうであろうか。公正証書遺言といって、遺言者が、公証人という法律専門家の前で、遺言の内容を口述し、公証人がその内容を正確にかつ法的に有効な形で文章にまとめた遺言書だったので（民法969条）、それが有効であることは争えないとする。

　ところが、お父さんの遺言の内容が、1500万円全額をXに相続させる、というものだったら、AとBは非常に悲しみ、怒り心頭に発するかもしれない。

ここに民法 1042 条の規定があって、これは遺言によっては否定できない。民法 1042 条は「遺留分」の規定であって、相続人は、法定相続分の半分は権利として受け取ることができるとする条文である。

　遺留分の規定によって、有効な遺言の内容にかかわらず、A と B は法定相続分の半分、すなわち 3 分の 1 の半分の 6 分の 1、すなわち、250 万円をそれぞれ相続することができる。こうして、遺産分割協議では、有効な遺言と遺留分の規定によって、A と B が各々 250 万円、X が 1000 万円の相続分を話し合いの出発点、すなわちバトナとして交渉を進めることになる。

　以上のように、法や判例は私的自治のもとでの人々の間の交渉のバトナを設定するものであり、これを通じて合意内容、すなわち、人と人との権利・義務の関係に影響を与える。

《**参考文献**》

宇佐美誠（2000）『社会科学の理論とモデル 4：決定）』（東京大学出版会）

太田勝造（2000）『社会科学の理論とモデル 7：法律』（東京大学出版会）

太田勝造（1990）『民事紛争決手続論—交渉・和解・調停・裁判の理論分析』（信山社、〔新装版〕2008）

太田勝造（2019a）「社会規範のインフォーマルな制裁の効果についての人々の評価」柏木昇＝池田真朗＝北村一郎＝道垣内正人＝阿部博友＝大嶽達哉 共編著『日本とブラジルからみた比較法—二宮正人先生古稀記念』（信山社）207-235 頁

太田勝造（2019b）「司法取引の利用意欲—社会実験による法社会学的探求」フット, ダニエル・H＝濱野亮＝太田勝造 共編著『法の経験的社会科学の確立に向けて—村山眞維先生古稀記念』（信山社）5-38 頁

草野芳郎＝太田勝造 共編著（2005）『ロースクール交渉学』（白桃書房、〔第 2 版〕2007）

ザハヴィ, アモツ＝ザハヴィ, アヴィシャグ（2001）『生物進化とハンディキャップ原理—性選択と利他行動の謎を解く』（大貫昌子訳）（白揚社）

Tyler, Tom R.（2006）　*Why People Obey the Law*（With a new afterword by the author），Princeton University Press

野村美明＝太田勝造 共編著（2005）『交渉ケースブック』（商事法務）

ポズナー, エリク（2002）『法と社会規範—制度と文化の経済分析』（太田勝造監訳）（木鐸社）

第 5 章

AI 時代の法秩序

笠原　毅彦

プロローグ

B君：現代の生活ではネットを見ない日がないね。

Aさん：おかげで、六法全書とか判例集とか重い書籍をあまり持ち歩かなくて済んで助かるわ。法律の教科書も全部電子化して欲しいわ。昔の法科大学院の女子って、すぐに腱鞘炎と腰痛になったって。弁護士になる前から労災よね。

B君：期末試験や司法試験も、早く電子六法参照、電子入力の答案作成にして欲しいね。弁護士も検察官も裁判官も、まだ手書きでやっている人なんているのかな。それなのに、法曹のための資格試験が紙ベースの手書きだなんて変だよね。

Aさん：そう思うわ、でも不正の防止が難しくなりそうよ。

B君：確かに、インターネットでは民事、刑事のさまざまな不正が跳梁跋扈しているそうだね。法律が追いついていなくて、何でもありの無法地帯だという人もいるね。

Aさん：そうかしら。変なことをするのはほんの一部で、ほとんどの人はちゃんとルールもマナーを守っているんじゃない。

B君：そうかも知れないけど、そのほんの一部の心ない行為が大きな影響を与える可能性が生じているのがネットの問題かもね。

Aさん：そういえば、義憤や正義感からやったことがネット上で連鎖反応を起こして、後から見るとまったく罪もない人の人生を台なしにしたというような例も起きているわね。ネットだといつまでもログが残っていたりし

て、「人の噂も七十五日」なんて呑気なことを言っていられないことが多くなってるわね。

B君：だからといって、警察や行政が取り締まればいいというわけでもないよね。表現の自由やプライヴァシー等の人権が国家権力によって侵害される危険性が生じるからね。

Aさん：昔は大衆の中に埋もれれば、干し草の山の中の針のように、事実上匿名化して身を隠すこともできたけど、今は監視カメラのデータ、カードやアプリの利用データ、携帯の GPS データなどの厖大な蓄積情報も AI で簡単に検索・分析できちゃうのよね。ある意味、世界中どこにも逃げ場がなくなったってことね。

B君：個人の DNA 情報もお忘れなく。アメリカ合衆国では DNA 蓄積データベースから警察が家系図を再構成して、何十年も前の迷宮入りの殺人事件やレイプ事件を解決しているそうだよ。犯人は今では 70 歳だったり 80 歳だったりするそうだ。これから刑務所に入ると、年齢的に生きて出られないだろうから、結局はアメリカ合衆国の終身刑と同じことになるね。

Aさん：生きて出てきたとしても、10 年も 20 年も経ってからだから、まさに浦島太郎よね。学生が携帯アプリで来年の海外旅行の飛行機とホテルを今日一瞬で予約するなんて、20 世紀には考えられなかったでしょ。そのころ刑務所に入って 30 年後に出てきたとしたら、今の生活について行けないでしょうね。

B君：今日の授業で、デジタル社会、ネット社会、AI 社会の錯綜する法律問題を仕分けしてもらえるといいな。

Aさん：では、教授のお手並み拝見といきましょうか！

5-0　課題設定

・情報化社会が現代社会に、さらに、法制度に対してどのような影響を与えようとしているのかを考えてみよう。

5-1　ネット社会とは？

　現代はネットワーク社会あるいは情報化社会だといわれる。人によってその意味する内容はさまざまだが、その本質は、「デジタル化」と「ネットワーク化」の2つの言葉で表すことができる。今では当たり前に使われる「情報通信」という言葉も1970年代から使われるようになった言葉で、「情報」機器（コンピュータ）と「通信」機器（電話回線）がつながることを表した。

　デジタル化　　身近なところではまず「情報」自体のデジタル化が始まった。一番わかりやすいものは音楽だろう。アナログのレコードで聞いていた音楽は、CDになった時点でデジタル信号になった。コンピュータで処理することができる01信号である。さらにそれらが通信と結び付くことによって、スマートフォンやPCにダウンロードして聴くようになった。レコードやCDといった「物」から離れて、音楽データのMP3ファイルという「情報」自体が、ネットワークを通じてやり取りされるようになったのである。データ自体の情報化は、文献、写真、絵画、動画とほぼすべての領域に広がっていった。これによって、ほとんどの情報がコンピュータさえあれば処理できるようになった。お金を払って買っていた「物」ではなく、二進法で表される情報の形になってしまった。物ではない「情報」自体が財産的価値を有するものとなったのである。さらにスマートフォンの普及は、これらの情報の扱いをより身近なもに変えた。

　ネットワーク化　　個人や会社のコンピュータが、インターネットを中心とするネットワークに接続されることによって、社会にさらに大きな影響を与えた。まだアナログ電話の時代に、国鉄（現「JR」）の指定券が、どの駅でもどの区間でも購入することができるようになった。さらには銀行のネットワーク

ができ上がり（全銀システム）、キャッシュカードが普及することにより、いつでもどこでも現金を下ろすことができるようになった。ちょうど、産業革命で蒸気機関が交通機関と結びついて鉄道ができあがり、広がることによって社会が大きく変わったように、このデジタル機器のネットワーク化により、人々の生活は大きく変わることになる。

インターネットって何？

　当然のように利用し、話題にしているインターネットだが、では一体インターネットとは何だろう？ その始まりについても2つの見方がある。1つ目は軍事ネットワークとして始まったとする見方。2つ目は教育研究機関として始まったとする見方である。

　1つ目の見方は、1969年から始まったARPAnet（Advanced Research Projects Agency Network 米国国防総省高等研究計画局接続実験）が始まりとする。キューバ危機で起きそうになった核戦争でも耐えられる軍事ネットワーク構築を目指したものだという。結論は、大型コンピュータにすべての端末をつなぐ従来の形から、より多くのコンピュータを網の目のようにつなぎ、1か所のコンピュータや接続が破壊されても、別の経路や別のコンピュータを使うことができる、いわゆる分散型のネットワークを作ることだった。蜘蛛の巣（spider web）のようなつながりのためウェブと呼

図1　Centralized, Decentralized and Distributed Networks

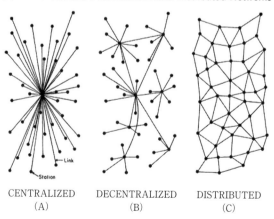

CENTRALIZED　　DECENTRALIZED　　DISTRIBUTED
　　(A)　　　　　　　　(B)　　　　　　　　(C)

144

ばれる。¹⁾ウェブの始まりという意味では、この軍事研究がインタットの始まりといえる。これを世界的規模（World Wide）に広げたものが、World Wide Web。ウェブページのアドレスの頭に付いている www である。

　もう 1 つは、1980 年代から盛んになった研究機関によるネットワーク利用（CSnet-Computer Science Network）で、さまざまな仕組みやプロトコル（通信標準）が作られたことから、この学術利用こそがインターネットの始まりとする。実益のある議論ではないが、始まりの歴史を表している。

　核戦争への対応という目的のおかげで災害に強いネットワークになっている。大地震等の災害でもインターネット回線であれば、別の経路を迂回して連絡を取ることができ、つながりやすいことは、先の 2 度の震災でも実証された。

　ネットワーク社会の中心となるインターネットについて考えてみよう。

5-2　インターネットの特質と問題点

5-2-1　情報の民主化

　インターネットは、人類が初めて手にしたマスメディアというバイアスを通さずに、生の一次情報を伝達する手段である。産業革命以降の工業文明は大量生産・大量消費の消費社会を作り出した。生産者と消費者は分離し、消費者は企業が大量に作り出す商品を選択するだけになった。これは情報の世界でも同じで、情報は国家とマスメディアに集中し、報道という形で、だれがどれだけ、どのような内容を知るべきかマスメディアが決めてきた。

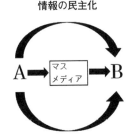

情報の民主化

　しかし、インターネットの出現で、ネットワークにつながったコンピュータさえあれば、誰もが情報を発信することができる。これは「情報の民主化」であり、ジャスミン革命といわれるアフリカ・中東諸国の民主化運動は、もたらした結果はともかくとして、SNS

---

1 ）　図 1 は「An Atlas of Cyberspaces」からの引用。
　　　https://personalpages.manchester.ac.uk/Staff/m.dodge/cybergeography//atlas/historical.
　　　html

によって拡散・拡大したといわれる。独裁国家や共産主義国家で多く見られる情報統制や思想統制は、国民の情報源であるマスメディアを規制すれば足りていた。しかし、インターネットはネットに接続するコンピュータを持つ者全員を記者にしてしまった。このインターネットの情報を規制するには、相当な労力が必要となる。実際、中国では100万人を超える人数を投入して監視していると報道されている。このようにインターネットは情報操作を困難にし、情報の民主化をもたらした。

5-2-2　編集者の不在

物事にはたいていの場合、プラス面とマイナス面がある。マスメディアは、情報の編集者の役割を果たしてきた。その社会的責任として、報道に際して事

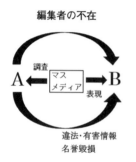

編集者の不在

A　マス
メディア　B
調査
表現

違法・有害情報
名誉毀損

実の調査をし、正しい内容を書くことが求められる。また、表現する場合も、たとえばテレビの放送禁止用語のように、節度のある表現が求められている。しかし、生の一次情報の飛び交うインターネットの世界では、この編集者の役割をする者が存在しない。このため内容と表現の両面で問題が生じやすくなる。内容面で生じたのが「違法・有害情報」の問題で、表現面で生じたのが「名誉毀損（きそん）」の問題である。

⑴　違法・有害情報——内容の問題

新しいメディアが登場するとまず欲望産業が飛びつき、警察が対応する前に荒稼ぎをする。そしてそのことが、そのメディアの普及にもつながる。人の欲望に枠をはめることは難しいようだ。インターネットがマスメディアで最初に問題として取り上げられたのもポルノ問題だった。

日本では刑法175条でわいせつ物自体を取締りの対象としている。ただし、憲法21条は「表現の自由」を定めているため、しばしば、わいせつか芸術かという形で裁判でも議論になった。有名なものとしては、文学作品の「チャタレー夫人の恋人」、「四畳半襖の下張り」、映画では「愛のコリーダ」がある。もっとも、わいせつの基準も時代によって変わり、かつてわいせつ物として取

り締まられた「チャタレー夫人の恋人」は、今では完訳版が文庫本で売られている。

　さらにインターネット特有の問題としての「越境性」がある。アジア諸国は日本同様にわいせつ物自体を取り締まる国が多いが、欧米諸国では、俗にポルノ解禁と表現されるが、1970年代以降、わいせつ物を刑法の規定から外し、犯罪として取り締まらなくなった。問題は、インターネットが国境を意味のないものにしてしまったことだ。法律は、原則、その国の中だけで効力を持つ。いくら日本で取り締まっても海外のサイトに行けば、日本では違法な情報に簡単にアクセスできてしまう。

　欧米諸国では確かに、通常のわいせつ物を犯罪から除外した。もっとも児童ポルノは昔も今も犯罪である[2]。いわゆるポルノ解禁がなされているのだが、代わりに流通規制をしている。見たくない人、見せてはいけない子供たちの目に入ることを防ぐために、専門のポルノショップか、書店の奥の一般の人の目に触れない所に置いてある。このため、欧米よりもむしろ日本の方が、一般の人の目に触れやすい結果となっている。日本と違い、年齢の分かる身分証明書の携帯が義務付けられている国が多く、その確認も容易である。

　しかし、インターネット上でこの流通規制をどう実現するかが問題となった。そのために作られ、今も改良が続けられているのがフィルタリングソフトとレイティングソフトである。前者は、特定の用語が出てきた場合に、その送受信を停止するものだが、たとえばこの章のように、「わいせつ」や「ポルノ」といった言葉の存在で、その目的に関係なくはじかれてしまう可能性がある。ディープラーニングといったAIの成果を取り入れることでの精緻化が待たれている。後者は、あらかじめコンテンツをランク付けし、どのランクまで表示するかを決めることができるようにしたものである。もともとケーブルテレビの番組を暴力表現と性的表現の程度でランク付けして、親が子供に見せる番組のランクを決めることができるようにしたものだが、これをインターネットに応用したものである。

2）　日本の法律では、児童はわいせつではないという理由で刑法175条は適用されず、1999年に「児童買春、児童ポルノに係る行為等の規制及び処罰並びに児童の保護等に関する法律」ができるまでは、犯罪ではなかった。

また、規制方法も法律だけではなく、法規制と自主規制の中間の「共同規制」という考え方も出てきている。いわば業界のガイドラインでの規制という自主規制を行いにくい分野で、その良さを残しつつ、公的機関と産業界で特定の問題に対する解決策を共同で管理するものである。ドイツでは共同規制の効果が認められ、チャイルドポルノ規制の強化のための法律の制定を取り止めた。業界団体が作った通報制度が機能していると判断されたためである。インターネットに限らず、変化の激しい情報化社会に対応するためには有効な手段であり、新しい規制の在り方として増えていくことが予想される。

⑵　名誉毀損──表現の問題

　人と人のコミュニケーションのうち、言葉の意味が占める割合は 10% にも満たないといわれる。90% 以上は、話し方、身振り手振り、表情といった意味以外の要素が占めているという。ところが、YouTube のような動画配信が普及する前は、インターネット上では文字情報だけでやり取りをしていた。言葉を文字に直すと、意図した内容より硬い印象を与え、書いた人が意図していない、思いもよらない形で相手を傷つけてしまうことがある。まだインターネットが大学等研究機関の利用に限定され、一般に開放される前のネットニュース（世界的に広がるインターネット上の掲示板）やメーリングリストのころから、ネット上の喧嘩は絶えなかった。最近の言葉では「炎上」というが、有名なメーリングリストが分裂したり、突然消滅したりといったことは日常茶飯事だった。

　もっとも、このころは大学を中心とする研究機関のネットワークだったため、問題が起きたとしても、学生であれば、ネットワークの利用禁止処分（アカウントの停止・はく奪）、停学、退学といった内部の処分で足りていた。大学の教員でネットストーキングを理由に解雇された人もいる。しかし 1990 年代中盤から、インターネットが一般の人の商用利用にも開放されると、内部処分では足りなくなり、法律問題として裁判になるようなった。そこで注目されたのが、インターネット接続を提供し、情報を提供、あるいは利用者の情報をサイトに載せるプロバイダである。コラムで簡単にインターネットの歴史に触れたうえで、項を改めて説明しよう。

インターネット上では著作権を主張してはならない？

　普段目にするビデオやテレビ、音楽サイトでの警告とまったく逆のことがいわれていた時代があった。インターネットは大きく3つの時代に分けることができる。1980年代から始まった第1期を、私は「インターネット村」と呼んでいる。インターネットは大学と研究機関の間の情報共有の場で、一般の人は利用することができなかった。商用利用も禁止され、研究成果や情報を仲間内で共有する学術ネットワークであった。インターネットにあげられた情報は、「みんなのもの（Public Domain）」で、著作権を主張することはできなかった。

　当時、一般の人は、NIFTY-Serve のような会員制のパソコン通信でネットを利用していたが、これはパソコン通信会社と契約した会員の中だけの情報共有の場であり、いわば会員制社交クラブであった（とはいえ、100万人を超える会員数で、少なくとも国内では、当時のインターネットよりも活発に利用されていた）。

　その後、アメリカと並行する形で、1992年に日本で最初の商用プロバイダの IIJ が設立され、1993年に郵政省がインターネットの商用利用を認めたため、パソコン通信とインターネットの垣根がなくなり、一般の人も利用できるようになる。この時期を第2期とすると、それは「世界中をつないだコミュニケーションシステム」といえる。商用利用が認められたため、著作権等の権利の保護が一般社会同様のものとなり、一般の人も入って来たため、学術機関内部の処分だけでは足りず、裁判が増えることになる。

　現在の第3期では、IP 電話・テレビ（動画配信）・ラジオ、諸管制・制御、電子商取引等々、社会のインフラ（社会基盤）として、欠くことができないものとなっている。

　インターネットの歴史に関しては、日本のアドレス付与の元締めとなる JPNIC のサイト「インターネット歴史年表」が分かりやすい。https://www.nic.ad.jp/timeline/

5-2-3　プロバイダの責任

　インターネットに接続するには、大学等の機関かインターネット接続業者（Internet Service Provider）でアカウントを取得する必要がある。接続したネット上で、あるいはネットショッピングを提供するプロバイダ（Commerce Server Provider）、ブログやウェブサイトを載せてくれるプロバイダ（Information Contents Provider）、SNS（Social Networking Service Provider）等々、さまざまなプロバイダに接続して利用する。商用利用と大学等研究機関のプロバイダ全体

を総称して、Interactive Service Provider とアメリカでは呼んでいるが、双方向通信サービス提供者とでも訳されるだろうか。

　インターネット上の情報のやり取りに、マスメディアのような編集者の役割を果たす者はいなくなったが、その場を提供・管理する者としてプロバイダがあり、このプロバイダにその役割を担わせることができないかが問題となった。違法・有害情報の削除や、それらの行為を行う者の排除である。すでにアメリカでは 1996 年に通信品位法が作られ、プロバイダが品位を保つために情報の削除等の行為を行っても責任を問われないようにした。しかし、アメリカの裁判では、名誉毀損等、有害情報を管理しなくてもプロバイダは責任を負わないと判断している。ただし、著作権侵害については、著作権法で厳しい規制がなされている。

　日本では、名誉棄損事件に関して 1997 年に東京地方裁判所で、パソコン通信の事案ではあるが、プロバイダの責任を認めた（ニフティサーブ名誉棄損事件[3]）。法律上・契約上はプロバイダの責任は認められないし、過去の判例（裁判例）もないが、常識的に考えて（「条理」に基づいて）それでもやはり削除すべきだったとの判断である。損害賠償額は請求額の 100 分の 1 しか認めていない。第 2 審の東京高等裁判所では、必要な措置がとられていて、過失はないと評価され、プロバイダの責任は否定された[4]（書き込みをした被告の責任は、1 審の判断通り、認められた）。

　法律家が法的判断をする場合に、その判断の根拠とできるものを「法源」いう。法律、慣習、判例、条理の 4 つが挙げられる。法律は、国会を通じて制定された法規範で、天皇によって公布され、特別に定めがない場合は公布から 20 日を経過した日から施行される（法の適用に関する通則法 2 条）。法律や規則といった法令がない場合、あるいは法令が認めている場合は、慣習（地域や職域で認められている習慣）が法源となる（同法 3 条）。争いはあるが、過去の裁判例である判例も法源として挙げられる。類似の事件が、裁判所や時期によってまったく違う判断がなされるようだと裁判に対する信頼が損なわれる。日本は三

　3）　東京地判平成 9 年 5 月 26 日判タ 947 号 125 頁。
　4）　東京高判平成 13 年 9 月 5 日判タ 1088 号 94 頁。

審制で、原則として3回まで裁判を受けることができるが、最終的には最高裁判所で判断の統一性が図られている。また、裁判手続を規定する訴訟法は、最高裁の判断と異なる判決に対しては上告できることを定めている（民事訴訟法318条、刑事訴訟法405条）。この意味で判例は、少なくとも事実上の法源としての効力を有するということができる。さらに、法律も慣習も判例もない場合でも、紛争は解決されなければならないため、最後の砦として、「条理」を使ってでも裁判しなければならない（裁判事務心得3条）。条理とは物事の筋道や道理を指す。

　上述した裁判により、プロバイダは名誉棄損にあたる書き込みを放置すると、被害者と主張する人から、また逆に、書き込みを削除した場合は書き込みをした人から訴えられる立場になってしまった。この問題を解消するために、2001年のいわゆるプロバイダ責任制限法（特定電気通信役務提供者の損害賠償責任の制限及び発信者情報の開示に関する法律）によって、責任を軽減する立法がなされた。さらにまた、この法律は、「通信の秘密保持」の定め（憲法21条、電気通信事業法4条ほか）の特例を定めている。通常、電話番号から利用者の個人情報を問い合わせても知ることができないように、特定の通信の内容はもちろん、発信者に関する情報も、この通信の秘密の規定よって守られている。ところが、ネット上では、あだ名（ハンドル）でやり取りすることが少なくない（匿名性）。名誉毀損の被害者は、加害者を訴えるために、まずプロバイダを訴えて発信者情報を開示してもらわなければならず、加害者に対する権利を実現するためには、2回裁判をしなければならないことになる。プロバイダ責任制限法は、明確な権利侵害があり、裁判を起こす等相当な理由がある場合は、発信者を特定するための情報を開示してよいことにした（同法4条）。要件が抽象的ではあるが、違法な書き込みを削除した、あるいは逆に削除しなかったことによる責任を制限した（同法3条）。

　もっとも、たとえば大学でインターネットに接続し、別のコンテンツプロバイダに接続し、そこで権利侵害問題が起きた場合、発信者情報は大学が持ち、権利侵害の事実は大学とは別のコンテンツプロバイダ（たとえば「2ちゃんねる」）にある。大学が内容を確認できるコンテンツプロバイダであれば格別、会員制の閉ざされたプロバイダの場合、接続プロバイダの大学は確認のしよう

がなく、そのための手続も定められていない。残された課題である。

　情報化社会の急激な進展とともに、この事件のようにまったく新しい事件が裁判所に持ち込まれることが増えている。法律も慣習も判例もない場合でも、紛争を解決するために判決は出されなければならない。「条理」という、いわば最後の砦の手段を使って判決が出される事案も増えることと思われる。そこから生じた矛盾を解決するために法律が作られ、さらにその法律が改正されていくことになる。

　この事件は、ネットワークという当時「特殊な状況」で生じた事件であった。しかし、今やネットワークはスマートフォンを通じて、ほとんどすべての人に、「普通」に行き渡ってしまった。そうなると「通信」という言葉の意味自体が変わってくる。これについては後述する。

5-3　新しい事象と法制度の対応

5-3-1　電子商取引（EC）

　スマートフォンの普及によって、個人のインターネット利用は一気に加速した。特に、電子商取引（EC：Electronic Commerce）の伸びは著しい。**図2**のグラフ（経済産業省「平成29年度我が国におけるデータ駆動型社会に係る基盤整備（電子商取引に関する市場調査）[5]」）はB to C（Business to Consumer 企業消費者間取引）の市場規模とEC化率を表している。35％はスマートフォンによるものだという。ちなみにB to B（Business to Business 企業間取引）は、317兆2,110億円（前年比9.0％増）と、B to Cの約20倍になる（同様に、フリマのような個人間（C to C）、さらには、「B to E」：企業と従業員、「B to G」：企業と行政、「G to C」：行政と消費者と、それぞれの取引を表す表現がある）。

　このように拡大するインターネット上の取引に、法制度がどのように対応してきたかを見ていこう。

　従来の取引は、対面取引・書面取引・電話取引といった形で、相手と面と向かって、あるいは住所や電話連絡先の判るものであった。しかし、インターネ

5）　https://www.meti.go.jp/press/2018/04/20180425001/20180425001-1.pdf

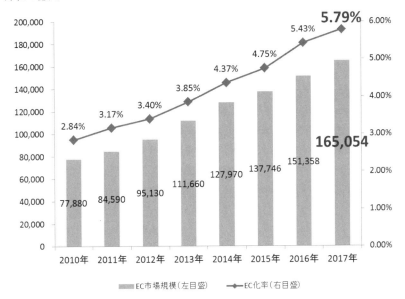

図表2　B to C-EC の市場規模および EC 化率の経年推移

（単位：億円）

ットの取引では、その画面に表示されている会社が本当に実在するのかという不安がある。これに対しては、電子署名を使った電子認証制度が作られた。また、決済手段として当初はクレジットカードしかなく、カード情報が盗まれたり、悪用されたりするのではないかという不安が、利用を妨げる一因となっていた。これに対応する形で、1つはデビットカード・電子マネーさらには仮想通貨といった支払方法の多様化が進められた。ちなみにデビットカードはキャッシュカードを使った支払方式で、自分の口座からお店の口座に振り込まれる。クレジットカードと異なり、銀行の口座にお金があることが必要である。カード情報の漏洩、不正使用に関しては、暗号が利用され、さらに、個人情報保護法が制定されることにより、企業は個人情報取扱事業者として、情報の適正な管理が求められるようになった。以下、法律ごとに見ていこう。

六法とは

　法律を集めた本は六法と呼ばれる。これは、憲法・民法・商法・刑法・民事訴訟法・刑事訴訟法の6個の法律をいうが、憲法は国の基本指針として格別としても、これらの法律が特殊なわけではない。資格試験や公務員試験でよく出題される基本的な法律が集められ、俗称として法律集の代名詞となったものである。

　個人間の法律関係を規定する法律が「民法」で、個人の財産と家族に関する法律である。この個人間の権利義務関係で商事に関する部分は「商法」という別の法律群で規定される。株式会社等の会社の規定、手形や小切手といった有価証券の法律、保険契約のような商事に関する特別な規定が並んでいる。こういった個人間の法律関係を規定する法律のことを私法と呼ぶ。

　国家と個人の関係を規律する法律は公法と呼ばれる。憲法は国家の仕組みを規定すると同時に、国家と国民の関係である基本的人権の規定を置いている。刑法も公法の1つで、犯罪と刑罰を定める。罪刑法定主義という原則があり、あらかじめ法律によって定められていなければ犯罪にならないため、すべての刑罰法規を見れば、何が犯罪で何が犯罪にならないのか判るようになっている。訴訟法は裁判に関する法律で、裁判所等の司法機関と個人の関係を規定する公法である。個人間の法律関係を対象とする民事訴訟法と、犯罪の有無、刑罰の重さを判断する刑事訴訟法に分かれる。裁判の手続を定めたもので両者をまとめて訴訟法（手続法）と呼ぶ。これに対して裁判の対象となる個人間の権利関係、あるいは犯罪と刑罰を定めたその他の法律のことを実体法と呼んで区別している。

5-3-2　民法

　民法は、財産編3編と家族編2編からできあがっている。財産編は全体にわたる規定の総則（第1編）、物（たとえば車）に対する権利の物権（第2編）と、人に対する権利の債権（第3編）（たとえば貸したお金の返還請求権）で、家族編は親族（第4編）と相続（第5編）である。近代法の原則の1つに「意思自治の原則」がある。個人の意思に基づかなければ、何らの権利も取得せず、何らの義務も負わないとする原則である。民法はこの意思を表すこと、意思表示を柱にして規定されている。たとえばサンドイッチを買う行為は、売買契約で、「売りましょう」という申込の意思表示と、「買いましょう」という承諾の意思

表示が合致する（重なり合う）ことによって効力が生じる。契約書も、もちろん印鑑も署名もいらない。民法は13種類の契約を定めているが、その大半はこの意思表示の合致のみで効力が生じる（諾成契約という）。また、任意規定（「公の秩序に関しない事項を目的とする法律行為」と表現する）の場合は、法律ではなく意思や慣習が優先される（民法91条・92条）。契約の規定は任意規定のため、内容を作り変えたり、新しい内容の契約を作ったりすることも可能である（たとえばリース契約）。

　個人が意思を形作ることができなければならないため、未成年者や年齢、病気等の理由で完全な意思を作ることができない人を制限行為能力者として保護している。また、個々の行為でうっかりと間違ったり（錯誤）、だまされたり（詐欺）、無理強いされたり（強迫）した場合、あるいは嘘の表示をした場合（心裡留保・通謀虚偽表示）、意思表示が無効になったり、取り消すことができる意思表示になったりする（民法93条〜96条）。

　さらに、企業と消費者の力関係の差から消費者を保護する消費者保護制度が特別法として複数定められている。これは、大量生産・大量消費の消費社会の成立による生産者と消費者の分離がもたらしたものだが、情報量が圧倒的に違う弱者としての消費者の意思形成の不完全さ、あるいは不平等ととらえることもできる。

　ネット社会が民法に与えた影響としては、国際的に整合性のあるルール整備として制定された2001年の電子消費者契約及び電子承諾通知に関する民法の特例に関する法律を挙げることができる。隔地者（離れた人）の間の契約成立の時期が、通常は承諾の意思表示を発した時とされるのに対し、電子消費者契約に関しては、意思表示が到達した時とするものである（2017年の民法改正により、民法上も到達主義に変更された）。面白いのは、同法の3条で、確認画面を表示していない場合、うっかり間違いを錯誤の規定で取消しにできる点である。具体的には、「買う気はなかったがうっかり押してしまった」、「反応がないから3回押したけど、3個も買うつもりはなかった」という言い訳（抗弁）ができる。この法律の制定で、インターネット販売のサイトは、確認画面を表示するようになっている。

　もう1つ大きな変化は、ネット社会の影響というよりはグローバル化への対

応のための「国際物品売買契約に関する国際連合条約（ウィーン売買条約）」の
2009 年 8 月の日本での発効である。物品に関しての国際的な売買を統一する
もので、これによって物品に関する実体法が統一され、契約締結国の間では、
この条約の条文が直接に適用される。グローバル化は、大なり小なりネットワ
ーク化によって促進された。その意味で、この法律の共通化も、ネットワーク
社会の法制度への影響と見ることができるだろう。

　民法の財産法では、原則、契約の効力発生に書面を要求していない。唯一書
面が求められるようになったのは、保証契約のみである（民法 446 条 2 項）。保
証人の保護のために新設された条項だが、同時に「電磁的方法」によって作ら
れた場合も書面によってなされたものとみなしている（同条 3 項）。同様に、消
費者保護のための特別法には、書面を要求する条文が非常に多い。しかし、コ
ンピュータ（法律では「電子情報処理組織」と呼ばれる）とネットワークの普及
により、書面を求める条項が取引の妨げになると考えられるようになり、法改
正がなされた。この書面要求の緩和は、もう 1 つの慣習である印鑑とともに次
の商法で述べる。

5-3-3　商法

　商法を規定する商法典は、明治 32 年に制定されたが、手形法（昭和 7 年）、
小切手法（昭和 8 年）、会社法（平成 17 年）などが分離独立した。ここでは、
これらの法律を含む広い意味で「商法」を考える。

⑴　印鑑

　長い歴史を持つ印鑑だが、2005 年改正前の商法 32 条は「この法律の規定に
より署名すべき場合には、記名押印をもって、署名に代えることができる」と
規定していた。実は、商法上は署名が原則で、記名押印を署名として扱っても
構わないと規定していた。しかも「記名」押印だから、印刷した名前に印鑑を
押すだけでよい。今でこそ少なくなったが、かつては印鑑がないと、たとえば
郵便局の書留も受け取ることができなかった。慌てて三文判を買いに行った経
験がある人もいるだろう。

　百円ショップでも買える三文判とは異なり、実印と呼ばれる今でも取引で重

要な役割を果たす印鑑がある。印鑑登録制度によって市区町村の地方自治体に印影を登録することにより、その印影の証明書である「印鑑証明」書を発行してもらえる。これによりその印鑑が特定の人のものであると登録されたものであることを証明することができる。さらには、先進国では珍しく国民全員が持っている身分証明書が発行されていない中、簡易な身分証明の働きもしている。

社会人になると、この重要な取引で使われる「実印」、銀行に登録した「銀行印」、職場に登録した印鑑、荷物の受取りに使う三文判、文書の訂正に使う訂正印と、他の国では見られない多彩な印鑑文化が花開いている。政府は2019年3月、行政文書のオンライン化・電子化を進めるために、印鑑なしの手続の推進を提唱したが、印鑑業界の反対にあっている。

こうした印鑑ないし署名、あるいは書面は何のために使われるのだろうか。すでに見たように、民法の財産法はこれらをほとんど要求していない（ただし、遺言に関しては、署名と印が求められている。民法968条以下参照）。これは、重要な取引のための証拠作りのためで、民事訴訟法の項で説明する。

商法へのネットワーク社会の影響は、書面要求の緩和（ペーパーレス化）が目立つ。

(2) 社債券、株券の電子化

株式会社は、簡単に言えばお金の集まりであり、会社の財産を株式という形に分割して、持分権に分けて株主がこれを持つ。会社の経営者は、株主という会社の持ち主から会社の経営を委任された人である。この株式を流通しやすくするために券面にしたものが株券で、有価証券の一種である。同じく会社の発行する有価証券として、金銭の借用証書である「社債」がある。

有価証券は、権利の流通を円滑にするために用いられるようになったものであったが、紙の券面の存在は、盗難や偽造、紛失などの危険を伴った。また発行・保管のためのコストがかかる。さらに、IT技術の発達は権利の流通面における券面の存在の必要性を縮小させたため、権利は券面から切り離されることとなった。さまざまな法律が制定されたが、株式に関しては、特に、2006年の会社法の改正で、株券は原則不発行となり、2009年の株券等保管振替制度で、上場企業の株券が一斉に廃止された。社債に関しては2003年に短期社

債（ペーパーレスCP）振替制度が開始され、券面が不要となった。いずれも金融商品取引法の規制の下に置かれる。

(3)　電子記録債権──証券決済法制の改革

　最近は減ってきたが、先進国でも珍しく、日本の企業間取引では「約束手形」と呼ばれる有価証券が使われている。一定期間後の支払いの約束をした有価証券で、利用には無利子の決済口座である当座預金の開設が必要になる。手形法によってその決済（支払い）は強力に守られている。手形を振り出した（手形を出した）会社が決済することができないことを「不渡り」というが、法律上6か月以内に2回不渡りを出すと銀行取引が2年間停止され、事業を営む人には致命的になる。実際には1回でも不渡りを出すと、債権者が押しかけ倒産となることも少なくない。有価証券として、お金のように使われ転々と流通することが予定され、裏面に譲られた人の名前を書き連ねることから、譲渡のことを「裏書」という。裏書をした会社は、振出人が決済できない場合、代わりに支払いをする義務がある。

　この約束手形を電子化して電子手形にする実験が沖縄で行われていた。⁶⁾実際には2007年に、手形債権に限定しないで、債権一般を電子化する「電子記録債権法」が制定された。これによって、債権（ここではお金の支払い請求権）の発生・移転（譲渡）・保証・消滅（決済）まで、すべてをネット上で行うことが可能となった。

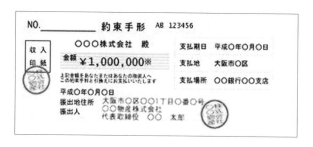

　6）「資料2 電子手形サービスの概要と沖縄実証実験について」
　　　https://www.fsa.go.jp/singi/singi_kinyu/dai2/siryou/20060921/02-01.pdf

⑷ 船荷証券・貿易金融取引の電子化

取引のなかで交換される文書を、デジタルデータでやり取りすることを、電子データ交換という。英語の頭文字を取って EDI（Electronic Data Interchange）ともいい、最近ではネットワーク経由でやり取りされるようになっている。

貿易取引にもこのデジタル化の流れが押し寄せている。海外との貨物輸送には、船荷証券といわれる貨物引換証によって、運送品を引き渡す人を特定する（商法 757 条）。この船荷証券の原本がない限り、荷受人はたとえ貨物が到着地に着いていようとも貨物を受け戻すことができない。このため、近隣諸国からの輸入の場合、貨物が到着しているのに船荷証券が届かず、荷受けができないこともあり、電子化によるスピードアップが期待されている。さらには、銀行の書類（信用状）等も含めて貿易金融取引全体をデータ交換で行うことが目指されている。

現状では、法律や条約ではなく、たとえばボレロ（Bolero）という民間システムがある。これは、荷送人・銀行・船会社・荷受人のすべてがボレロのメンバーになり、全員がボレロのルールに従うという契約をすることによって、運送・銀行決裁・荷渡しをコンピュータシステムを通じて行うものである。

⑸ 書面要求の緩和

商法には書面による契約や有価証券、あるいはたとえば会計記録の保存等、書面を要求する規定が非常に多い。民法でも消費者保護の観点から書面を求める特別法が多く制定されている。書面要求の緩和の観点から、簡単にまとめておこう。

⒜ 書面の交付──IT 書面一括整備法

2001 年 4 月に施行された「書面の交付等に関する情報通信の技術の利用のための関係法律の整備に関する法律」は、書面が要求されている法律 50 本につき、電子的手段によることを認めた。相手方の事前の承諾を要件とする。

⒝ 書面の保存──e 文書法・e 文書整備法

商法（会社法）上、会計帳簿元帳等は、一定期間の保存が義務付けられている。また、計算書類（貸借対照表、損益計算書等）は、株主総会前に株主に送付する義務があり、株主総会の書面投票制度は、書面投票用紙に印鑑を押して返

送することを求めていた。これらを電子的になすことができるように、商法の諸規定が改正された。

さらに、「民間事業者等が行う書面の保存等における情報通信の技術の利用に関する法律（e 文書法）」と「民間事業者等が行う書面の保存等における情報通信の技術の利用に関する法律の施行に伴う関係法律の整備等に関する法律（e 文書整備法）」によって、民間事業者の法定文書の保存への電子データの利用を認めた。2005 年 4 月から施行されている。

(c) データベース化、情報開示

2001 年 6 月 1 日から、有価証券報告書開示用電子情報処理組織が運用されている（「電子情報処理組織」とは「コンピュータシステム」の法律用語）。EDINET（Electronic Disclosure for Investors' NET-work）と呼ばれ、「金融商品取引法に基づく有価証券報告書等の開示書類に関する電子開示システム」のことで、有価証券報告書（事業年度ごとに作成する企業内容の外部への開示資料）、有価証券届出書、大量保有報告書等の開示書類について、その提出から公衆縦覧等に至るまでの一連の手続を電子化するために開発されたシステムであり、24時間 365 日稼働している。

公開しなければならない情報、公開しても構わない情報は、ウェブサイト上にあげて閲覧できるようにしてしまえば、メール等で転送する手間も省ける。情報公開法により公的機関の情報の公開を請求する根拠となる法律ができ上がっているが、むしろ、ウェブ上に自ら積極的に情報開示をした方が公開手続も省略できるため、通達、ガイドライン等による情報開示が増えてきている。

5-3-4　民事訴訟法

(1)　契約書の作成——書面と印鑑

民法では、ほとんどの契約が書面なしで行うことができることはすでに述べた。ではなぜ重要な契約では契約書を交わすのだろう？ またなぜ印鑑を押すのだろう？ 車を買うとき、アパートを借りるとき、家を買うとき、まず、契約書なしの契約は考えられない。それどころか、アパートを借りる人の保証人になるのに実印と印鑑証明を求められることが多い。これは、紛争に備えた証拠作りのためで、民事訴訟法 228 条が規定している。

228条1項は、「文書は、その成立が真正であることを証明しなければならない」と規定する。つまり、証拠として契約書を出すのだが、それが真正であること（本物であること）を証明しなければならない。しかし4項で、「私文書は、本人又はその代理人の署名又は押印があるときは、真正に成立したものと推定する」と規定する。つまり、署名がなされているか印鑑が押されている場合は、法的に本物と推定される。結果として、偽物だと争う相手の人の方がそのことを証明しなければならなくなる（証明責任の転換）。これが、契約書を作り、印鑑を押す理由で、実印・印鑑証明は「印鑑が自分のものではない」という言い訳（抗弁）を防ぐためにある。裁判では正しいか正しくないかではなく、正しいと証明できるかどうかが問題となる。そのための証拠作りである。

　会社が本当に存在するのか、取引の相手が本当にその人なのかといった問題は、別にネットワーク上だけの問題ではなく、現実社会でも同じである。ただそういった実在性や信頼性を保証するためのさまざまな制度が作られ、証拠を作ることができるのである。同様の制度はネットワーク上でも作られ続けている。以下、重要なものを見ていこう。

⑵　電子署名・電子認証
⒜　暗号・秘密鍵・公開鍵

　この署名を電子化したものが電子署名である。暗号とハッシュ関数が使われている。暗号は情報の秘匿に使われた長い歴史があるが、1970年代にネットワーク上の認証に使えることが提唱された。素因数分解が使われている。たとえば、77という数字は7×11と2つの素数に素因数分解できる。この77を公開鍵、7を秘密鍵とする。そうすると公開鍵のなかに秘密鍵を潜ませることができる。77だと簡単に7×11と分かるが、桁数の大きな素数を見つけるのは、実は長い歴史を持つ数学の大問題であり、十分な桁数を持たせれば、現実的に秘密鍵を解読できないようにすることができる。秘密鍵は自分だけのもの、公開鍵は人に教えるものである。最近は見なくなったが、公開鍵を自分のウェブサイトに実際に公開していた人もいた。別に本当に公開鍵をすべての人に公開しなくても良いのだが、あらかじめ、相手に公開鍵を教えておく。そうして伝えたい内容を自分（A）しか知らない秘密鍵を使って暗号文に変えて、相手

図3 暗号化と復号の仕組

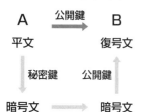

（B）に送付する。受け取った相手は、あらかじめAから受け取っていた公開鍵で暗号文を復号して平文に戻す。公開鍵と秘密鍵には一対一の対応があり、どちらかの鍵で暗号化したものは、もう1つの鍵でしか復号できない（平文に戻せない）ようになっている。こうすることによってBが復号できた文は、少なくともAの秘密鍵によって暗号化されたものだということが分かり、Aの秘密鍵が他人に知られていない限りで、Aからの文だということが分かるようになっている。

　さらに、これらの鍵は認証局によって発行されるが、認証局によって公開鍵が本人のものであることが分かる。いわばネットワークで使える身分証明書であり、電子署名によってオンライン上の認証（本人確認）が可能になる。これが電子認証である。地方公共団体がこの認証局になった住基ネットカードがあったが、普及しないままマイナンバーカードに移行している。マイナンバーカードのICチップの中には、秘密鍵、公開鍵、身分証明書の3つが収められている。

　電子署名は、2000年に制定された「電子署名及び認証業務に関する法律」（「電子署名法」と略す）により規定されている。同法2条によると、電子署名とは、「1号　当該情報が当該措置を行った者の作成に係るものであることを示すためのものであること」「2号　当該情報について改変が行われていないかどうかを確認することができるものであること」の2つを要件としている。前者はここで述べた暗号を使うことで実現し、後者に関してはハッシュ関数が使われている。

(b)　ハッシュ関数

　ハッシュ関数はファイルを数値化する関数で、その数値化された値のことをハッシュ値と呼ぶ。同じハッシュ値を持つファイルを偽造することは困難であり、ファイルを書き換えるとハッシュ値も変わってしまうため、同一性や改竄されていないことの確認に使うことができる。ファイルが固有のハッシュ値を持つため「フィンガープリント（指紋）」と呼ぶこともある。

　図3で、Aが送る平文をハッシュ関数にかけてハッシュ値を取り、あらかじ

めBに送っておく。Bは送られてきたファイル（暗号文）を復号したファイル（平文）のハッシュ値を自分のコンピュータで取る。送られてきたハッシュ値と、算出したハッシュ値が同じ値であれば、ネットワーク上で改変されていないことが分かる。公官庁に対する電子申告の際に、証明書等の文書のハッシュ値が「文書のフィンガープリント」という形でサイト上に公示されていることが多い。

このハッシュ関数のソフトは、フリーウェアでたとえば「窓の杜」といったサイトで誰でも無料でダウンロードでき、使用することができる。

電子署名は、署名とまったく同じ法的効果が与えられている。電子署名法3条は、「電子署名が行われているときは、真正に成立したものと推定する」と定めている。上述した印鑑または署名に与えられる推定効と同じものである。

(c)　タイムスタンプ——時刻認証

法律関係の文書ではその成立日時が重要になることが少なくない。民法施行法4条は「証書ハ確定日附アルニ非サレハ第三者ニ対シ其作成ノ日ニ付キ完全ナル証拠力ヲ有セス」として、その日に確実に成立したとして扱われるために「確定日付」（民法施行法5条）を求めている。たとえば債権を譲渡する場合に確定日付のある証書が必要となる（民法467条2項）。

タイムスタンプ局を運営するNTTデータのSecureSealを例として挙げる[7]。第三者機関（タイムスタンプ局）に、ある時刻にある電子文書が存在していたこと、およびその時刻以降にデータが改竄されていないことを証明してもらう制度で、ここでもハッシュ値が使われる。作成した文書のハッシュ値を記録・保管してもらうことでなされている。

(3)　電子公証制度

情報の内容の改竄（かいざん）等に備え、情報の内容を事後的に確認し、証明するための仕組みとして、公証人制度がある。家を買う契約、あるいは公正証書遺言といった、重要な文書を公証人と呼ばれる第三者のもとで作成し、その真正性を証明してもらう制度である。

7）　http://www.secureseal.jp/timestamp/about.html

これを電子化したものが電子公証制度で、「商業登記法等の一部を改正する法律」によって公証人法を改正する形で作られた。2004 年 4 月から施行されている。法務大臣から指定された電子公証事務を取り扱う公証人を指定公証人と呼ぶ。会社設立の際の定款の認証、上述した確定日付の付与、文書の真正性の証明の 3 つがその仕事の内容だが、電磁的記録に対応した公証人である。

　電磁的記録に関しては、タイムスタンプ同様、真正性を証明するためにハッシュ値を保存してもらう方法と、ハッシュ値ではなく、内容自体も保存してもらうことで、その内容を証明してもらう方法の 2 種類がある。

⑷　民事裁判の IT 化

　今、日本で大きな課題となっているのが、民事裁判の IT 化の問題である。日本は 6000 を超える島々から成り立っている。無人島が多いのだが、たとえば離島の住人が裁判を起こそうとすると、島によっては、何日かに一本の船に乗り本土の裁判所まで行き、裁判に出て、また船に乗って戻らなければならず、時間と費用がかかり非常に大変である。また、北海道はあの広さの中に地方裁判所は 4 カ所しかないが（支部を含めても 19 カ所）、吹雪の中離れた裁判所まで出かけるのも大変である。IT を使えば、遠隔で裁判をすることができる。すでに家庭裁判所の事件で採用されている。

　また、裁判手続とその記録をデジタル化してしまえば、記録・保存・再利用・送付ということが容易かつ安価になる。督促手続で実現している。また、関係者に海外居住者が多かったビットコインのマウントゴックスの倒産事件では、個別に書面による同意をとった上で、ネットワークを利用した手続がなされた。民事裁判の IT 化は、これらを通常の裁判にも使えるようにするもので、立法化に向けて作業が進められている。

　証拠の作成という観点から見ると、裁判官は証拠を自由に評価できるため（自由心証主義）、電子データ自体が証拠になりうるか（証拠能力）、その電子データがどの程度証明になるか（証拠力）は、特に問題は生じない。従来使われていた文書の署名、印鑑、公正証書といった証拠作りも、上述した電子署名、電子認証、電子公証の諸制度で実現されている。

　また、内容の専門化に伴い、医療・IT 分野では、専門家の調停・仲裁とい

った ADR（Alternative Dispute Resolution：裁判外紛争手続）が再評価されている。これをオンラインで行う ODR（Online Dispute Resolution）も広がる可能性がある。すでに一部の国で行われているが、特に国をまたがる事件（渉外事件）に有効である。

5-3-5　刑法・刑事訴訟法──サイバー犯罪条約

犯罪と刑罰はあらかじめ法律によって定められていなければならないこと（罪刑法定主義）、法律が一国の法規範であるため、国によって異なる規制がなされ（上述、ポルノの例）、特別の定めがない限りは、その国以外に法を適用できない。しかし、ネットワーク社会では、情報は世界をカバーするネットワーク（World Wide Web）内を飛び回り、国境を意味のないものにしてしまう。このため、サイバー犯罪と呼ばれることが多くなったネットワークをめぐる犯罪に関して、世界的に協力する必要が生じた。その成果として、サイバー犯罪条約を挙げることができる。1989 年欧州閣僚会議のコンピュータ犯罪に関する勧告から始まり、2001 年欧州評議会の発案で作成されたこの条約は、欧州を対象としたものであったが、アメリカ、カナダ、日本その他、域外の国々も起草作業に参加する珍しい条約となり、2004 年に発効した。

サイバー犯罪は匿名性が高く、犯罪の痕跡が残りにくく、暗号による証拠の隠蔽が容易である。また、国境を越えることが容易で、多数の者に被害が及ぶという特徴がある。さらに、犯罪者の特性として、匿名性・模倣性・罪悪感の希薄さを挙げることができる。こういった特徴を持つサイバー犯罪に共同して対応するために、共通のサイバー犯罪対策を立てることを狙った条約で、この条約を受けて、「情報処理の高度化等に対処するための刑法等の一部を改正する法律」[8]が、2011 年に法律第 74 号として成立した。以下の 3 点が主な改正点である。

(1)　刑法上の影響

古くは民事法・刑事法を問わず、財物、物とは形のある有体物だった。たと

8）　http://www.shugiin.go.jp/internet/itdb_housei.nsf/html/housei/17720110624074.htm

えば刑法175条のわいせつ文書図画等頒布罪では、写真やビデオといった物がその対象であった。しかし、01信号のデジタル情報によるわいせつ画像を「物」ということができるのかという問題があった。同様に、窃盗とは物を盗むことであり、データ自体は窃盗の対象とならない。会社の機密情報を盗んだ場合も、情報自体の窃盗ではなく、会社の紙ないし記録媒体の窃盗、あるいは不正競争防止法という経済法、不正アクセス防止法等によって取り締まられている。一部、アクセス権限が設定されている営業秘密の持ち出しに罰則が設けられているだけである。広く情報自体を財物としてとらえ、対象とする法制度を整備することも視野に入れるべきであろう。

⑵　**刑事訴訟法上の影響**

たとえばハードディスクの集合体（レイド）を持つプロバイダに1つだけ違法なデータが存在している場合に、これをどう差し押さえるのかという問題がある。差押えの対象も有体物であったため、従来はコンピュータ自体、あるいはハードディスクを差し押さえていた。しかし、差し押さえるべきは違法データであり、コンピュータ自体ではない。新しい差押えの仕方として、違法データを記録（コピー）し、コンピュータから削除するという記録命令付差押えという制度が新設された。

⑶　**国際共助**

ネットワークの越境（クロスボーダー）性から、国際協力を容易にすることが求められ、これに対応する規定が置かれた。

5-4　21世紀の法律への影響

5-4-1　物から情報へ

個人と個人の間の法律関係（たとえば物の売買）を規律する法律である民法は、形のある物（有体物）を対象としている。おにぎりを買ってお金を払うのとは異なり、01信号の音楽ファイルの情報を、買った人のスマートフォンに

電波で送る場合、形あるものを対象とする民法だけでは規制できない。

　こういった形のないものに対する権利（「無体財産権」と呼ばれる）は、かつて「工業所有権法」として講じられていた。筆者の学生時代はあまり人気がなかったが、情報化が進むにつれて「知的所有権」や「知的財産権」と呼ばれて脚光を浴びるようになった。著作権法・特許法・意匠法といった法律がこれに含まれる。

　先に挙げた音楽ファイルのダウンロードは、音楽の情報を買ったと考えれば、ダウンロードした人は音楽情報の所有権を持つことになる。所有権は本来使用する物を自由に使用、収益、処分することができる権利（民法206条）だが、音楽ファイルは他人に譲渡したり、あるいはネットにあげて他人がダウンロードできるようにしたりすることは違法として厳しく制限されている。それら違法にアップロードされたものをダウンロードする行為も処罰の対象となる（著作権法30条）。ただし、本来所有権は、形ある物（有体物）を対象とするものあるので、音楽ファイルの情報を買うということは、売買契約ではなく、端的に音楽ファイルをダウンロードした人だけに利用する権利を与える契約（使用許諾契約）を結んでいると理解する方が妥当であろう。

　さらに企業のクラウド利用により、ダウンロードせずに音楽を聴くことが主流になりつつある。同様に判例や法令のデータが、書籍からDVDになり、さらにオンラインデータベースになった。何時でもどこでもネットワークにつながる、いわゆるユビキタス社会の実現は、さまざまな場面で、物を所有することから利用することへと変化をもたらしている。

5-4-2　サイバー空間の拡大──「仮想」空間？

　ネットワークはコンピュータを通信でつないだもので、学術的情報の共有から始まった。しかし、今では社会のインフラにまでなっている。最初は、コンピュータの普及とともにデータの「デジタル化」が生じた。PCの高性能化、ネットワークの高速化、MPegといった圧縮技術とプロトコル（通信基準）の深化で、音楽から動画に至るまで、デジタル化によるメディアの統合（マルチメディア）が生じた。ネットワークにつながったコンピュータが1台あれば、それらすべての情報を扱えるようになった。

さらに、スマートフォンの普及により、ほとんどの人がネットワークにアクセスできるようになった。今やスマートフォンは、電話であり、カメラであり、ラジオ・テレビ番組の受像器であり、スキャナーでもあり、日程管理からオフィスソフトまで入ったコンピュータである。

　特殊なネットワークだったインターネットも、ここまで一般に普及すると、サイバー空間と現実空間を分けることが困難になってくる。観点を変えると、通信法で規定されていた特殊な世界が、現実世界に拡大してきている。いわば、「仮想（サイバー）空間の現実空間化」である。

(1) 通信と放送（報道）の融合

　かつて活版印刷による書籍は、情報を安価に大量に伝えることを可能にし、世界を変えた。情報はさらに、電波に乗ってリアルタイムに世界中に伝達されるようになった。今では、それらの情報すべてがインターネットを通じて伝達されるようになり、世界を変えている。デジタル化を通じたメディアの融合という意味でのマルチメディアである。

　従来、機器によって明確に区別されていた通信と放送は、法制度上も異なる法律によって規定されてきた。しかし、スマートフォンの普及により固定電話の契約が減り、新聞の定期購読者、テレビの視聴率等も下落している。企業の宣伝費も、従来のメディアではなくインターネットにかけられるようになり、すでにアメリカでは、企業がテレビよりインターネットにかける金額の方が大きくなっている。若い世代ほど従来の放送・報道から離れ、ネットワークを利用し、マスコミの要約ではなく、オリジナルの一次情報から、あるいはネット上の専門家から情報を得るようになっている。かつて新聞やテレビによって流されていたニュースは、通信ネットワークであるインターネットを通じて配信されるようになった。本来放送の形でなされていた不特定多数を対象とする情報配信が、ネットワークという通信の場でなされるようになると、プライバシーの観点から保護されていた通信の秘密もその意味と範囲を再定義する必要性が生じた。個人情報保護法が制定された所以である。

　さらに、通信の秘密保持は、個人以上に企業、国等の公共団体でも必要であり、より広くデータ保護法の形で規制される必要性が生じる。

(2) SNS とプロバイダ

　SNS の広がりは、ネットの越境性から世界中につながり、いまや新聞の購買数より遥かに多い。個人と個人が直接つながる（Peer to Peer）SNS では、5-2-2 で論じたようにネットワーク上の編集者の不在問題が生じやすい。内容の正確性の担保と不適切表現の問題である。ここでもまた、場を提供しているプロバイダの責任が議論されることになる。本来、たとえば犯罪行為は警察が取り締まるべき問題であり、ネットワークの中立性の観点からも、一私企業である SNS のプロバイダがこれを管理することには問題がある。しかし、その時価総額が、一国の経済を凌駕するほどの企業を一私企業として扱って良いのか、言い換えれば、国家と個人の関係と同等の人権規制がなされるべきではないのか（国家関係類似説）という議論もなされている。

5-4-3　お金の持つ意味——ブロックチェインが変える未来

(1)　仮想通貨、暗号資産

　仮想通貨はビットコインを扱うマウントゴックスの倒産問題で話題となり、否定的な報道をされることが多かった。仮想通貨の始まりは、あまりに時間と費用がかかる金融機関の国際送金から逃れるため、つまり「決済」のために使われたものだが、誤った注目から「投機」の対象となってしまった（暗号資産[9]）。国家の保証という機能がない、公的機関が発行する通貨と異なり権威付けがなされていない等の理由から、通貨として認めない立場をとる国さえあった。

　しかし、現在の公的機関が発行する通貨、特に紙幣は約束手形から発展したもので、200 年程度の歴史しかない。また、かつては金ないし銀とリンクされ、その保有量に見合った通貨の発行しかできず、最終的には金と交換することができた（兌換紙幣）が、1971 年のニクソン・ショック以来、交換することはできなくなった。つまり、国家の信用を背景として、皆が、価値があると信じているから通用しているだけで、国家の信用力が失われれば、現在でも、ジンバブエやベネズエラのようにハイパーインフレが起こり、紙切れになってしまう。

---

9 ）「暗号資産」の表現に関しては、https://gendai.ismedia.jp/articles/-/55035

もっとも、金や銀もその希少性から価値があると人々が信じているから価値があるという意味では、同じである。

　仮想通貨を法定通貨ではないとして否定することは意味がなく、価値があると信じる人がいる限りは、通貨として利用され続けるであろう。すでに投機の対象ではなく、決済手段がその主たる使われ方となるように、フェイスブックのリブラのように、通貨とリンクした仮想通貨も複数提唱されている。さらには、EU、中国は、自国通貨のデジタル化も視野に入れている。

⑵　決済

　国際送金に関しては、TransferWise のようなマッチングサイトもある。日本からドイツに 100 万円送りたい人と、ドイツから日本に 100 万円相当のユーロを送りたい人がいた場合、それぞれの人が、相手の送りたい口座に国内送金すれば、海外送金したのと同じ結果を得ることができる。複数の銀行の手数料と通貨の両替手数料、為替レートの問題が生じる従来の金融機関による送金と異なり、国内送金だけで済むため、非常に安価に、送金したのと同じ結果を得ることができる。

　ネットワークが可能にした、こういった個人間（Peer to Peer）でのデータ交換が行われるようになると、たとえば通貨供給量の管理といった国家が独占してきた金融政策の機能が弱まってしまう。また、その匿名性から、脱税やマネーロンダリングの取締り等の犯罪捜査が困難になるといったマイナス面もある。先進国の暗号資産に対する否定的な対応には、その双方に対する不安があるように思われる。

　新しい技術にどう対応するか、特に、ネットの越境性から国際的な協力、あるいは国際的に整合性がある規制をどう作り上げるのかがこれからの課題となっている。

⑶　ブロックチェイン

　権威なしで個人と個人が直接つながるという意味では、ブロックチェイン技術が社会のあらゆる面で注目されている。仮想通貨のビットコインで一躍有名になったが、分散型台帳技術と訳されている。「ブロックと呼ばれる順序付け

られたレコードの連続的に増加するリストを持つ。各ブロックには、タイムスタンプと前のブロックへのリンクが含まれている。理論上、一度記録すると、ブロック内のデータを遡及的に変更することはできない[10]」という。参加者皆が、順にハッシュ値を使ったレコードの記録をつないで記録していき、改竄を防止する帳簿である。帳簿を公開し、全員で監視することにより、改竄を防止することができる。ハッシュ値を利用しているため、個々の記録の公開できない内容を見ることはできないし、改竄すればハッシュ値が変わってしまう。これをネットワークでつながった参加者全員の PC で行うことができる。

　この性質を利用すれば、たとえば、厳重なセキュリティに守られた巨大なサーバが必要な銀行取引の記録も不必要となり、送金も個人間で行うことができる。また、証拠の作成・保存が必要となる、契約や決済も簡単に行うことができる。すでに、音楽配信の著作権料の徴収[11]や仮想通貨を利用した送金の際に利用されていて、銀行業界自身や不動産業界[12]といった書類作りが大変な業界の注目を集めている。さらに登記制度、公証制度といった公的な証明を必要とする従来の法制度自体も変えてしまう可能性を秘めている。公的機関が情報の正確さを保障しなくても、ブロックチェーンという仕組みを通じて、改竄されていない正確な情報を保管することができるからである。

5-4-4　GAFA

東洋経済 Online[13] によると、GAFA と呼ばれる 4 つの企業（Google、Apple、Facebook、Amazon）にマイクロソフトを加えた時価総額は 461 兆円となり、世界第 4 位のドイツの 2019 年の GDP425 兆円[14]を凌駕する。ここまでの規模になると、当然のことながら独占禁止法に抵触する懸念が出てくる。さらには、一通信プラットフォームの私企業であっても、個人との力関係を考えると、国家と国民の関係ほどの差がある。たとえば個人情報の取扱いに、人権規定を適

---

10) https://ja.wikipedia.org/wiki/%E3%83%96%E3%83%AD%E3%83%83%E3%82%AF%E3%83%81%E3%82%A7%E3%83%BC%E3%83%B3

11) https://ujomusic.com/

12) https://www.coindeskjapan.com/16565/

13) https://premium.toyokeizai.net/articles/-/19468

14) https://ecodb.net/country/DE/imf_gdp.html

用するという考え方も可能である（5-4-2⑵の「国家関係類似説」）。

　たとえばチャイルドポルノに関しては、被害者の人権を守るために一刻も早い削除が必要となる。その時、誰がどんな基準で判断して、どの範囲で、誰が削除すべきなのだろうか。あるプラットフォーム企業は、コンテンツモデレータと呼ばれる人を、人件費が安価な国で雇い、マニュアルに従って削除をしているという。

　チャイルドポルノであれば、ほとんどの国で犯罪になるが、日本でもいわゆる児童ポルノ禁止法が1999年に制定されるまでは、衣服を着けない児童の姿態はわいせつではないとして取締りの対象となっていなかった。簡単に海外に飛ぶことができるインターネットの越境性から、一国だけの取締りでは権利を守ることができない。では、どの国の基準によるのだろうか。すべての国の法律に適合することを求めるとすれば、特定の政党ないし国家批判、宗教批判を禁じている国にも合わせなければならなくなり、表現の自由が萎縮してしまう。

　さらに、世界に拡散し、完全に消すことが困難な違法・有害情報を、誰がどのような手続で規制することになるのだろうか。国家と同じように人権を守らなければならないとすれば、通信の秘密保持、検閲の禁止が求められる表現の自由をどうやって守り、かつ規制するのかが問題になる。

　また、インターネット上に展開する巨大企業に、属地主義をとる現在の税法では対応できない[15]という認識も広まった。フランスがGAFAに対して「デジタル課税」を始め、これに対してアメリカからの制裁関税がかけられるといったトラブルも発生している。

　これら巨大企業に対する規制の在り方が、一国の法制度を越えて議論され始めている。単なる一私企業として対応するのではなく、できるところからの国際協調の下で、法制度が大きく変わって行くことが予想される。

5-5　AI が法制度に与える影響

　本章では、ここまで AI（人工知能）という言葉を使わないで記述を進めてき

---

15)　たとえば、フランスの「デジタル課税」。https://japan.cnet.com/article/35141784/

た。AI は、はやり言葉ではあるが、さまざまな意味で使われている。ここで
は、広く「言語の理解や推論、問題解決などの知的行動を人間に代わってコン
ピュータに行わせる技術」と定義しておく。

AI は、法律の分野でも早くから検討されていた。法的推論をコンピュータ
に行わせる、いわゆるエキスパートシステムの試みがあり、事実認定へのベイ
ズ論の応用も、後のベイジアン・ネットワークへ繋がるものとして、挙げるこ
とができるであろう。

機械学習が提唱された第 2 次人工知能ブームでは、これらエキスパートシス
テム、ベイジアン・ネットワークに加えて、事例ベース推論が盛んになった。
チェスでは、多くの棋譜を入力する（学ばせる）ことにより、人間に勝利する
コンピュータが出現した。さらに第 3 次では、ディープラーニングが加わり、
人間の脳の神経回路を模したニューラルネットワークを模して、コンピュータ
自身がデータを分析し、より正確で効率的な判断をするようになった。より複
雑な囲碁でも、コンピュータが AI 同士の対局で学び、人間に勝つまでに至っ
た。2045 年には、人工知能が人間の知能を超える（シンギュラリティ―技術的
特異点）といった予測もなされている。

(1) AI 技術の進歩と法規制への影響

AI は、すでに渋滞緩和のための信号機に使われている。中央制御ではなく
個々の信号機に AI を搭載し、ネットワーク化することにより渋滞の緩和・解
消がなされている。さらに、全車両が完全自動運転になり、相互がネットワー
ク化すれば、交差点の信号が要らなくなる。AI 技術の進歩が法規制に影響を
与え、道路交通法が様変わりする。社会への AI 技術の応用は、さまざまな面
で法規制へ影響を与える。

---

16) 吉野一編『法律人工知能―法的知識の解明と法的推論の実現〔第 2 版〕』（創成社、2006）。
17) 太田勝造『裁判における証明論の基礎―事実認定と証明責任のベイズ論的再構成』（弘文堂、1982）。
18) 「ゼロからわかる人工知能」Newton 2018 年 1 月号。

⑵　産業構造の変化と法制度への影響

　前述したように、産業界では EDI（電子データ交換）が進み、また、価値の徴表である通貨も仮想通貨になろうとしている。すでに決済の多くは口座間の決済であり、送金も、コンピュータ間のデジタル情報の交換である。個人のインターネットバンキングもデジタル情報の交換に過ぎず、現実の通貨を要しない。これにより、まず、決済の P2P 化が進み、銀行から決済機能がなくなる可能性がある。同様に、暗号資産としての仮想通貨も、現実の通貨による預金同様、デジタルデータの記録にすぎない。

　仮想通貨・暗号資産で利用されるブロックチェイン技術は、分散型台帳として、お金に使えるほど高度な信頼性を持つ技術であるため、それ以外の記録にも応用できる。たとえば、各種登記、診療記録といった、高度な信頼性・安全性が求められるため、公的機関ないしこれに準じる機関が扱ってきた情報への応用が考えられる。

　おそらくは、金融機関・公的機関自身が、ブロックチェイン技術を採用する形で変化は進んで行くと思われるが、本来、P2P 技術であるため、金融機関・公的機関すら、部分的に不要になっていく可能性があり、登記や金融機関に関する諸法にも、確実に影響を与えることになると思われる。

⑶　AI の司法制度への影響

　大きな変化をもたらしたのは、いわゆるビッグデータと AI の組合わせである。エストニアでは「ロボット裁判官」プロジェクト[19]、中国海南省では「AI 裁判官」と、AI に裁判官を務めさせる試みが始まっている。中国の試みは、AI を活用した量刑規範化システムで、AI 技術を総合的に利用し、ビッグデータ処理、自然言語処理、グラフ構造データ、ディープラーニング等を利用するものという。量刑に関するビッグデータを、AI を使って自動化する試みのようである[20]。

　さらに、オンライン関連の紛争を扱うネット裁判所が設立され、AI による

---

19)　https://amp.review/2019/04/14/robot-judge/
　　　ただし、2020 年 2 月現在停止中という。
20)　https://www.barandbench.com/columns/is-artificial-intelligence-replacing-judging

訴訟リスク評価ツールや、機械翻訳や音声インタラクション技術を活用した訴訟関連書類の自動作成機能を提供しているという。

アメリカの ROSS Intelligence が開発した AI「ROSS」[21] は、破産に関連する情報・判例を提示する。ドイツの裁判官用のツールにも、同様の判例情報を提供する機能を持たせている。このように、世界では判例というビッグデータを、AI を使って利用する動きが広がっている。

実務的に成功した AI 利用として、オランダのオンライン ADR（ODR: Online Dispute Resolution）サイト「Rechtwijzer（司法の道標）」[22] がある。AI を利用した離婚の ODR サイトで、利用料 1 万円、夫婦の状況（年齢、収入、学歴、子の監護、住居等）を入力することにより、AI が妥協案を提示する。養育費計算、同意書草案作成機能も付いており、プロの仲介人サービスを求めることができる。離婚がまとまらず裁判まで進むのは、全体の 5% 程度だという。

⑷　ビッグデータと管理社会

ビッグデータにはしかし、個人情報保護法の問題を生じる可能性がある。

この原稿を書いている今、新型コロナウイルス問題の真っただ中である。コロナの対策では、日本の組織的な問題点が浮き彫りになったように思われる。

いわゆるコロナ特措法（正式名称「新型インフルエンザ等対策特別措置法」）は、その名が示すとおり、2009 年の新型インフルエンザを受けて 2012 年に制定された同名の法律を、2020 年 3 月 13 日に改正、翌 14 日に施行した法律である。同法 32 条に基づいて、首相によって緊急事態宣言が出されたが、緊急事態措置は地方公共団体（条文上は、本来「市町村」）の長によってなされる。しかし、医療施設用の土地の収用（法 49 条）等、一部を除いて命令権限はなく、「要請」と「指示」のみで、指示に従わなくても罰則はない。いわば、行政の対応マニュアルのような法律で、緊急事態法制と呼ぶには難がある。この法律の是非に関してはここでは論じないが、ビッグデータとの関連で問題点を付言する。

21）　https://zuuonline.com/archives/125364
22）　https://www.hiil.org/news/rechtwijzer-why-online-supported-dispute-resolution-is-hard-to-implement/

⑸　**情報のネットワーク化**

　特別定額給付金・補助金の配布に関して、時間がかかりすぎるという批判がなされている。いわゆるマイナンバー（社会保障・税番号）制度を利用すれば、簡単に配布できる。さらに、銀行口座と紐付けてあれば、即日でも実施可能であった。しかし、日本では、国家が一元的に個人の情報を管理することに対しては、拒絶反応を持つ国民が多かった。1980 年代の国民総背番号制に対する法案提出断念、2002 年に稼働を始めた住基ネット（住民基本台帳ネットワークシステム）カードをめぐる諸裁判と事実上の停止状態[23]、三度目の正直といっても良いマイナンバー制度に対する裁判も、すでに 3 つの憲法訴訟の判決が出ている[24]。

　しかし、国家機関ではないが、実はほぼすべての国民に対して、古くから健康保険の保険者番号が割り振られている。国民皆保険の下、ほぼすべての国民が固有の保険者番号を持ち、保険証を有している。ただ健康保険組合連合会によると、健康保険組合の数は、相当減ったとはいえ、2019 年度で 1388 もあるという[25]。したがって現実的には、ネットワーク化には大きな困難がある。

　同様に、新型コロナウイルスに感染したと把握された人の数、PCR 検査を受けた人の数等々も、保健所と医師会等の報告フォーマットの違い等から、集計の仕方が異なり、問題発生から 3 か月以上経っても、正確な集計ができていないという。また、そもそも診療情報のネットワーク化、オンライン化も、期待されたほど進展していない。

　ここでの問題点は、それぞれの組織内、さらには組織を越えて、連携できるビッグデータ自体ができあがっていないこと、データの互換性を無視したさまざまな市販ソフトウェアが濫立して相互に連携できないことにある。必要なと

---

23)　判りにくい違いと現状に関しては、舘野圭悟「番号制度の導入と住民基本台帳事務等について」月刊 LASDEC 平成 26 年 2 月号 16 頁以下、オンラインで入手可能。
　　https://www.j-lis.go.jp/data/open/cnt/3/1282/1/H2602_03.pdf
24)　マイナンバー（個人番号）利用差止等請求事件―横浜地判令和 1 年 9 月 26 日、名古屋地判令和 1 年 12 月 27 日、東京地判令和 2 年 2 月 25 日、3 件とも棄却。黒田充『マイナンバーはこんなに恐い！―国民総背番号制が招く"超"監視社会』（日本機関紙出版センター、2016）。
25)　「2019 年度健康保険組合予算早期集計結果と『2022 年危機』に向けた見通し等について」健康保険組合連合会
　　https://www.kenporen.com/include/press/2019/201904222.pdf

きに情報をネットワーク化できない現状にあることが、新型コロナ問題で浮き彫りにされた。

⑹　監視社会か自由社会か

　新型コロナ問題は、ワクチンや治療薬があることを前提とした特措法を利用したため、クラスター対策しかできなかった。幸い日本では感染爆発が起きなかったが、今後、この対策を続けるためには感染経路不明者対策が重要になる。感染者と接した可能性のある人を見つけ出すために、スマホの位置情報を利用したソフトウェアが注目されている。

　一部の国では、個人情報の１つである位置情報を国家がデータベース化しているため、誰が誰と接していたかを容易に知ることができ、感染の可能性のある人を見つけ出すことができる。しかし、個人情報が保護されている国では、最大限人権を保護しつつ、その一部を利用するしかない。GPS、クレジットカードあるいはスイカの利用履歴でも、位置情報は判別するが、いわゆる接触追跡アプリと呼ばれる、スマホにインストールするソフトが利用されている。国ではなくデータ取扱事業者がそのデータを取り扱う、あるいは、感染者との接触のおそれがあることの情報だけを、本人のみに通知する仕組み等の工夫がなされている[26]。

⑺　リモートワーク・遠隔教育

　人との接触を避けるために、リモートワークが推奨され、学校も閉鎖されたために遠隔教育が進められている。コロナ禍は不幸な厄災だが、そのおかげで20年間動かなかった職場でのリモートワーク、学校での遠隔教育が動き始めた。先進各国がスムーズにそれらに移行したのに対して、日本では、急ごしらえのテレビ会議で混乱が続いている。電子データとその交換に対応していた組織は別として、そうでない組織は、書類に印鑑を押すためだけに出社・出校しなければならない。

26）「新型コロナ感染：接触追跡アプリに潜む意外なハードル」Yahoo ニュース
　　https://news.yahoo.co.jp/byline/kazuhirotaira/20200423-00174778/

教育界では遠隔教育のための教材の準備もなく、授業を遠隔会議システムで流すことで代用している。特に大学では、講義の放映よりも、遠隔教育にあった教材作成と学生間の議論が重要になるが[27][28]、ごく一部の教員が取り組んでいるに過ぎない。

日本のさまざまな制度の情報化の遅れが目につく結果となったが、せめてこの分野だけは、新型コロナが残してくれた唯一のプラス面として、伸ばしていくべきであろう。

(8) 終わりに

「知識人は反権力・反国家でなければならない」と思われた時代があった。時を経て、マスメディアが3つの国家権力と同様の第4の権力といわれるようになり、さらに、既存のマスメディアの機能をSNS等のネットワークを通じて個人が持つようになった。これにより、個人が強い影響力を与えることができる主体となった[29]（たとえば、名誉毀損の裁判事例は、戦後、マスコミによる被害を主張するものが多かったが、今ではネットワーク上の個人による事例が多くなっている）。

日本における過度な国家権力否定は、一方で、国家の役割である国民の安全の確保を不十分なものとし、他方で、上述のGAFAのような、国の規模を超えるプラットフォーム企業の「人権」侵害の可能性への無関心へ繋がっているように思えてならない。

新型コロナウイルスのおかげで始まったようにみえる日本における情報化社会の萌芽が、省庁間の対立を超えて進んでいくことを祈念している。

---

27) 笠原毅彦、私立大学情報教育協会委員会報告書「サイバーキャンパス再論―電子会議室の活用」、DropBox で公開している。
https://www.dropbox.com/home/%E5%85%AC%E9%96%8B/%E4%BC%9A%E8%AD%B0%E5%AE%A42020%E8%B3%87%E6%96%99?preview=%E9%9B%BB%E5%AD%90%E4%BC%9A%E8%AD%B0%E5%AE%A47.doc
28) 笠原毅彦「人材育成のための教育支援システム『サイバーコート』」映像情報メディア学会誌 Vol. 62, No. 1 (2008) 15 頁以下参照。
29) トーマス・フリードマン『フラット化する世界（上・下）』（日本経済新聞出版社、2006）。

第6章

法律エキスパートシステムと法的推論モデル

新田克己＝佐藤　健＝西貝吉晃

プロローグ

B君：エキスパートシステムって聞いたことがあるかい。

Aさん：もちろんよ。確か、専門家の高度な知識や技能をコンピュータに入れて、普通の人が相談できるようにするシステムでしょ。

B君：そうだね。僕のお父さんが若かった頃、エキスパートシステムを医学や法学などいろいろな分野で活用して社会の便益を高めようというプロジェクトがたくさん走っていたそうだよ。当時は、文字列ベースというか、ノウハウを言語化してからルール化してコンピュータで推論できるように、手作業で加工をしなければならなくて、結局うまくゆかなかったそうだ。AIの歴史は「幻滅累々」だったそうだよ。

Aさん：そういえば、おばあちゃんの頃は、コンピュータはゼロと1を処理するだけだから、連続したグラデーションや気分や感性、芸術は原理的に対処できないとかいわれていたらしいの。そんなエセ論理がまったくのナンセンスだってことは、微分の考え方とか量子力学を考えてみれば一見明白よね。

B君：確かに。今では画像認識とか顔識別とか、言葉で言い表せないような分野こそがAIの最も得意な領域だもんね。

Aさん：ということは逆に言えば、文字情報処理はすでに完成の域に達しているということかしら。でも外国語と日本語の自動翻訳なんか、とてもじゃないけどひどいレヴェルよね。まあ、自然言語処理というのは、実は文字情報の処理じゃなくて、世界を知るということだし、しかも、人間の身

体感覚に基づく世界認識だから、鉄のロボットの AI だったら、ほとんど不可能なのよね。

B君：ほ〜ッ、詳しいね。本書の第 1 章などにも出てくる法的推論は文字列処理じゃないの？

A さん：まったく違うと思うわ。どんな事実関係が「過失」に当てはまるかとか、どんなことをすれば「信頼関係」を破壊したことになるかなんて、文字列の問題じゃなく、人、社会、世界についての認識と価値判断という「人間的な、あまりに人間的な」営為としかいえないでしょ。

B君：そりゃそうだ。でも、ツーと問えばカーと答えるようなエキスパートシステムは可能だよね。しかも法律の条文は文字だし、法律要件と法律効果は「甲である、ならば、乙である」という論理的な構造だよ。

A さん：だからこそ、法律エキスパートシステムの開発研究が進められているのよ。完全性が証明されている一階述語論理に基づく PROLOG という人工知能言語を用いた研究は 1980 年代初めから進められているし、日本は世界の先端を走ろうとしていたって、おばあちゃんが言ってたわ。

B君：法の分野には、庞大な法令や庞大な判例があるから、エキスパートシステムに最もうってつけだね。

A さん：そうよ。試験的システムは実装されて、法科大学院の法学教育にも使われていたらしいわよ。

B君：へ〜ッ、まったく知らなかった。

A さん：現代日本の法律エキスパートシステムの到達点を今日の授業は説明してくれるそうだから、楽しみね。

6-0　課題設定

・法律エキスパートシステムとは何か？
・法律エキスパートシステムの構築のため、法律知識をどのように分析し整理するのだろうか？
・法律エキスパートシステムの構築のため、法律家の思考過程をどのようにモデルにするのだろうか？

6-1　法律エキスパートシステムとは

「法律エキスパートシステム」とは、

　　事件のデータを入力すると、結論（判決）を教えてくれる。
　　法令に関する質問をするとそれに答えてくれる。
　　法律案を入力すると、論理的な矛盾がないか検証してくれる。
　　適法に多くの利益をあげるための助言をしてくれる。

などの機能の実現を目指して開発されるコンピュータプログラムである。立法者が使うか、裁判官や弁護士や検察官が使うか、法学部の学生が使うか、一般人が使うかによって法律エキスパートシステムに期待される機能が異なる。高機能の法律エキスパートシステムが開発できれば、弁護士を雇うお金がない一般人でも気軽に利用することができ、法的に平等な社会の実現につながると考えられる。

　しかし、法律エキスパートシステムの実現のためには、

　　法令や判例や学説などの法律知識をコンピュータにどのように格納し、それを
　　　利用するか。
　　法律家の思考過程をどのように整理し、その思考モデル（法的推論モデル）を
　　　いかにコンピュータ上で実現するか。

という課題を解決する必要がある。この課題の解決のためには、法律の基礎知識と人工知能技術の両方が必要とされる。今まで、さまざまな法律エキスパートシステムが開発され、「限られた」法領域の「典型的な」法律問題については問題の解決ができるようになり、法学教育に利用することができる。しかし、人間でも判断が分かれるような「難しい」法律問題を法律エキスパートシステムで解決するのはまだ困難であり、同システムは法律の専門家の代行ができるレヴェルには達していない。そもそもそのような難しい問題を法律エキスパートシステムで解決することの社会的な妥当性の検証はできていないし、エキスパートシステムの判断が誤っていたときの責任論も十分に議論されていない。

　このような法律エキスパートシステムの開発とは別に、近年ではIT技術の高まりにより、裁判手続のオンライン化が計画され、法律事務所でのオンライ

ン契約支援サービスなどにより、法律に関わるさまざまな業務が書類ではなく、電子化されたテキストファイルで行われるようになってきている。さらに、現在では深層学習をはじめとする機械学習の技術により、大量の文書の解析もできるようになってきている。このような法律技術の解析技術と従来の法律エキスパートシステムの技術を融合させることにより、より高度な法律エキスパートシステムの実現の期待が高まっている。

6-2 法律家の思考（法的推論）のモデル

　法律家が法令や判例を参照しながら問題を解くときの思考過程は非常に複雑である。ここではその思考過程をいくつかの基本的な推論方法の組合わせで近似することを試みる。

6-2-1 基本的な法的推論のモデル

第1章（1-2）で述べたように多くの法規範は

　　「法律要件」に該当するならば「法律効果」が発生する。

という形式のルールとして与えられている。これを

　　A＝>B　（A ならば B である）

という論理式で近似することができる。法規範に対して新たに事実が観測されると、以下のような三段論法により、結論（その事実に対する法律効果）を求めることができる。三段論法は最も基本的な推論方法である。

> 大前提：法律要件＝>法律効果
> 小前提：事実
> ───────────────────
> 結論：　その事実に対する法律効果

　たとえば刑法 199 条（殺人罪）の条文「人を殺した者は、死刑又は無期若しくは5年以上の懲役に処する」は、

（加害者が被害者を）殺した
　　＝＞（加害者は）死刑又は無期若しくは5年以上の懲役

という命題論理式で書くことができる。ここで「太郎は次郎を殺した」という事実があれば命題論理の三段論法を使って、以下のように結論を求めることができる。

大前提：（加害者が被害者を）殺した
　　＝＞（加害者は）死刑又は無期若しくは5年以上の懲役である
小前提：（太郎が次郎を）殺した
_____
結論：　（太郎は）死刑または無期若しくは5年以上の懲役である

　このように法令を論理式として記述しておけば、相談事件の事実や中間事実や証拠を論理式として入力すると、三段論法によって結論を求めることができる（図1）。これが最も基本的な法的推論のモデルである。

図1　命題論理による法的推論のモデル：大前提と小前提から結論を求める

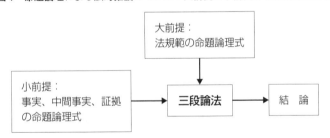

コラム1

法令を命題論理式にすることの難しさ

　図1では命題論理による法律の問題解決モデルを示した。しかし、法令を一群の命題論理式で表現することは容易ではない。それは、主に以下の3つの理由による。
　(1)　法令は日本語で書かれており、長文で構文が複雑になると、文章の意味が読み取

りにくくなり、そこから「A ならば B である」という論理構造を読み取ることが難しいことがある。

(2) 法令を理解するには日本語の常識的知識を補う必要があることがある。たとえば民法 402 条 1 項柱書「債権の目的物が金銭であるときは、債務者は、その選択に従い、各種の通貨で弁済をすることができる」を論理式で記述すると、たとえば、

> 債権の目的物が金銭である、かつ、通貨の選択あり
> ＝＞その通貨で弁済できる

となる。しかし、この論理式は、弁済できる要件を記述しただけであり、弁済の効果（債権が消滅すること）という常識的な意味が表現できていない。

(3) 法令文は一般的に抽象的なので、その意味を明確にするには法規範を命題論理式で表すだけでなく、大量の補助定義も命題論理式で表しておく必要がある。6-2-2 に示した「正当防衛」の判断例でも、「急迫不正の侵害」「自己又は他人の権利を防衛する」「やむを得ずにしたと認められる」など抽象的な要件が含まれており、これらのさらなる詳細定義が必要となる。しかし、それらの詳細定義を論理式で網羅的に記述することは不可能である。

6-2-2　高度な法的推論のモデル

法律家が実際に法律問題を解く場合、単なる三段論法だけではなく、より高度で複雑な推論を行う。ここではその代表的な 3 つの推論を説明する。

(1) 曖昧な概念の判断と判例の引用

法律要件はしばしば曖昧な述語で書かれているため、事実へのあてはめが困難である場合がある。たとえば、刑法 36 条 1 項（正当防衛）は「急迫不正の侵害に対して、自己又は他人の権利を防衛するため、やむを得ずにした行為は、罰しない」と規定されているが、これを

> 急迫不正の侵害がある、かつ、自己又は他人の権利を防衛するためである、かつ、やむを得ずにした行為である
> ＝＞罰しない

と表現することができる。しかし、このような大前提は実問題を解くには不十分である。実問題の小前提は、

借金の返済で口論になった、
相手が殴ってきた、
もみあいになった、
口内を切って出血した、
ナイフで刺した

などの具体的な事実であり、大前提の要件部とは具体性にギャップがあるからである。法律にはこの3つの要件、「急迫不正の侵害の成立条件」、「自己又は他人の権利を防衛すると認められるための条件」、「やむを得ずにしたと認められる条件」という抽象的な要件の判断基準が定義されていないため、この3要件を判断する論理式を作ることはできない。論理式が作れなければ、三段論法では解決できないことになる。

このように抽象的な要件の判断をするには、法律家は多くの関連事例を学んで判断の相場感を構築する。場合によっては、判例集から類似事例を検索し、判断の参考にすることもある。このような思考は、論理式による三段論法では近似できないが、判例集からの機械学習や、判例を利用した事例ベース推論で近似することができる。

(a) 判例を対象とした機械学習

法律家が多くの判例を観察して次第に判定基準を頭の中に作り上げていく過程は、判例群からの機械学習モデルで近似することができる。たとえば、多くの判例から、証拠と事実の間の関係を条件付き確率として抽出できれば、第1章で紹介したように確率的推論であいまいな要件の判断を近似することができるし、ニューラルネットを使ってあいまいな判断を近似することもできる。図2は、左側に事件の特徴（「相手が攻撃」、「刃物で反撃」、「恐怖感」）をYES/NOの形で入力すると、右側から正当防衛か否かの判断結果が出力されるようなニューラルネットを示している。図2(a)のように判例データベースの中から正当防衛の判断があった判決を大量に入力し、事件の特徴と正当防衛の認否判断の的中率が最大になるように、ニューラルネットの結合係数を学習しておく。この学習済みのニューラルネットを使って新しい事件の特徴を入力すると、図2(b)のように正当防衛の判断予測を行うことができる。

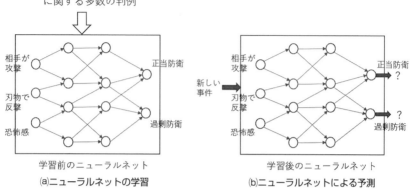

図2 ニューラルネットによる曖昧な概念の判断

(a)ニューラルネットの学習

(b)ニューラルネットによる予測

コラム 2

ニューラルネットと深層学習

　ニューラルネットとは生物の神経系を参考に作られた計算モデルである。ニューラルネットは人工ニューロン（ノード）が結合されたグラフであり、その中で信号が流れることで計算が行われる。ノード間の結合の強さは結合係数として数値で与えられる。

　図3(a)の単純パーセプトロンでは、左の3つのノード（A, B, C）は事実データを表し、右の2つのノード（X, Y）は判断結果を表す。今、「相手が攻撃してきた」と「刃物で反撃した」が成り立ち、「恐怖感があった」が成り立たない事件の場合、A, B, Cのノードの信号値として1, 1, 0を入力する。その値は結合係数を介してリンク先のノードに伝達される。その結果、Xには1×0.53（Aから）、1×0.36（Bから）、0×0.35（Cから）の信号値が伝達され、その合計は0.89となる。同様にYには合計0.80の信号値が伝達される。それぞれのノードは伝達された信号値があらかじめ決められた値を超えると発火し、信号1をその先に結合されたノードに伝達する。いま、この基準値を0.85とすると、Xが発火して信号値が1となり、Yは発火しないで信号値が0のままとなる。その結果、この事件の出力は「正当防衛」となる。

　結合係数は事前に学習用データを使って、学習データの出力の精度が最大になるように機械学習により計算しておく。

　単純パーセプトロンは入力データの分類能力が弱いことから、一般的には**図3**(b)に

186

よるように入力ノードと出力ノードの間に中間ノードをおくニューラルネットを用いる。多層の中間層をもつニューラルネットの学習を「深層学習」という。中間層を多くすることで複雑なパターンも学習することができる。

図3 ニューラルネットワーク

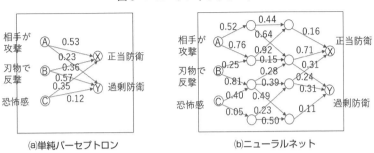

(a)単純パーセプトロン　　　　　　(b)ニューラルネット

(b) 判例を対象とした事例ベース推論

　法律家が判例データベースから適切な判例を1つ選び、選ばれた判例の判断や結論を流用する思考は事例ベース推論とよばれる。たとえば、「野球の試合の帰りに強盗に襲われたので、バットで反撃したところ、犯人は追い詰められ、歩道橋から飛び降りて大怪我をした。この反撃は正当防衛だと判断された」という判例があれば、「散歩中に暴漢が殴りかかってきたので、連れていた犬をけしかけたら犯人は川に落ちて大怪我をした」という事件でも、「状況が類似しているので、この事件も正当防衛が認められる」と判断するのが事例ベース推論である。

(2) 法令の解釈

　事件に法令をそのまま適用すると、その結論が受け入れがたいものとなるとき、法律家は法令の意味を拡張したり（拡張解釈）、縮小したり（縮小解釈）して適切な結論を得ようとすることがある。

　たとえば、公園に「自動車は進入禁止」という規則があったとする。この規則をそのまま解釈すると以下の論理式となる。

　　　（対象物は）自動車である＝＞（対象物は）進入禁止である

では、公園内で怪我人が出たとき、以下のように三段論法では救急車は公園に入れない。それで良いのであろうか。

大前提：（対象物は）自動車である＝＞（対象物は）進入禁止である。
小前提：（救急車は）自動車である
───────────────────────────────────
結論：　（救急車は）進入禁止である。

「自動車は進入禁止」という規則は、ほとんどのケースではそのまま解釈して問題ないが、緊急時は例外である、というのが常識的な解釈である。そこで以下のように暗黙の例外条件（「not 緊急時である」は「緊急時であることが例外である」ことを表す）を追加し、より詳細な論理式を作る。

（対象物は）自動車である、かつ、not 緊急時である
＝＞（対象物は）進入禁止である

この新論理式を使って三段論法を行うと、以下のように「緊急時である」という情報がなければ従来通りの結論となり、「緊急時である」という情報があると「進入禁止である」となる結論を妨げることができ、妥当な結論が得られたことになる。暗黙の前提条件は事前に予想できるものとは限らず、事件が発生して初めてその存在が認識されることも多い。

新大前提：（対象物は）自動車である、かつ、not 緊急時である
　　　　　＝＞（対象物は）進入禁止である
小前提：（救急車は）自動車である
───────────────────────────────────
結論：　（救急車は）進入禁止である。

新大前提：（対象物は）自動車である、かつ、not 緊急時である
　　　　　＝＞（対象物は）進入禁止である
小前提：（救急車は）自動車である
　　　　緊急時である
───────────────────────────────────
結論：　「（救急車は）進入禁止である」は導けない！

2種類の否定

　本章では論理式に関する2種類の否定（¬とnot）を使い分ける。「¬緊急時である」は「緊急時でない」ことを表している。以下の論理式は「（対象物は）自動車である」と「¬緊急時である」の2つの条件を満たすときに「（対象物は）進入禁止である」が成り立つという意味である。したがって、両方の条件が満たされるまで結論は導けない。

> （対象物は）自動車である、かつ、¬緊急時である
> ＝＞（対象物は）進入禁止である

それに対し、notはその条件が例外条件であることを表している。したがって

> （対象物は）自動車である、かつ、not緊急時である
> ＝＞（対象物は）進入禁止である

なる論理式は、

> （対象物は）自動車である＝＞（対象物は）進入禁止である

という論理式に、「緊急時である」という例外条件を付記したものである。「（対象物は）自動車である」を満たせば「（対象物は）進入禁止である」という結論が求まる。しかし、この結論は確定したものではなく、「（対象物は）自動車である」の他に、「緊急時である」も満たすときには、「（対象物は）進入禁止である」という結論は求まらない。

　このように大前提の条件部に新たな条件を追加することにより、大前提の適用範囲が狭くなるため、これは法令の「縮小解釈」に対応する。

　逆に大前提の条件部の一部を削除したり、より広い条件に置き換えたりすることによって、大前提の適用範囲を拡張することができる。これは法令の「拡張解釈」に対応する。

　三段論法では法令を不変の大前提とし、大前提と小前提から結論を求めた（これを「演繹推論」という）。それに対して、縮小解釈や拡張解釈のように、希望する結論を得るために大前提をその場で作り替える推論は、データからルールを抽出するときに使われる「帰納推論」の一種である。

⑶ 矛盾の処理——ルール間の論理的衝突の解消方法

　法律においては同じ事件であっても適用する法令や、引用する判例によって異なる結論が得られることがある。たとえば、歴史的建造物を補修する場合に、「地震対策のために古い建築物の耐震工事を命ずる法律」と、「文化的価値をもつ建物の工事を禁止する法律」の結論が対立することがある。このように異なる法令により、「工事を義務とする」という結論と「工事を禁止する」という結論が矛盾する場合、そのいずれか一方を選択する必要がある。

　裁判においては、原告と被告が異なる法令を引用したり、異なる法解釈をしたり、異なる法律要件の判断をしたりすることによって、異なる結論の候補が主張される。このような複数の結論候補があるとき、「特別法は一般法に優先する」、「上位法は下位法に優先する」、「新法は旧法に優先する」などのように「一般的な優先関係を決めるルール（ここではメタルールとよぶ）」が使える場合は、メタルールを適用して矛盾の解消ができる（図4）。しかし、メタルールが法令内に書いてあるとは限らず、その存否や内容に争いが生じ得る。またメタルールがない場合もありうる。メタルールがない場合は、裁判官の価値判断（証拠の信頼性、法目的、結果の妥当性など）によって一方を採用することとなる。このようにメタルールや価値観に基づき、矛盾の解消をはかる推論方法を「優先関係を用いた非単調推論」という（非常調推論とは、真でないと証明されない限り、真とする仮定を利用しながら推論する方法である）。

　以上をまとめると、法律の問題を解くときの思考は以下の4つの推論手法の組合わせで近似することができる。

1. 法令の適用は、法律ルールを用いた演繹推論で近似（三段論法）。
2. 判例の利用による曖昧な概念の判断は、判例データベースを利用した機械学習や事例ベース推論で近似。
3. 法令の拡張解釈、縮小解釈は、法律ルールの変形で近似。
4. 論理的な矛盾の解消は、優先関係を用いた非単調推論で近似。

図 4　法令、解釈、判断の相違による複数の解候補とその選択

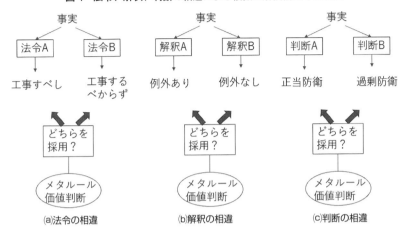

(a)法令の相違　　　(b)解釈の相違　　　(c)判断の相違

6-2-3　弁護士 / 検察官の弁論モデル（議論モデル）と裁判官の判決モデル

(a)　弁護士 / 検察官の弁論モデル

6-2-2 では法的推論が 4 種類の推論の組合わせで近似できることを示したが、これは 1 人で法律問題を解決するときの推論モデルである。与えられた事件の判断予測をするエキスパートシステムを作るには、この推論モデルで足りる。しかし、裁判や調停や仲裁の場では 1 人で問題を解決するのではなく、相手と論争や議論をし、その結果として問題を解決する。そのため、検察官や弁護士のように相手と論争する機能を持つエキスパートシステムを開発するには、6-2-2 で示した法的推論のモデルに加えて、「議論モデル（議論プロトコル）」と「議論戦略」が必要となる。

　裁判においては、民事訴訟法や刑事訴訟法に従って、原告と被告（または検察と被告人）の間で弁論（議論、論争）が行われるが、その議論のルールを決めるのが議論モデルである。たとえば、自動車の進入が禁止されている公園を横切って、救急車が通行した事件の弁論を以下のものとする。

　　原告「救急車は公園に進入すべきでなかった」：主張 A
　　被告「その主張には同意できない」：主張 A の否定

原告「救急車は自動車であり、自動車は公園に進入できないというルールに抵触する」：主張Aの理由づけ（論証提示）

被告「このルールは平常時に乗物の侵入を禁止するルールであり、緊急時に適用すべきではない。今回は緊急時だから、もとのルールは限定的に解釈すべきだ」：主張Aの理由づけに対する否定＋主張B

原告「公園を通らなくても現場に行けたので、緊急時ではない」
　　：主張Bの否定＋否定の理由づけ

被告「過去の判例で、同じルートで通行した消防車の通行が認められている。今回も類似する状況だから、通行が認められるべきだ」
　　：主張Aの否定の理由づけ（論証提示）

この発言のタイプの流れを観察すると、

　事実の主張→主張の否定→理由づけ（論証の提示）
　　→理由づけの否定＋新たな主張
　　→新たな主張の否定＋理由づけ（論証の提示）
　　→当初の主張の否定の理由づけ（論証の提示）

と進行している。このように「主張」や「その認否」や「理由づけ」の発言のタイプの順序を決めるのが「議論モデル」である。双方が議論モデルに従って発言を行うとスムーズに議論ができるが、一方が議論モデルに従わずに勝手な発言をすると議論がかみあわないことになる。6-4-2で紹介するHYPOシステムにおいては判例を使った議論の例として、

　　→類似判例Aを引用

←その判例Ａと現事件との相違点を指摘。別の類似判例Ｂを引用

　　　→その判例Ｂと現事件との相違点を指摘。別の類似判例Ｃを引用

という議論の流れを紹介しているが、これも議論モデルの例である。

　また、発言をする際に、反論するか／妥協するか、反論する場合にどの論点から反論するか、などの選択によって議論の流れが大きく変わることになる。自分に有利になるように発言タイプや論点を選択するのに必要になるのが「議論戦略」である。たとえば自分がどの発言をしたら、相手がどのような応答をするかを予測し、その予測結果に基づいて次の発言を選択することはよく用いられる戦略である。これは将棋やチェスの対戦プログラムで使われるゲーム木の探索で議論戦略を表すことができる。

コラム 4

ゲーム木の探索

　将棋やチェスのような対戦ゲームでは、次の一手を決めるのにゲーム木を用いる。**図5**の将棋のゲーム木では、現在の盤面Ａ0に対して3種類の候補手（3四歩、2五角、2二王）があり、それに応じて盤面がＢ1かＢ2かＢ3に変化する。Ｂ1に対して相手の次の候補手が3種類（6三金、1一飛、同金）あり、それに応じて盤面がＡ11かＡ12かＡ13に変化する……ということを表す。このように数手先まですべての候補手に応じた盤面変化を列挙し、末端の盤面を点数化する。点数の大きい方が自分に有利であるとする。

　この図では末端の12の盤面（B111, B112, ……, B322）の中でB321の7点が最も大きいから、Ａ0からB321へ至るＡ0→Ｂ3→A41→B321の経路をたどることが最も望ましい経過となる。しかし、その途中のＢ3において、相手は「5五歩」ではなく、「7八銀」を選択するであろうから、当方の思い通りの結果にはならない。

　相手が反撃した場合も考慮して次の一手を決めるためには、末端から一手ずつ遡って途中の盤面で自分と相手が最良手を指したときの点数を上位に伝える。**図5**においては、A11ではB111とB112の点数の5と3を比較して、A11での自分の最良手（最大点数）は「同歩」でB111（5点）になることを知る。同様にA11, A12, A13, A21, A31, A41における最良手とそのときの点を計算する。次にＢ1ではA11とA12とA13の点

数の5と4と6を比べて相手の最良手（最小点数）は「1一飛」でA12（4点）になることを知る。同様にB2、B3における最良手とそのときの点を計算する。このように最大点数と最小点数を交互に上位に伝えるとA0の点数は4となる。この点数はB122→A12→B1→A0と伝わったものである。この結果からA0では次にB1に至る「3四歩」を選択するのが最善ということになる。

　チェスのチャンピオンを破ったDeep Blueは自分の手番になるたびに14手先まで先読みした巨大なゲーム木を作成しているという。チェスの各盤面では着手できる手の種類は平均で35といわれているので、14手先では「35の14乗」という莫大な数の盤面数になる。

図5　ゲーム木の探索

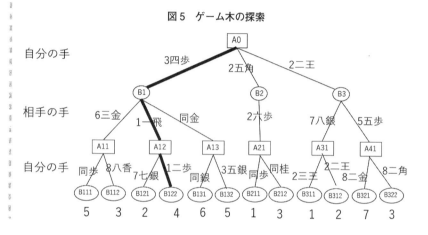

(b)　**裁判官の判決モデル**

　弁論が終結し、原告と被告の一方が他方を論破したとき（ここで「論破」とは一方が十分な論証を提示できないことをいう）は、裁判官が勝者を決定するのは容易である。しかし、双方が相手を論破しきれない場合は、裁判官が双方の論証の優劣を価値判断して、どちらの主張を採用するかを決定することになる。上記の例では、「歩行者の安全」と「公園を通過する利便性」を比較し、

　　歩行者の安全を重視するならば、救急車の進入を禁止し、
　　公園を通過する利便性を重視するならば、救急車の進入を認める、

という判断となるかもしれないし、別の価値判断基準として「文理解釈」と「目的論解釈」を比較し、

> 文理解釈を重視するならば、救急車の進入を禁止し、
> 目的論解釈を重視するならば、救急車の進入を認める、

という判断になるかもしれない。

6-3　論理型言語 PROLOG

　PROLOG は述語論理の論理的推論を使って計算を行う論理プログラミング言語の一種である。PROLOG は人工知能開発用言語として、1980〜90年代の日本の第5世代コンピュータプロジェクトにも採用されている。法律エキスパートシステムの開発において PROLOG は大きな役割を果たした。そこで、6-4 で法律エキスパートシステムの例を紹介する前に、本節では PROLOG の説明をしておく。

　まず命題論理と述語論理の違いを簡単に説明する。前節までに説明した命題論理では、「文（命題）」を1つの単位として大前提や小前提や結論を記述した。

> 太郎は次郎を殺した

述語論理では、この文の中で主語（太郎）や目的語（次郎）などを分離して、引数とし、

> 殺した（太郎，次郎）．

と表現する。また、「太郎が次郎を殺したら、太郎は死刑又は無期若しくは5年以上の懲役である」は命題論理では、

> 太郎が次郎を殺した
> 　＝＞太郎は死刑又は無期若しくは5年以上の懲役である

と記述したが、述語論理では

殺した（太郎，次郎）
　　　＝＞死刑又は無期若しくは5年以上の懲役である（太郎）

となる。

　これに加えて述語論理では引数に変数を使うことができ、変数を使うと汎用性の高い抽象的なルールを書くことができる。

　　∀X∀Y 殺した（X, Y），かつ，人である（X），かつ，人である（Y）
　　　＝＞死刑又は無期若しくは5年以上の懲役である（X）.

これは「X が Y を殺したときは、X と Y が誰であっても、X は死刑又は無期若しくは5年以上の懲役である」というルールを表している。このルールに対して

　　殺した（太郎，次郎）
　　人である（太郎）
　　人である（次郎）

という事実を適用すると、X に太郎、Y に次郎を代入して三段論法を行うと以下のように結論が得られる。

　　大前提：∀X∀Y 殺した（X, Y），かつ，人（X），かつ，人（Y）
　　　　　　　＝＞死刑又は無期若しくは5年以上の懲役である（X）.
　　小前提：殺した（太郎，次郎）
　　　　　　人（太郎）
　　　　　　人（次郎）
　　─────────────────────────────────────
　　結論：　死刑又は無期若しくは5年以上の懲役である（太郎）.

　PROLOG はこのような述語論理の仕組みをほぼ受け継いでいる。PROLOG と述語論理の主な違いは以下の3点である。

1. 記法の相違

述語論理では大前提は

　　　条件＝＞結論

と記述していたが、PROLOG では条件と結論を逆にして

　　　結論 :- 条件

と記述する。条件が「条件1、かつ、条件2、かつ、条件3」のように複数ある場合には、

　　　結論 :- 条件1，条件2，条件3

と記述する。

PROLOG では、結論や条件において論理的な否定記号（¬）は使うことはできないが、条件において証明失敗としての否定記号（not）は使うことができる（コラム3を参照）。

2. 実行方法

述語論理では大前提と小前提から三段論法で結論を導くが、PROLOG では「結論が成立するか」と質問すると、それを導く大前提と小前提が成り立つかどうかを調べ、YES または NO を出力する。

たとえば、以下の2つのルール（大前提）と4つの事実（小前提）からなる PROLOG プログラムを書く。

大前提：
　A）死刑又は無期若しくは5年以上の懲役である(X)
　　　:- 殺した(X, Y).
　B）殺した(X, Y):- 暴行をした(X, Y)，殺意があった(X)，
　　　　　　　　死亡した(Y)，因果関係(暴行(X, Y)，死亡(Y)).

小前提：
　C）暴行をした(太郎，次郎).
　D）殺意があった(太郎).
　E）死亡した(次郎).
　F）因果関係(暴行(太郎，次郎)，死亡(次郎))

これに、以下の質問を入力したときの実行過程と出力を示す。

質問
　　?- 死刑又は無期若しくは 5 年以上の懲役である(太郎).
　　　% 「太郎は死刑又は無期若しくは 5 年以上の懲役であるか」
実行過程
　ステップ 1
　　質問に答えるために、それを結論に持つ A) というルールを発見する。
　　次に A) の条件部を満たすには「殺した(太郎, Y)」が成り立たなければなら
　　ないことを知る。
　ステップ 2
　　「殺した(太郎, Y)」が成り立つかどうかを調べるため、これを結論に持つ B)
　　というルールを発見する。次に B) の条件部を満たすには、「暴行をした(太郎,
　　Y)」、「殺意があった(太郎)」、「死亡した(Y)」、「因果関係(暴行(太郎, Y),
　　死亡(Y))」の 4 条件が成り立たなければならないことを知る。
　ステップ 3
　　この 4 条件は、C)、D)、E)、F) で満たされている。よって、最初に与えら
　　れた質問は成り立つことになる。
　出力
　　　　YES

6-4　法律エキスパートシステムの紹介

　6-2 で紹介した法的推論のモデルとそれを拡張した弁論のモデルは、多くの
法律エキスパートシステムで使われている。

　最も古い法律エキスパートシステムは、1970 年代初期の TAXMAN である。
TAXMAN は米国の税法の知識を利用し、企業の活動に関する課税の妥当性
に関する判断を扱った。また、1980 年代になってから開発された HYPO は、
法令ではなく判例だけを使って法廷論争をシミュレートできるシステムであっ
た。また、1980 年代に開発された論理型言語 PROLOG は、プログラムを論理
式で記述するものであった。PROLOG で法規範や経験則を論理式で記述する

と、演繹推論で結論を出せるため、**図1**に示した初歩の法的推論モデルに合致するものであった。そのため、多くの法律エキスパートシステムがPROLOGを使って開発された。また、1990年代になると、法令と判例の両方を利用したハイブリッドな法的推論システムが開発されるようになってきた。

ここでは5つの法律エキスパートシステムの説明を行う。その5つのシステムでは、6-2で説明した法的推論のモデルが使われている。どのシステムがどの推論方式を用いているかを**表1**に示す。

表1　法律エキスパートシステムと推論モデル

	演　繹	法令解釈	曖昧な概念の判断 NN 確率推論	曖昧な概念の判断 事例ベース	ルールの優先	弁論モデル
英国国籍法	○					
HYPO				○		○
SPLIT UP	○		○			
HELIC-II	○			○	○	
New HELIC-II	○	○		○	○	○

6-4-1　英国国籍法の相談システム

PROLOGで法令文を記述し、相談事例と質問を与えると、その質問に回答してくれるシステムを簡単に作ることができる。英国インペリアルカレッジのMarek Sergotは英国国籍法をPROLOGで記述し、その有効性を示した。以下はその一例である。

> 1-(1)　この法律が発効してから英国で生まれた者は、
> 　　　もし生まれたときに父か母が、
> 　　　　　(a)英国市民、または、(b)英国に住んでいる、
> 　　　ならば英国市民である。

この条文は英国市民であるための要件を誕生地や誕生日や親の条件から定義している。これは以下のようなPROLOGプログラムで書くことができる。親の

条件が「(a)または(b)」というように2つに分かれているので、PROLOGプログラムも2つに分けて表現している。

> 英国市民(X):- 誕生地(X, 英国)，誕生日(X, Y)，法律発効後(Y)，
> 　　　　　　親である(Z, X)，英国市民(Z).
> 英国市民(X):- 誕生地(X, 英国)，誕生日(X, Y)，法律発効後(Y)，
> 　　　　　　親である(Z, X)，英国に住んでいる(Z).

ここで相談事例として以下の情報を与える。

> 誕生地(一朗，英国).　　％一朗は英国で生まれた。
> 誕生日(一朗，'1980/1/1').　　％一朗は1980/1/1に生まれた。
> 法律発行後('1980/1/1').　　％1980/1/1はこの法律の発効後である。
> 親である(花子，一朗).　　％花子は一朗の親である。
> 英国に住んでいる(花子).　　％花子は英国に住んでいる。

さらに以下の質問を与える。

> ?- 英国市民(一朗).　　％一朗は英国市民ですか？

すると、上記の相談事例は2つのPROLOGプログラムの2番目の条件を満たしているので、回答

> YES

が出力される。

6-4-2　判例を利用した論争システム HYPO

　類似判例を利用した推論は、事例ベース推論と呼ばれる。事例ベース推論の手法はいくつか提案されているが、ここでは米国ピッツバーグ大学の Kevin Ashley が開発した HYPO を紹介する。HYPO は、米国のトレードシークレット法の判例データベースを格納し、ある企業で企業秘密が漏洩したときに被告（もとの従業員やライバル会社など）の行為が法に触れるかどうかを判例を引用しながら仮想論争を行う教育支援システムである。

　HYPO では個々の判例を記述するのに、以下の例のように事件の重要な要

素（HYPOではこれをファクタと呼ぶ）のリストを用いる。

F1: 公開した情報は公開の交渉中であった。
F2: 従業員は会社を移籍するのに賄賂を受けた。
F3: 被告は原告の製品の開発者だった。
　　……
F6: 原告は秘密漏洩を防ぐ安全対策をしていた。
　　……
F15: 当該の秘密はユニークなものであって、他に類似物はなかった。
F16: 当該の秘密は簡単に解析可能なものであって、それほど重要な情報ではなかった。
　　……
F21: 被告は秘密情報であることを知っていた。
　　……

　個々の事件や判例はファクタの組として表現することができる。これを以下のMason事件を例として説明する。Mason事件は、酒造業者がレストランのオーナーから飲物のレシピを聞き出した行為が、トレードシークレットの不正取得になるかどうかが争われた事件である。図6において、下線を引いた文はMason事件の重要な事実であり、これがどのファクタに該当するかを示している。この図では、Mason事件の特徴は5つのファクタF1, F6, F15, F16, F21であることが示されている。

　ほかの判例も同じようにファクタの組として記述し、判例のデータベース（事例ベース）に格納しておく。図7は判例データベースの中でMason事件と類似した判例を検索し、類似している順（共通するファクタが多い順）に配置したものである。この図において、Digital Development事件とは（F1, F6, F15, F21）が共通して原告勝訴、Speedy事件とは（F1, F16）が共通して被告勝訴、American Precision事件は（F16, F21）が共通して原告勝訴、となっている。

　このように、どのファクタに着目するかによって類似判例が異なり、それによって原告勝訴か被告勝訴かの結論が異なる。共通点が多くて類似度が高い判例の結論が必ずしも採用されるとは限らない。図7のようにMason事件の類

図 6　Mason 事件のファクタ表現
：F6, F15, F16, F1, F21 の 5 つのファクタで事件の概要を表現

レストランのオーナーのMasonはJack Danielウィスキーや7 Upなどをミックスした飲み物を開発し、Lynchburg Lemonadeと名付けて売り出した。Masonはその調合法をバーテンダーだけに教えたが、彼らにはその調合法に口外しないように命じており、調合は客から見えないところで行われた。
　その飲み物は非常に好評だったが、他の誰も同じものを作っていなかった。ただし、専門家によると、複製は容易だったろうとのことであった。
　酒製造業者のRandleはこのレストランでLynchburg Lemonadeを飲んだ。Masonによると、Masonと彼のバンドを販売促進に使うことを約束したので、Masonは調合法の一部をRandleに教えた。Randleはその調合法が秘密であるという印象を持ったと回想した。
　1年後にその酒製造業者は、その調合によるドリンクのキャンペーンを行ったが、Masonは呼ばれなかったし、補償も受けなかった。

F6(p)：安全対策をした

F15(p)：類似物なし

F16(d)：解析可能な情報

F1(d)：公開の交渉中であった

F21(p)：秘密情報であることは知っていた

p: 原告有利
d: 被告有利

"Teaching Case-Based Argumentation Through a Model and Examples" Ph. D. Dissertation, Vincent Aleven, University of Pittsburgh 1997. より引用

図 7　Mason 事件に類似した判例：Mason 事件に類似している順番に配置

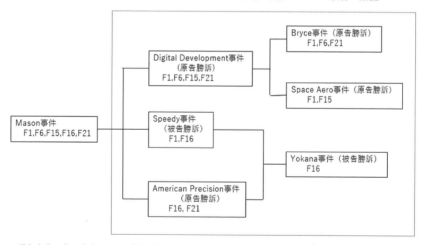

"Modeling Legal Argument" Kevin D. Ashley, The MIT Press, 1990. を参考に作図

似判例が類似度順に列挙されると、以下のように類似判例を引用したり、その引用判例の類似点と非類似点を指摘したりしながら、原告と被告の間の法廷での論争を模擬的に作り出すことができる。ピッツバーグ大学ではこのシステムを法廷論争の演習に利用した。

原告「Mason 事件は American Precision 事件と F16, F21 の 2 点で共通する。American Precision 事件と同じように Mason 事件も原告の勝訴とすべきである」（類似判例を選択）
被告「American Precision 事件は F1 という重要な点で Mason 事件に似ていない。F1 と F16 が共通する Speedy 事件と同じように被告の勝訴とすべきである」（相違点の指摘。別の類似判例を選択）
原告「Speedy 事件は F6 が Mason 事件と似ていない。F1 と F6 が共通する Digital Development 事件と同じように原告勝訴とすべきである」（相違点の指摘。別の類似判例を選択）
……

6-4-3　SPLIT-UP

夫婦の離婚に関して、財産をどのように分割するかは、裁判官にとっても判断が難しい問題である。オーストラリアで開発された SPLIT-UP は財産分与の比率を自動的に決定するシステムである。このシステムはルールベースの推論（演繹推論）とニューラルネットを併用した推論を行う。

まず、夫は婚姻中に妻よりも家庭に貢献したか、将来、夫は妻よりも財産を必要とするか、結婚生活は富んだものだったか、などが議論され、その結果を図 8 のニューラルネットの DATA 部のノードから入力すると、CLAIM 部から夫の受けるべき財産比率が出力される。このニューラルネットの結合係数は、過去の多くの離婚裁判の財産分与結果から事前学習して求めたものである。

図 8　SPLIT-UP における財産分与比率の判断

図 8　SPLIT-UP における財産分与比率の判断

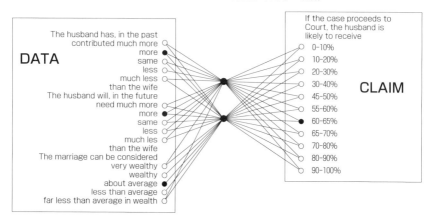

"The Split-Up system : Integrating neural networks and rule-based reasoning in the legal domain, International Conference on Artificial Intelligence and Law (ICAIL 1995). より引用

6-4-4　ハイブリッドな法的推論システム：HELIC-II

　我が国の第 5 世代コンピュータプロジェクトで開発された HELIC-II は図 9 に示すように、演繹推論、事例ベース推論、非単調推論の 3 つの推論モジュールと、法令、判例、価値観の 3 種類のデータからなっている。このシステムに相談したい事例の事実データを入力し、質問をするとそれに対する解答を出力する機能を持つ。

　(ⅰ)　法令ルールベースと演繹推論

　HELIC-II では法令文を PROLOG を拡張したプログラムで記述し、「法令ルールベース」に格納しておく。ユーザが相談したい事件の事実データと質問を入力すると PROLOG プログラムを起動して解答を出力する。

　(ⅱ)　判例データベースと事例ベース推論

　HYPO と同じように、個々の判例をファクタの組で表現し、判例データベースに格納しておく。相談したい事件の事実データをファクタの組として与えることによって、HYPO と同じように判例の類似検索が可能となる。

　(ⅲ)　価値判断と非単調推論

　法令と判例を利用して演繹推論と事例ベース推論を行うと、法令の解釈が複

図9 HELIC-II の推論モジュール

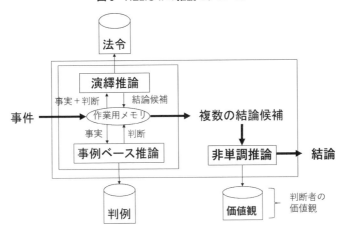

数ある場合や、類似判例が2つ以上ある場合に、どの解釈を採用するか、または、どの判例を引用するかによって、原告と被告の可能な論理展開をすべて列挙して、多数の結論候補が作り出される、

　HELIC-II では、このような結論候補を列挙してまとめて出力することもできるし、価値観を参照して場合分けを行い、

　　　「もし歩行者の安全を重視するならば、救急車の進入を禁止する」
　　　「もし交通の利便性を重視するならば、救急車の進入を認める」

のように場合分けに応じた結論候補を列挙することもできるし、あらかじめ
　　　「歩行者の安全を重視する」
という自分の価値観を入力しておけば、結論を絞り込んで
　　　救急車の進入を禁止する
という単一の回答を出力することもできる。

6-4-5　ハイブリッドな法的論争システム例：New HELIC-II
HELIC-II は 6-2-2 で説明した法的推論のモデルを具体化したものである。

図 10　New HELIC-II による論争

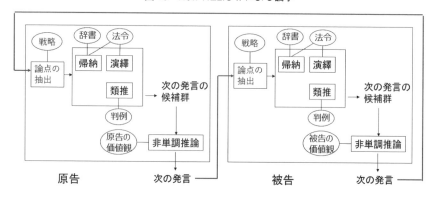

これを発展させた New HELIC-II は **6-2-3** で説明した法的論争のモデルを具体化したものである。

　New HELIC-II では HELIC-II を 2 つ結合し、一方に原告の価値観を与え、他方に被告の価値観を与えると、HYPO と同じように双方で論証を交換し合うことで、仮想論争を自動的に生成することができる（**図 10**）。New HELIC-II は HELIC-II の推論モジュールの他に、拡張解釈や縮小解釈を行うための帰納推論エンジンも組み込まれており、論争をするための機能が強化されている。

6-4-6　法律エキスパートシステムの課題

　6-4-1～**6-4-5** では、法令や判例を利用した法律エキスパートシステムの例を紹介した。

　「法令」を利用したシステムでは、結論に至るまでのルール（論理式）を明示することによって判断理由を明確に示すことができる利点がある。その反面、法令をルールで表現することは容易ではなく（コラム 1）、条文数が多い法令のルールのセットを作るには負担が大きい、という欠点がある。そのため、今まで我が国では大規模なルールのセットの開発事例はなかったが、次節 **6-5** では大規模で詳細なルールセットの開発の試みを紹介する。

　「判例」を利用したシステムでは、判断が難しい事件でも結論を推測できる利点がある。しかし、その反面、結論の判断理由の説明がしにくいという欠点

がある。本章で紹介した HYPO や HELIC-II のように判例の類似性をファクタで判定する場合は判断理由を明示できるが、SPLIT-UP のように判例から機械学習で判断する場合は判決理由を明示できないこともある。また機械学習をするには多くの事例が必要とされるが、商用の判例集は判例数が十分ではない。

　現時点では、法律エキスパートシステムを客観的に評価する方法が定まっていない。法律エキスパートシステムを評価するには、対応できる事件の範囲が広いか、対応できる事件がきめ細かいか、結論の精度が高いか、判断理由が示されるか、ユーザとの対話機能があるか、などの判断基準がある。これらの評価を行うには、多くのテストデータが必要であるが、そのようなテストデータは存在していない。テストデータとして判例集が候補になりうるが、判例集は法令によっては判例数が十分ではなく、「判例集の判例」の分布が「実際の判決」の分布と異なっているおそれがある。そのため判例集をテストデータとして利用するには注意が必要である。

コラム 5

機械学習の法律業務への応用

　本章で述べた法律エキスパートシステムは、法的推論のモデルに事件データを適用して結論を求めるものであった。これに対し、帰納的手法や統計的な手法を用いて、逆にデータからモデルを求めるのが機械学習である。近年、機械学習を利用した新しいビジネスが始まっている。

　たとえば、Ross というシステムは「長期間、無断で休んでいる従業員を解雇できるか」などの質問を英語で入力すると、あらかじめ収集した法的文書を検索して、関連の文章を検出し、根拠文書と信頼度とともに質問に対する解答を英語で返答する機能を持つ。Ross は IBM の Watson プログラムをベースにしている。Watson は莫大な文書を解析して、単語と単語の間の共起関係を学習することで、質問に回答するものであり、米国のクイズ番組 Jeopardy で人間のチャンピオンを破ったことで有名である。Ross は米国の法律事務所で採用され、「初めてロボット弁護士が就職した」というニュースになった。

　一方、Lex Machina は、過去の大量の知的財産法に関する事件判例を統計解析し、裁判官、当事者、法律事務所、弁護士、地域などの名前から判断の傾向を分析し、相談

　したい事件の情報提供をする。

6-5　要件事実論と人工知能

　6-2 ないし 6-4 において法律家の基本的な思考モデル（法的推論のモデル）を述べた。本節では、より高度な法的推論として要件事実論をいかにモデル化するかについて説明する。

　要件事実論は、民事裁判において裁判官がどのように事件の事実を整理して、判決を出すかについての理論といわれている。しかし、人工知能研究から要件事実論を見ると、それは、民事裁判において情報が不完全な状況下でも裁判官が判決を出せるように、民法の条文の各要件について、その要件が存否不明な場合に用いる存否のデフォルト値を付与させたものと考えられる。デフォルト値は民事訴訟法学における客観的証明責任に対応するものである。本節では、この考え方に基づいた判決推論支援システム PROLEG（PROlog based LEGal reasoning support system）について、その概要・応用・限界について述べる。

　民法は、当事者間の民事的な権利や義務を定めている法律であり、その法律を適用するにあたり、完全情報を仮定して、ある法律上の要件が（例外状況でないことを含めて）満たされればその結論が生じることを決めている。たとえば、売買契約により何かを売り買いした場合には、売主は買主に対して売買代金を請求できる。代金を請求する場合には、売買契約が成立していなければならないが、その要件は、対象物を売り買いするという同意が存在することである。

　この要件はそれだけみれば自然な要件のように見えるが、実は契約が締結されるためには、売主・買主が未成年者でない等、契約をする法的な能力（民法では「行為能力」と呼んでいる）があることが前提になっている。このような、民法のところどころにあるすべての関連する前提が成立して、初めて売買契約が成立することになる。

　この例から、民法は、上記のようなすべての要件の存否が確定したときに、どのような権利や法律効果が成立するのかを決めていることがわかる。これに対して、実際の裁判においては、民法における要件の存否が証拠不十分などの

状況により完全に確定できないことがありうる。演繹論理的に完全に正しい結論を出そうとするならば、この場合には、要件の存否が不明な場合（「ノンリケット」と呼ぶこともある）には、判決としては、「わからない」と答えるほかない。しかし、裁判所は裁判の当事者（原告・被告）に対して、裁判上の紛争については、判決を示す応答義務があるため、「わからない」という答えでは済まない。この問題を解決するためには、ある要件が存否不明の場合に備え、あらかじめ、存否のデフォルトの値を用意しておけば、結論を出すことができる。

6-3 で論理型言語の PROLOG を紹介した。しかし、法曹に、この論理プログラムをそのまま使わせて法的推論をするシステムを提供したとしても、論理プログラミングの意味論を理解する必要があるため、導入は難しいと考えられた。

そこで、上の要件事実におけるデフォルト値と、原則・例外の表現形式の対応を用いた PROLEG を新たに開発した。PROLEG は、要件事実論を原則・例外で表現したルールベースと、事件の認定された主要事実を記載したファクトベースからなる。PROLEG の実行は、すでに最終弁論が終了し、裁判所が事実認定を終了して、すべての主要事実の存否が立証されている（またはノンリケットが確定している）という状態から判決推論を行う。

(1) PROLEG のルールベース

PROLEG のルールベースでは、要件事実論を以下の 2 つの式の形式で表す（6-3 の PROLOG の項でも説明したように、述語論理と異なり、要件部と結論部の位置と矢印の向きが逆になっているが、論理的には逆にしても同じ内容である）。

> 結論<=要件 1, 要件 2,..., 要件 n.
> 例外事由(結論，例外).

そして、結論、要件、例外はそれぞれ、述語名（引数 1, 引数 2,..., 引数 m）の形で表現される。上の第 1 の式（「原則ルール」と呼ぶ）の読み方は、「要件 1

かつ要件2かつ...かつ要件nならば結論が成立する」であり、その直観的意味
は、要件1,...要件nがすべて「存在」する場合には結論も「原則としては」、
「存在」するということを表す。

　また、第2の式（「例外ルール」と呼ぶ）の読み方は、「例外は、結論に対す
る例外事由である」であり、その直観的意味は、例外が「存在」する場合には、
いくら原則ルールのすべての要件が「存在」していたとしても、「例外的に」
結論が「不存在」となることを表している。要件事実論の言葉でいえば、もし
原則ルールが請求原因を表すとすれば、その例外は、抗弁となる。

　たとえば、売買契約における代金請求についての要件事実は、以下のような
PROLEGのルールベースとして表される。

　　売買代金支払請求権(売買,_売主,_買主,_売買契約)<=
　　　　契約の効力(売買,_売主,_買主,_売買契約).

　　契約の効力(_契約類型,_債権者,_債務者,_契約)<=
　　　　契約成立(売買,_売主,_買主,_売買契約).

　　契約成立(_契約類型,_債権者,_債務者,_契約)<=
　　　　合意(_契約類型,_債権者,_債務者,_契約).

　　例外事由(売買代金支払請求権(_契約類型,_債権者,_債務者,_契約),
　　　　弁済の抗弁(_債務者,_債権者,_契約,_弁済時期)).

　　弁済の抗弁(_債務者,_債権者,_契約,_弁済時期)<=
　　　　本人弁済(_債務者,_債権者,_契約,_弁済時期),
　　　　当該債務についてなされた(_債務者,_債権者,_契約).

　上のルールでは、売買代金支払請求権が成立するためには、契約の効力が発
生していることが必要であり、さらに、そのためには契約の成立が必要であり、
そのためには契約についての合意が必要ということを表している。これが原則
であり、合意があれば、売買代金支払請求権が成立する。しかし、その例外と
して弁済の抗弁が記述されている。すなわち合意があったとしても、例外とし

て代金をすでに弁済しているのであれば、売買代金請求ができないこと表している。

(2) PROLEG のファクトベース

PROLEG のファクトベースに、実際の事件の主要事実の記述を行う。PROLEG の原則ルールの要件事実のうち、それを結論とした原則ルールがない場合には、それは PROLEG のファクトベースに書くべき主要事実となる。たとえば、上の売買代金支払請求権の例でいえば、合意(_契約類型,_債権者,_債務者,_契約)については、PROLEG のルールベースには、それを結論とする原則ルールがないため、もしこの要件事実に対応する主要事実が存在するならば、主要事実としてファクトベースに記載する必要がある。PROLEG では、「主証(合意(売買,鈴木,佐藤,売買契約 1))。」のような形式で、そのような主要事実を記載する。

「主証(○○)。」とは、主要事実の主張○○がされて、裁判所の心証が証明度を超えたことを表している。例として、鈴木が佐藤に売買契約 1 について合意をし、佐藤が鈴木に対してその売買契約 1 について弁済している事実は以下のように表される。

主証(合意(売買,鈴木,佐藤,売買契約 1))。
主証(本人弁済(佐藤,鈴木,売買契約 1, 平成 15 年 11 月 1 日))。
主証(当該債務についてなされた(佐藤,鈴木,売買契約 1))。

PROLEG でルールベースとファクトベースを設定したあと、ある法的結論の存否を PROLEG システムに問い合わせると、単に存否だけではなく、その結論がなぜ得られるのかの過程が図形式で出力される。これを PROLEG ブロック図と呼ぶ。

PROLEG ブロック図出力では、左上に結論が配置され、結論に至る原則ルールの要件に対応する箱が、結論右に実線でつながれ、各箱の一番下にその箱に対応する要件が成立していれば「o」が指示され、要件が成立していなければ「x」が指示される。そして、例外について考慮しなければならない場合に

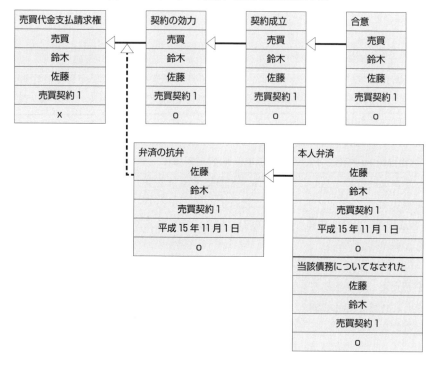

図 11　PROLEG の出力例（売買代金支払請求事件）

は、下に破線でつながれた、例外に対応する箱が配置され、その成立・不成立が、「o」または「x」で指示される。もし例外の箱の1つでも「o」となれば、結論は「x」となる。図11に、売買代金支払請求事件について結論に至るPROLEG ブロック図を示す。

　この事件では、鈴木が売主、佐藤が買主で「契約1」という売買契約の合意ができたが、鈴木が売買代金支払請求を佐藤にしたため、佐藤がすでに代金を支払ったという弁済の抗弁を主張して認められている。したがって請求に対する例外が成立するため、鈴木は代金を請求できないことが示されている。

⑶　PROLEG の現状
　現在、民法のうち契約法に基づく部分の民法条文および最高裁判例について

PROLEG で記述し、2500 ルール程度の規模のシステムとなっている。しかし、事件の事実の記述を論理式で表現しなければならないため、論理に詳しい者でないと扱いが難しいことから、現在、自然言語で記述された事件の記述から事件の事実に対応する論理式を抽出する技術を開発中である。

《参考文献》

佐藤健 = 新田克己 = Kevin D. Ashley（2019）「人工知能の法律分野への応用について」法と社会研究 4 号 177-196 頁

佐藤健 = 西貝吉晃（2019）「刑事訴訟版の PROLEG の開発」第 33 回人工知能学会全国大会 https://doi.org/10.11517/pjsai.JSAI2019.0_4E3OS7b05

高橋文彦（2013）『法的思考と論理』（成文堂）

新田克己 = 佐藤健（2019）「人工知能の法学への応用」人工知能 34 巻 6 号 870-875 頁

西貝吉晃 = 浅井健人 = 久保田理広 = 古川昂宗 = 佐藤健 = 白川佳 = 高野千明 = 中村恵（2011）「PROLEG：論理プログラミング言語 Prolog を利用した要件事実論のプログラミング」情報ネットワーク・ローレビュー 10 巻（1）54-89 頁

吉野一 編（1986）『法律エキスパートシステムの基礎』（ぎょうせい）

吉野一 編（2000）『法律人工知能』（創成社）

第7章

ニューロ・ローへ向けて

福澤 一吉

プロローグ

Aさん：人体に残された最後のフロンティアって聞いたことがある？

B君：もちろんさ。脳でしょ。

Aさん：なあ〜んだ、知ってたの。私は、個人的には DNA かと思ってたわ。

B君：ヒト・ゲノムは解読されちゃったよ。とはいえ、まだ分からないことだらけだけどね。

Aさん：PCR にしても CRISPR-Cas9 にしても、科学って何かブレークスルーがあると一挙に進歩するのよね。とりわけ測定技術のブレークスルー。日本人の小川誠二博士が主要な役割を果たした fMRI もそうでしょ。血中のヘモグロビンが酸素を渡したり取ったりすると、磁性が逆転することを利用して脳の賦活量を測定するのよね。

B君：さすがに詳しいなぁ。今日の講義のテーマであるニューロ・ローはまさに fMRI のおかげで成立する学問分野だよね。「法と脳神経科学」と訳すことができるのかな。

Aさん：脳科学によると、私達が自由意志と考えているものは、その直前に無意識ですでになされてしまっている意志決定を、自分に説明するために脳が構築した虚構でしかないそうよ。

B君：ちょっと信じがたいね。僕の意志は、僕の意志であって、かつ、僕の意志ではない！ じゃ、誰の意志なんだろう、てことになるよね。

Aさん：思いとどまることは意識してできるそうよ。目の前のマログラッセに無意識に手が伸びても、ダイエットしていたんだと食べるのを思いと

どまることはできるってことね。

Ｂ君：でも、ヨダレの方は止まらないね。

Ａさん：当たり前でしょ。無条件反射よ。汚いわねぇ。

Ｂ君：脳科学的に見ると、自由意志は昔考えられたような、理性的・自律的な人間の主体的意志決定とは言えなくなるよね。そうなると自由意志を前提に考えられてきた法的な責任はどうなっちゃうのかな。道徳的責任だって同じだけど。

Ａさん：ドライに考えれば、刑事制裁で犯罪が抑止されるという事実がある限り、自由意志があろうとなかろうと、社会政策的には刑法は必要だということじゃない。それ以上でもそれ以下でもないだけ。

Ｂ君：なんだか人間味のない議論だね。

Ａさん：人間味だって仮想の虚構かもしれないじゃない。

Ｂ君：でもそうすると、嘘つきと正直者の区別も虚構ということになりかねないよ。

Ａさん：嘘つきも脳科学で識別できそうよ。どのくらい研究は進んでいるのかしら。

Ｂ君：それこそ今日の授業で明らかになると思うよ。

Ａさん：現代科学の最先端の脳神経科学と法って、ワクワクするテーマよね。

　近年、脳神経科学における新しい知見が急激に増えており、それらが立法、刑事処分、法的意思決定といった法的世界と接点を持ち始めている。脳神経科学と法的世界のつながりとなる分野は 1990 年代に生まれたばかりの新しいフィールドで、ニューロ・ロー（Neurolaw 神経法科学[1]）と呼ばれている。つまり、脳と法の相互関係を考える学際的分野である。より具体的には、ニューロ・ローは脳神経学的メカニズムに関する研究成果を、裁判における量刑の決定をする際の根拠として、精神障害鑑定、虚偽の発見などとともに利用する際に生じる問題点を検討する分野といえるだろう。さらにニューロ・ローは法的意思決定のルール等を考えるに当たり、人間の心とは何かをゼロ

1）　定着した訳語がないため、前提的に神経法科学としておく。

ベースで捉え直すためのアプローチともいえる（Petoft, 2015）。本章では神経法科学の背景と現状、その問題点について解説をする。

7-0　本章の構成と課題設定

本章は以下のような構成になっている。まず、法と脳科学に触れる前に、脳神経科学と倫理との関係について簡単に言及する。ついで、前半では、脳神経科学と自由意志、道徳的判断、自己責任について述べる。ここでは特に自由意志と脳にまつわるリベットの実験について考えてみる。このセクションでは、意識を伴う自由意志と行為の制御、自由意志の起動と意識的拒否の理論的説明のバランスについて述べる。

後半では責任能力を脳神経科学で決定する動きについて述べる。従来使われてきたポリグラフ（心理生理学的指標を利用した嘘発見器）はどのようにして虚偽発言を特定しようとしてきたか、そしてそれがどのような脳神経科学に置き換わろうとしているのかの実態を紹介する。ここには事象関連脳電位（Event-related potential, ERP）、有罪知識検査と P300 が含まれる。さらに、ニューロ・イメージング（Neuroimaging）による精神障害鑑定についてお話する。最後に、裁判所が採用する科学的証拠の基準、有罪の決定と脳画像診断結果の関係の現状について概観する。

・法と脳科学の前に、脳神経科学と倫理との関係はどうなっているのか？
・脳神経科学と自由意志、道徳的判断、自己責任にはどんな関係があるのだろうか？
・責任能力を脳神経科学で決定することが可能なのだろうか？
・嘘発見器などの旧来の方法からどんな脳神経科学的知見が台頭しつつあるのだろうか？

7-1　脳神経科学と倫理

神経法科学の具体的応用に言及する前に、脳科学と倫理について言及してお

く。脳神経倫理学は従来の倫理学に新次元が追加された、今までにない倫理学であるとの指摘がある（福士、2008）。福士は次のように述べている。生命倫理学・医療倫理学は、①「いつからいつまでが人格を持つ人間であるのか」という人間観や価値観を表現する個体が持つ時間軸と、②生殖、遺伝、進化などの生物種としての時間軸の2つからなる生物学的2次元座標上に表現されるという。つまり、個体発生の時間軸と系統発生の時間軸からなる座標と考えていい。

　これに対して、脳神経倫理学は、核物理学、画像工学（ニューロ・イメージング等）、機械工学など生物学のフィールドを越えたさまざまな工学分野との連携により成立する脳神経科学の問題も研究の対象になっている。たとえば、人間が自分の「手を動かそう」と考えることでロボットの手を動かす類の研究BMI（Brain Machine Interface）、外界からの刺激に対する認知活動の脳内活動、脳の特定部位の神経活動からそれに対応する心理的実在の再現などを扱うfMRI（functional Magnetic Resonance Imaging）研究などが挙げられる。

　脳神経科学では、前述した生命倫理学や医療倫理学が扱ってきた2次元座標系に次の座標軸が追加されるという。その軸とは「非生物学的な人工物と生き物としてのヒトとの間にあった境界線が曖昧となり、有機から無機へ、あるいは③自然から人工へという連続性に基づいた座標軸」である。このように脳神経倫理学は、従来からある生命・医療倫理学が持つ①、②という座標軸に新たな次元③が追加された3次元座標系を扱う学問であると捉えることが可能である（福士、2008）。

　この3つ目の座標軸を対象とするのが脳神経倫理学であり、何が一人の人格に対応する脳活動か、何が人間の意志なのか、人間の心とは何か等々の人間観をゼロベースで問い直すものである。さらに、脳神経倫理学は「人間の心」そのものを直接対象とする点で、他の倫理学と性質を異にすることに注意を払う必要がある。

　ニューロ・ローが中心的関心事であると、我々は脳神経科学的知見を裁判における証拠能力があるかどうか等の実質的な応用に焦点がいきがちである。しかし、福士（2008）が指摘するように、脳神経倫理学が人間観を根本から問い直そうとしていることを念頭に置きつつ、人間的営みである法において脳神経科学的知見がどのように応用可能かに注意を払い続けることが重要であろう。

近代科学の一部として人間の脳とその機能に関する研究が 19 世紀半ばに開始されて以来、脳神経科学は目覚ましい発展を遂げてきた。その結果、現在では、我々は脳のどこが思考、感情に関与するのか、さらにそれらの活動に関する予測がある程度できるようになってきており、かつ、人間の行動のある側面については、その制御まである程度可能となっている。したがって、この脳神経科学的知見から受ける恩恵に関心が集まりがちである。しかし、注意を要するのは、脳神経科学的知見は害をもたらす可能性がある点である。

　たとえば、司法の世界では、通常では考えられないような凶悪な犯罪者の罪が問われる場面で、その犯罪者の責任能力を評価することを目的に、精神鑑定が行われることがある。この精神鑑定は、精神分析学者や臨床心理学者などが臨床的検査を用いて行うが、鑑定者の判断には主観やバイアスがかかりがちで、結論には鑑定者間にバラツキが見られ、場合によっては同一判定者であっても判定にブレが生じる場合があるといわれている（河島、2008）。

　一方、この精神鑑定に代わって脳神経科学的アプローチで得られた結果が、従来の精神鑑定にとって代わるようなことになった場合、我々は本当に現在の脳神経科学的知見を「客観的なものとして」信じていいのであろうか？ 従来の研究報告から判断して、現時点では、まだ、これに信頼できる答えをだすことはできない。次に、従来の脳神経科学研究と法との関わりの現在を概観する。

7-2　脳神経科学と自由意志、道徳的判断、自己責任

　一般に我々は自分自身を合理的、自律的な主体であり、意識的に自由に振舞う主体であると考えている。したがって、我々は自分の自由意志で合理的に物事を選択していると信じている。だからこそ、自らの行動の倫理的責任も問うことができる。つまり、自由意志と倫理的責任は切り離すことができない。

　人間に自由意志があるかどうかは、ある行為が故意か過失かを法的に問う場合に問題になってくる。たとえば、被疑者が犯罪を犯したのは自らの自由意志による自律的で、自由な選択の結果だったのか、それとも被疑者の脳が自由意志に先んじて勝手に行った犯行なのであり、被疑者に選択の余地がなかったのか、という問題が生じるのである。

7-2-1 自由意志と脳にまつわるリベットの実験

人間の心の座、精神の座は一般に脳だとされている。つまり、脳は人間を人間たらしめている生物学的基礎であると考えられる。そうであると仮定するなら、自由意志を科学的に捉える際には、自由意志と脳の関係に注目することになる。

Libet（2004）は、自由意志と脳の関係について衝撃的な研究報告をした。この研究報告をリベットは著書『マインド・タイム』（邦訳下條、2005）として広く知られている。ここでの概説は邦訳に基づくものである。

まず、自発的な行為をする場合を想定してみよう。この時、その行為をしようとする意志は、その行為を引き起こすための脳活動よりは前に出現するか、またはその行為と同時に出現すると仮定されてきた。たとえば、まず意志が立ち上がり、ついで行為が出現する。そう仮定するなら、意識的に心が起動し、それが自発的行為を促していることになる。このことは人間には自由意志があるとする考え方（非決定論）と一致する。

一方で、自発的行為を引き起こす脳のある部位の活動が、行為を引き起こす意志よりも前にあったとするとどうなるだろうか。この場合には、行動しようとする自分の意志に本人が気づく以前に、脳のある部位が活動していることになる。これは人間には自由意志はないという考え方（決定論）と一致してくるわけである。

Libet（2004）は、自由意志の存在の有無を検討する一連の実験を行った。そして結論として、自由に自発的に行う行動の 550 ミリ秒（約 0.5 秒）前に脳が働き始めることを突き止めた。そして、その意志に気づくのは、その行動を起こす 150 から 200 ミリ秒前であることがわかった。つまり、ある行動をとろうとする自分の意志や意図に気づく 400 ミリ秒前に、自発的なプロセスが無意識のうちに起動していることになる。リベットはこれをもって人間の意識は実際の世界より約 0.5 秒遅れていると解釈した。

(1) リベットの実験

リベットの実験の概要は、次のようなものである。リベットは脳活動が始まる時点（準備電位：被験者が自発的行為をする約 800 ミリ秒前にすでに準備されて

いる）と比較して、被験者が意識した意志の出現する時点を確定するための実験をした。実験装置は、時計の文字盤の円周を 2.56 秒の速さで光の点が移動するものであった（図1参照）。この時計は時間を数百ミリ秒単位で示せるように設計されていた。被験者はこの時計盤の中心を見て、そして、自由に自発的に手首の屈曲運動をやりたいときにいつでもやってよいと教示された。

さらに、その屈曲運動を促す意図、または実行したいと思った時の最初の気づきを、円周を移動し続ける光の点の時計針の位置と結びつけて覚えるよう教示された。すなわち、手首の屈曲運動をすることを自分の意志で決定したタイミングと、それを決定した時が文字盤の光のどの場所で起こっていたかを結びつけて記憶しておくということである。そして、この両者を結びつけて覚えた時計の示す時点を、被験者は実験の後に報告した。この試行を 40 回繰り返し、その平均的値を得た。リベットは、被験者が報告したこの時点を、意識的な要求、願望、またはその意志を表す W と命名している。また、この試行の間、被験者が行う自発的な屈曲運動のたびに発生する準備電位も記録された。そして最終的に、平均した準備電位の始動時点と、W 時点の平均との比較を行った。

図1　リベットが実験に使用した装置

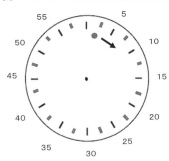

注：精神事象のタイミングを計る時計としてリベットが使用した装置。
　　オシロスコープからでる光の点が、時計盤の周りを矢印方向に
　　2.56 秒で一周する。時計盤には 60 の刻みがあり、1 つの刻みが
　　43 ミリ秒に当たる。

⑵　異なる 2 つの準備電位始動のタイミング

この実験において、被験者はどのタイミングで手首の屈曲運動を開始するか

を予定しないように教示されていたにもかかわらず、被験者はこのあたりの時点で運動を開始しようと予定してしまったと報告している。そこで、準備電位の始動のタイミングに関しては、被験者が予定していた場合と、予定していなかった場合に分けて、それぞれの準備電位を算出した。その結果、予定していた場合は、頭頂領域から負の電位が緩やかに上昇するのは、行為を実行する約800ミリ秒から1000ミリ秒前に開始していた。これを準備電位1（RP1）としている。一方、被験者が予定していないと報告している試行での準備電位の始動の平均は、筋肉の活性化より550ミリ秒前であった（図2）。これを準備電位2としている。つまり、被験者に意識的な要求、意欲が生じる時点よりおよそ350ミリ秒前に、準備電位が発生していたことになる。そして準備電位が活性化しているのは補足運動野[2]であるとされた。

図2　リベットの実験で得られた脳波

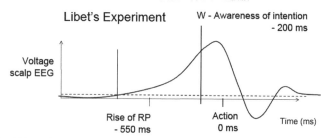

注：縦軸に頭皮から得られた電圧の値、横軸に時間経過を示す。実際の運動が生じる550ミリ秒前に準備電位が緩やかに上昇していることから、被験者が自分の意図に気がつくタイミングより準備電位が生じていることが示されている。

（Free Will and Neuroscience https://wmpeople.wm.edu/asset/index/cvance/libet）

　これらの結果からリベットは「自発的な行為に繋がるプロセスは、行為を促す意識を伴った意志が現れるずっと前に脳で無意識に起動する。これは、もし自由意志というものがあるとしても、自由意志が自発的な行為を起動しているのではないことを意味する」とし、自由意志はないと結論した（Libet, 2004 p. 136, 邦訳2005、159頁）。

　2）　補足運動野は運動制御において自発的な運動の開始、異なる複数の運動を特定の順序に従って実行する、両手の協調動作を果たしているとされている。

⑶ 意識を伴う自由意志と行為の制御

意識的な意志（W）は、脳活動（準備電位）が立ち上がる400ミリ秒程度後に生じるものの、実際の運動をする150ミリ秒前には現れる。そこで、意識的な意志（W）は自発的な行為の最終的成果に何らかの影響を与えたり、制御することが可能ではないかという解釈が可能である。つまり、リベットは意識を伴った意志は最終的な運動行為を実現することも可能であるし、運動行為が現れないようにそれを制御、拒否することもできると仮定した。

この考えを検証するために、リベットはあらかじめ予定した時間に実行するように計画された行為の拒否に関する実験を行っている。被験者は時計のある時点で行為を準備するようにと教示された。しかし、被験者は予定していた時間での行為を100〜200ミリ秒前に拒否することになる。そうすると、拒否を行うよりも1、2秒前に大きい準備電位が生じたのである。このことにより、被験者は予定していた時点の直前100〜200ミリ秒以内に、その行為の拒否が可能であったとリベットは主張した。

これらの結果から、リベットは「意識を伴った自由意志は、私たちの自由で自発的な行為を起動してはないことになる。その代わりに、意識を伴う自由意志は行為の成果や実際の行為のパフォーマンスを制御することができる」とした。繰り返すが、我々の自発的行為は、それより前に脳の無意識の活動によって引き起こされるということになる。リベットはこれを受けて、意識を持った意志が無意識に引き起こされた活動のうち、どれを実行し、どれを拒否するか選択することになるとした。

⑷ 自由意志の起動と意識的拒否の理論的説明のバランス

関連すると思われる一連の事象についての説明に使われる理論は一定であり、内部整合性が求められるのは科学的常識である。リベットの自由意志の起動と意識的拒否に関わる説明には、この科学的常識が保たれていない。

リベットは、自由意志が意志プロセスを起動しないことは準備電位で説明してきた。それによって自由意志のないことを論じてきたわけである。そうであるなら、意識的にする拒否にも、それに先立つ準備電位があると考えるのが理論的整合性のある説明に不可欠である。そしてリベットは、「意識的意志とそ

の拒否はどちらとも脳の無意識活動によるものであり、自由なものではない」と主張するべきではなかったのか。しかし、リベットは意識的な拒否は、おそらく先行する無意識プロセスを必要とせず、またその直接的結果でないとしている。

居永（2013）はこのリベットの理論的説明の不整合性は、リベットの道徳観に由来すると指摘している。つまり、リベットは、意識的に拒否できることが人間の道徳性の基礎的背景であると考えているということである。以下は居永の主張の根拠（Libet, 2004, p. 151）である。

> 人がコントロールできるのは欲望の発生ではなくその抑止だけだとし、また、実際に、容認しがたい行為が行われなくても、行動したいという衝動を持つだけで罪深いということにこだわると、事実上全ての人間は罪深いということになります。……そういった意味では、人間は意識的な意志ではなく、意識的拒否として自由を持つという、このような意見は、人間の原罪についての生理学的な根拠になるとも言えます（Libet, 2004, p. 151）。

意識的拒否としての自由と原罪という考え方は、リベットの宗教観として根源的なものであると思われる。しかし、自由意志の否定には厳密な実証科学的アプローチをとっておきながら、意識的拒否の自由を認めることに関しては、道徳的、宗教的理由を持ちだすのは、いかにも説明上の整合性を欠いていると言わざるを得ない。つまり、一般的に考えられている科学的説明として受けいれることは困難である。

コラム 1

自分で自分をくすぐっても、くすぐったくない

遠心性コピーと順モデル

一般に、自分で自分自身をくすぐってもまったくくすぐったくないのに、他者にくすぐられると、くすぐったいと感じる。ところが、統合失調症のケースでは、自分で自分自身をくすぐる時にも、くすぐったいと感じるという報告がある。なぜ、こんなことが

生じるのだろうか？　この知見は統合失調症の解明や治療につながるのではないかと注目されている。

　統合失調症とは、妄想や幻覚などの多彩な症状を示す、精神疾患のひとつである。統合失調症でよく知られる症状は幻覚、させられ体験である。幻覚は実在しない知覚情報を体験する症状（hallucination）をさす。統合失調症では幻聴（実際には存在しない音が外部から入ってくるような錯覚）が多くみられる。また、させられ体験とは、幻覚を体験する本人は外部から知覚情報が入ってくるように感じるため、実際に知覚を発生する人物や発生源が存在すると考えやすく、自分の意志で行動しているのではなく、自分以外の誰かによってさせられていると訴えるのであると考えられている。そのため、「悪魔がついた」、「狐がついた」、「霊が話しかけてくる」「宇宙人が交信してくる」「電磁波が聴こえる」、「頭に電波が入ってくる」などと妄想的に解釈する患者も多いという。

　今現在、統合失調症におけるこの「くすぐり行動現象」を説明する有力なモデルに、Blakemore ほか（2000）の遠心性コピー障害説がある。遠心性コピーとは、手などを動かす際に脳内に生じる運動指令に付随する情報のことである。そして、このモデルでは、遠心性コピーが「自分自身が起こした行為の運動感覚的結果」を予測し、自分以外の「外部からもたらされた実際の感覚刺激」とを区別することに使われていると仮定されている。たとえば、見ていなくても、自分自身で自分の足を動かす場合と、誰かによって自分の足が動かされた場合の区別は簡単につく。これは前者には遠心性コピーができているが、後者にはそれがないため、自分以外の誰かによって動かされたと判断していると考えるわけである。遠心性コピーは、自分と他者を区別する際の基本的な情報といっていい。

　統合失調症ではこの遠心性コピーが作れなくなっているため、自分自身が起こした運動と他者が自分に対して起こした運動の区別がつかなくなっているのではないかとするのが、遠心性コピー障害説である。この説を、幻聴や、させられ行動の説明に使ってみると次のようになる。つまり、幻覚を体験する本人は遠心性コピーが作れないので、外部から知覚情報が入ってくるように感じるため、実際に知覚を発生する人物や発生源が自分の外に存在すると考えやすいと考えられている。

7-3　責任能力を脳神経科学で決定する

　現時点において、「人間に自由意志がない」とする見解は、一般に受け入れられてはいないといっていいだろう。そこで人間には自由に決定できる意志が

あるとするなら、その意志のもとで行った行為には責任が生じると考えられる。ここで問題になるのは、意志決定が行われる前提としての健全な精神状態である。

　ある人間が犯罪を犯した場合に、その被疑者が犯罪を犯した時点で精神的に問題があったことが示されると、その被疑者には責任能力がないと考えられる[3]。その結果、刑法 39 条によってその罪が軽減される。すなわち、精神障害が原因で犯罪が犯されたと認定されれば、罪が軽くなるのである。このような場合に、当該の被疑者の精神状態を評価するのが精神鑑定である。この精神鑑定には、心理テスト、身体検査をはじめ、家族歴、病歴等々、被疑者についての詳細な検査が含まれている。

　精神鑑定で何らかの異常が発見され、結果的に当該の被疑者の罪が軽くなるというのは何を意味するのであろうか？　罪と責任能力にはどんな関係があるのであろうか。

　その異常な精神状態を作り出しているのは脳の機能不全であると仮定し、「殺人を犯したのは本人の責任ではない。その人間の脳がそうしたのだ」と言ったところで、その脳の所有者は当該の被疑者である。異常状態とその本人とは不可分の関係であるのだから、罪を軽減する必要などあるのだろうか。

　精神鑑定の一連の手続は、犯罪、罪、責任能力等々（他にも関与する要因はあるだろうが）に対応する何かが「在る」ことを仮定している。さらにこのような概念は「人間の心」が在るとすることと深く関係しているであろう。

　責任、責任能力は人間が他の多くの人間と潤滑に社会生活を営むために考え出された、法秩序的な仮説的構成概念である。ゆえに、「責任などというものはどこにもない」と言えば責任というものはないのである。

　そこで、本来ない責任能力というものがあるものと仮定して、ルールを作っていくことは社会的秩序の維持に重要となる。なぜなら、どこかに責任を帰属させることで解決していく社会的問題が多々あり、責任の概念が法的社会秩序の観点からも重要であるからである。

3）　自分の行為の善悪、正邪、是非を判断する能力、およびその判断に基づいて行為する能力を指す（河島、2008）。

そして、誰の目にも納得いく犯罪、罪、責任能力などないのであるからこそ、より普遍的に受け入れられる責任、責任能力の理論的モデルを作り、より良いものに更新し続ける必要がある。つまり、「人間の責任ってこういうものだ。だからみんなで守っていく必要がある」ということを示すことが必要である。

7-3-1　精神鑑定の問題点

　精神鑑定の目的は、当該の被疑者にどの程度の責任能力があるのかを、心理学的な側面を中心に集められたデータから判定することである。ここで判定とは、一連の鑑定結果から当該の人間の心の状態を帰納的に論証し、精神状態についての結論をだすことに他ならない。しかし、ここでの推論は帰納的であるため、仮に根拠となる鑑定結果が正しい場合であっても、その結論は必ずしも正しいとは限らない（第3章 3-2-2 参照）。その上、この種の鑑定で得られる結果が DNA 鑑定レベルの精度で正確であるというわけにもいかない。つまり、帰納的推論結果が 100% 正しいということにはならないのである。したがって、精神鑑定はその厳密性という点で問題が残されている。

　現時点では、「責任能力とは精神鑑定を通して評価されるものである」とするのが理論的仮定である。精神鑑定は、当該の人間の法的な責任能力があるかどうかについて決定するために有力な方法として使われている。しかし、この種の心理学的鑑定（一般的には心理検査といわれている）の信頼性、妥当性は常に問題視されている。精神鑑定に使われる検査についても同様である。

　また、理論的モデルの良し悪しを検討するには、精神鑑定に含まれるすべての項目を理論的に支えている鑑定の補助仮定の列挙が必要となる。つまり、補助仮定とは「これこれ、しかじかの面談、テスト等々をすれば、人間の精神について、これこれ、しかじかのことが分かる」とする仮定のことである。精神鑑定の結果、対象となっている人間の精神状態がわかるとしているのであるから、補助仮定を背景とする鑑定結果を総合的に組み合わせることによって、当該の人間の精神状態が再構築できるとしているのである。

　ところが、この補助仮定をどう設定するのか、また仮定の再構築によって責任能力をどう解釈するかは、研究者により異なることがある。そこで精神科医によって異なる結論が出されることは想像に難くない。

7-3-2　虚偽発言と脳神経科学

　裁判での被告人や原告に対する喚問において、その発言内容の真偽が問われることがある。この際の真偽を、どのようにして判断するかについてさまざまな手法が用いられてきた。虚偽の検出には、発言の、①言語的側面を重視した供述妥当性分析、リアリティ・モニタリング、科学的内容分析が知られている。また、②非言語的側面に注目した虚偽判断を理論的モデルとして示したものとしては、漏洩仮説、4因子理論、自己呈示理論、対人的虚偽理論などがある。③心理生理学的指標を用いて虚偽の検出をするものとして、ポリグラフを使用した方法がある。さらに、脳の活動を検出することにより虚偽について考察するものとしては、④事象関連脳電位や、⑤脳画像イメージングを用いたものがある（Granhag, et al. 2015）。最近では、脳へ直接磁気刺激を与えその反応を知見とする⑥ Transcranial Magnetic Stimulation（TMS）という方法も報告されている。本章は近年目覚ましい発展を遂げつつある脳神経科学と法に話の焦点を当てていることもあり、③から⑥を取り上げる。

⑴　ポリグラフ（心理生理学的指標を利用した嘘発見器）

　ポリグラフとは、被疑者が嘘をついているかどうかを検討するための手段として、複数（poly）の自律神経系の生理反応を同時に計測する手法のことを指す。人間が嘘をつく際には情動反応が起こると考えられており、その心理状態と相関すると考えられている生理学的指標を手がかりに、被疑者の虚偽性を検討するという考え方である。生理学的指標とは、呼吸、心拍、皮膚電気反応、血圧などである。皮膚電気反応は、嘘をついている間に、汗腺の働きによる皮膚の電位に変化が生じることを利用している（中島ほか、2005）。嘘を直接感知することはできないため、これらの指標を使って間接的に嘘についての推測をするものである。

　ポリグラフを使用して嘘を発見する際に、注意する点がある。第1に、ポリグラフを装着して検査を行うこと自体がストレスをもたらすため、検査を受けるだけで、一般の人であっても生理反応が生じる。このような結果は冤罪につながる可能性がある。そこで、ポリグラフを使用する場合には、有罪知識検査を使用する。この検査では、事前に調査しておいた犯罪に関係する項目と、そ

れとは無関係な項目を混ぜた質問を多数用意し、それをランダムに繰り返し提示する。無実の人でも犯罪に関係する項目に反応する場合はあるが、犯人であれば犯罪に関係する項目には常に反応すると考えられている。

第2に、有罪知識検査を用いる場合でも、当該の犯罪に関する記憶がなくなっている場合には生理反応も出ない。また、故意に力を入れたり、提示された項目と関係ないことを考えると反応に変化が生じるとされる。したがって、ポリグラフと科学的手法の併用が必要である。これについては後に触れる（中島ほか、2005）。

コラム2

言語の生物学的基礎

人間の脳と心の関係を直接に扱ってきた脳科学に、神経心理学と呼ばれる分野がある。この分野では、一方で患者の脳の損傷部位を MRI（磁気共鳴画像）などを使って特定する。もう一方で、同患者が示す臨床的症状や実験的に観察される症状を明確にする。この両者を照合することで、脳のどの部分にどのような高次機能が定位されるかを検討する。この分野は一般に神経内科医や心理学者が研究をしており、患者の予後の判定や治療などに寄与している。

神経心理学で扱われる症状は、言語、認知、行為、記憶など広範にわたる障害として

図3　失語症の分類（○：比較的症状が軽い　×：比較的症状が重い）

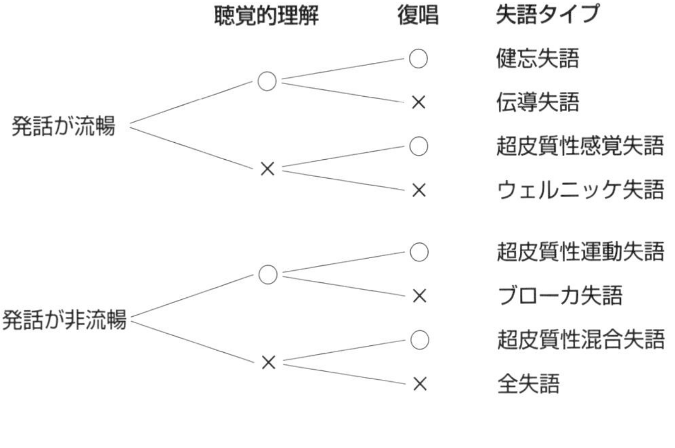

	聴覚的理解	復唱	失語タイプ
発話が流暢	○	○	健忘失語
		×	伝導失語
	×	○	超皮質性感覚失語
		×	ウェルニッケ失語
発話が非流暢	○	○	超皮質性運動失語
		×	ブローカ失語
	×	○	超皮質性混合失語
		×	全失語

現れる。その一例として、言語の障害である失語症を取り上げてみる。他の高次精神機能と同様、言語も脳がその生物学的基礎を担っている。そのため、脳が物理的に損傷（脳挫傷、脳内出血、外傷等々）を受けると、言語にもさまざまな障害が発生する。たとえば、左半球前方（前頭葉）の下部が損傷されると、ブローカ失語という症状がでる。ブローカ失語では、聴覚的な理解は比較的保たれるものの、発話速度が遅く、発話開始が困難になり、発話される内容は助詞などが欠落してしまう。一方、側頭葉の後部が損傷されると、ウェルニッケ失語と呼ばれる症状がでる。この失語症では、聴覚的理解が顕著に障害され、発話は文法的には正常であるが、発話内容は無意味になることが多い。

　患者の症状の観察を基礎にして分類すると、失語症は大きく8つに分類可能である（**図3**参照）。復唱とは検査者が言った言葉を患者に繰り返して言ってもらうことをさす。

(2)　**事象関連脳電位**（Event-related potential, ERP）

　事象関連脳電位（以下、ERP）とは、脳に外から与えられる刺激（生体に何らかの反応を引き起こす入力の総称）によって生じる感覚や、注意、記憶などの心的な活動に対応して脳内に生じる一連の電位変化を指し、それは脳波で表現される。ERP が虚偽検出との関係で特に研究されているのは P300 と呼ばれる脳波形である。刺激が突然に変化したり、それに注意が向けられた時には潜時（刺激が提示され反応が起こるまでの時間）が約 300 ミリ秒の正の電位成分が出現する。この脳波の振幅は刺激がくる確率に応じて変動するので、心理的な予測や判断と関係するとされている（中島ほか、2005）。

(a)　**有罪知識検査**と P300

　P300 は有罪知識検査との関連で使われている。有罪知識検査とは、被疑者が当該の犯罪の知識を隠蔽しているかどうかを探る検査である。たとえば、有罪知識検査では、犯人だけが知りうる内容で、無実の人は知らない内容を多数提示する。これを提示された無実の人は内容を知らないため、検査ではランダムに反応するはずである。一方、犯人は内容について知っているため、有罪項目には最も大きい反応を示すと予想される。従来は、この反応が、皮膚電気活動、血圧、呼吸などの自律神経系の指標に反映すると仮定され、虚偽検出に使

4）　強い刺激や精神活動、情緒などに伴って生じる皮膚の電気的変化で、皮膚上2箇所の電極を通じて流す弱い電流の変化として捉えられる（東ほか、1973）。

われていた。有罪知識検査はこの自律神経系の反応を指標にしており、これらの指標に代わって P300 が検査に使用されるようになってきた。

　P300 を使用する場合の補助仮定は、次のようになっている。前述の通り、刺激が突然に変化したり、それに注意が向けられた時には、潜時が約 300 ミリ秒の正の電位成分が出現することを事実とする。そして、これを背景に、有罪知識項目数を、非有罪項目数より少なくして被験者に提示する。そうすると、犯人であれば有罪知識項目により敏感に反応するであろうと仮定している。

　ERP が自律神経系の指標より優れている点は、反応潜時にある。自律神経系の有罪知識検査では、自律神経の反応が生じるのに数秒要し、反応がベースラインに戻るまでにさらに時間（30 秒程度）がかかる。一方、ERP では、CRT（コンピュータの画面）に短時間提示される刺激によって誘発される電位は、刺激提示から数ミリ秒以内に出現し、2 秒以内にベースラインに戻る。

　自律神経系の有罪知識検査と ERP の測定にかかる時間的相違は、測定を妨害する被験者の行為を阻止する点で意味がある。自律神経系有罪知識検査では、被験者は質問に対して「いいえ」と答えるように教示される。刺激と反応の間が長い自律神経系の有罪知識検査では、質問内容とは無関係に、機械的に「いいえ」と答えられるものであり、この場合、有罪情報が刺激として持つ意味が半減してしまう。さらに反応潜時が長くなると、刺激に対して意識的に反応を強めることも可能となる。心理学的にいう剰余変数が実験に介入することを指している。

　一方、ERP を使用する場合には、被験者に対して、できるだけ速く反応するように要求できるため、測定を妨害することがより困難になる。仮に妨害するような反応をしても、それが脳波のタイミングや波形の違いになって現れると仮定されているし、反応時間の分布が変化すれば、それが妨害行為による結果と解釈することが可能である。これらの解釈が合理的であると考えられている（Granhag, et al. 2015）。このように自律神経系の有罪知識検査と ERP では反応潜時に大きな相違があり、その相違が本来測りたい対象の測定妨害の阻止につながっている。これにより、P300 と有罪知識検査を合わせて使用することが虚偽についての検出力を高めることになると期待されている。

　P300 と有罪知識検査を使用する場合、考慮すべきは次の区別である。虚偽検出検査に使用される項目が事前にわかっていて、その検査を使用することを事前に意識して、証拠や、犯罪にまつわる情報収集をする場合と、すでに終了している捜査データから使えそうな資料を使う場合の 2 つである。前者のスタンスで P300 と有罪知識検査を使用する場合、その有用性は大きくなるであろうが、後者は同時にバイアスもかかりやすい。

7-4　ニューロ・イメージング（Neuroimaging）

　一般にニューロ・イメージングと呼ばれるものには、MRI（磁気共鳴画像）、fMRI（機能的磁気共鳴画像 functional Magnetic Resonance Imaging）、PET（陽電子放射断層撮像法 Positron Emission Tomography）、MEG（脳磁図 Magnetoencephalography）、経頭磁気刺激法（TMS：Transcranial Magnetic Stimulation）などが知られている。

　fMRI（機能的磁気共鳴画像）とは磁気共鳴を利用して血流動態を視覚化することで、脳の活動を捉えようとする手法である。血液中のヘモグロビンにより酸素が脳内へと送られる。そして何らかの神経学的活動が脳内で生じると、その活動個所付近において酸素が消費される。

　つまり、神経活動が生じている部位付近の毛細血管内でヘモグロビンが酸素を活動部位の組織に渡すことで、酸素を消費した脱酸化ヘモグロビンが増加する。脳活動は酸化ヘモグロビンと脱酸化ヘモグロビンの動態を神経活動の表れと仮定している。fMRI は局所的に起こる酸素の消費の程度と神経活動との関係を通して、当該部位における神経活動を推測しているのであり、神経活動自体を直接見ているわけではない。また、fMRI は空間解像度には優れているが、時間解像度の精度が高くない。

　PET（陽電子放射断層撮像法）は、陽電子（＋に荷電した電子）を放出する核種により標識された化合物を用い、陽電子が陰電子と脳内で結合する際に発するガンマー線を計測することにより、脳内の神経学的活動を捉えようとする手法である。分子の動態を通して、生理的機能や病態に関連した空間的および時

間的な変化を明らかにするイメージング法である。また、局所脳血流（rCBF）や局所糖代謝率（rCMRglc）を測定することによって脳機能検査にも応用されている。また、神経伝達物質の受容体や合成酵素など、分子の機能に基づいた脳の神経化学的な側面を、定量的かつ高感度に評価することに長けたイメージング法でもあり、近年では、アルツハイマー病の早期診断や治療薬の開発にも利用されている。PET は時間解像度は優れているが、空間解像度の精度はあまり高くない。https://bsd.neuroinf.jp

　MEG（脳磁図）：脳は電気化学的であり、脳が活動すると微弱な磁場が発生する。MEG はその磁場を検知することで脳の電気現象を捉え、脳活動を推測する手法である。脳活動の一部は、神経的情報を伝達する際、シナプス（神経細胞間の接点）に発生する電気的現象（シナプス電位）によって担われている。従来の脳波のような計測法では電気的信号が弱いため、その信号の発生部位の推定が困難であった。一方、電気現象によって発生する磁場は電気信号が強く、その信号の発生部位をうまく捉えることができる。http://www.clinical-meg.org/meg/application/

7-4-1　虚偽検出・精神障害鑑定とニューロ・イメージング

　被疑者の虚偽検出や精神障害鑑定をするために、ニューロ・イメージングが使用されてきている（Spence, et al. 2001）。ニューロ・イメージングの手法は、従来の生理学的指標を用いて虚偽を検出するより、直接的に測定できると考えられている。ここでは fMRI が虚偽検出に有効であるとしている Langleben, et al.（2005）の研究についてまとめる。

　手続：26 名の男子学部生を対象に、次の実験を行った。彼らは有罪知識検査の修正版を使用した。実験参加者に、トランプカードを写真にとったものを疑似無作為順で連続的に提示した。カードは、(1)偽、(2)真、(3)繰り返し提示される同一の妨害カード、(4)そのつど変化する妨害カード、(5)無意味刺激（カードの裏側）の 5 つからなっていた。

　実験参加者は 2 枚のカードと 20 ドルが入った封筒を手渡された。そして fMRI で脳画像を撮っているとき、そのうちの 1 枚は所持していることを否定し、かつもう 1 枚のカードを所持していることを認めるよう教示された。実験

参加者は、もし fMRI 撮影の間、実際は所持しているが所持していないと嘘を通しつづけられたときだけ 20 ドルを獲得できるといわれた。実験参加者は各質問に対して可能なかぎり正確に、正しく答えるよういわれた。

結果（行動データ）：刺激グループ(1)から(4)における正答率と反応時間のそれぞれにおいて統計的に有意な差があった。11 人の実験参加者は課題の間、真のカードに注意を集中することを意識的にしたと報告しており、他の 11 人はなんら方策をとっていないと報告した。この 2 つのグループにおける正答率と反応時間には統計的有意差は観察されなかった。

結果（fMRI データ）：ここでは本題と関係する中心的脳部位についてのみ言及する。実験参加者が上記カードへの虚偽真実に関して反応している際に活性する脳部位の中心[5]を比較した結果、虚偽と関連する脳部位は左・右下前頭回、右中前頭回、右縁上回であった。また、虚偽よりも真に有意に強く反応した脳の中心部位は、両側下頭頂小葉であり、そこからさらに前中心回、上側頭小葉、そして楔前部へと伸展していた。

これらの結果から、Langleben らは、強制選択課題において虚偽と真実を正確に分類することが可能であるとした。この高い分類制度により fMRI を用いた虚偽検出システムの実現性が確認できたとしている。

7-4-2　fMRI の虚偽検出の再現性と妥当性

証拠能力を判定する上で、fMRI 研究結果の再現性（信頼性）、妥当性は重要な評価項目である。信頼性については追試による検討がある。

Kozel, et al. (2005) は先行研究の追試を行い、結果の一貫性についての確認をした。実験参加者は MRI 撮像中に真実または虚偽内容を報告するように教示された。(1)虚偽に関係する脳画像から真実に関係する脳画像の差分（または、(2)真実に関係する脳画像から虚偽に関係する脳画像の差分）を検討した。(1)の結果から、右眼窩前頭皮質、右下前頭皮質、右中前頭皮質、帯状回、それに左中前頭皮質の活性が認められた。(2)の結果からは有意な活性部位は確認されなかっ

5）　一般に、3 次元画像におけるある一連の連続した部分内の重心を指す。その部位が球体や立方体、直方体などであれば中心座標が決まるが、変形した楕円などの場合は中心が定まらないため、重心位置をある広がりの中心であると仮定することもある。

た。このことから、MRI は虚偽に関する研究に使用可能であると結論づけた。追試の対象となったオリジナル研究のデータの再現の正確性（86%）の値は、オリジナル研究のデータセットで見られた値（90%）と近いものであった。しかし、類似するパラダイムを使用した複数の実験結果の一致度が低い（69%）ものも報告されている（Kozel, et al. 2009）。追試における再現性には相当のばらつきがあり、現時点での信頼性が確保されているとは言い難い。

　Abe, et al. (2007) は fMRI を用いて真の記憶、偽の記憶、それに詐欺の3つが区別可能であるかを28人を対象に検討した。60の意味的関連語のリストが用意された。実験参加者は最初の1つのテーマからなる40語の単語を聞き、その後、提示される語が以前に見たものか、意味的に関連しているが以前に見ていない語（偽再認用の刺激）か、意味的に関連のない新規な語かを判断するように教示された。

　この実験から3点が明らかになった。Abe. らの解釈は次のようであった。第1に、2つのタイプの詐欺（知っているふりをする場合と、知らないふりをする場合）は前前頭葉が関与していた。これは実行機能が前頭葉にあり詐欺行為とリンクするという考え方と一致していた。第2に、正しい再認と偽再認は左の側頭・頭頂領域と関係することが判明した。これは、この領域が聴覚的に提示された語の符号化に関与しているからであると考えられ、かつ、感覚再活性仮説と合致していた。第3に、左の前前頭葉皮質が正しく拒否する場合と、偽再認に比べて知っているふりをする場合に活性することがわかった。一方、正しい拒否と知っているふりをする場合に比べて、偽再認の時に右前方海馬が活性した。これらの結果から、実験参加者が知らないはずの新規な事柄について知っていると反応しているにもかかわらず、Abe. らは fMRI によって詐欺と偽記憶の違いを脳の活動から検出することが可能であると示唆している。

　Abe. らが自ら指摘していることではあるが、この研究の問題点、限界点は以下のようにまとめられる。まず、「知らないふりをする場合」と実際に「忘れてしまっていること」の差が、今回の実験からは分析不可能であることである。実際に経験しているにもかかわらず「知らない」と反応するような状況は犯罪に関する証言場面でも観察されるため、この2つの間の違いを脳活動レベルで捉えることは重要であり、意義がある。第2に、実験参加者の成績が比較

的低く、推測効果が結果に影響している可能性がある。実験パラダイム上の工夫がさらに必要であろう。第3に、妥当性の問題が指摘される。実験室実験において詐欺に関するシミュレーションは、現実的場面の詐欺と同じものと見ることはできない。もっとも、このことは本研究に特異的に生じることではなく、科学的実験一般に通ずるものではあるが。

このようによく引用される代表的先行研究を外観すると、fMRI を使って虚偽検出をしていく際の信頼性、妥当性については、さほど高いレベルには達していないことが伺える。fMRI の妥当性については、Granhag（2015）、Logothetis（2008）が批判的まとめをしている。

コラム3

純粋失読と視覚・言語離断症状

「自分で今書いたばかりの文字が読めない」というようなことが起こりうるだろうか？ この読みの不思議な現象は、純粋失読（pure alexia）と呼ばれる神経心理学的症状として知られている。

この症状が発生するメカニズムは、神経学的事実の組合わせだけで説明が可能である。その神経学的事実とは以下の3点である。まず、①脳は左半球と右半球に別れていて、その2つは脳梁と呼ばれる場所で結合している。この脳梁があるので、左右半球にある情報の行き来ができる。②神経の一側性交差性支配。これは右半球は体の左半分を、左半球は体の右半分の神経を支配していることを指す。つまり、右手を動かす場合は、その運動司令は左半球の運動野という部位から出される。また、左手で触れた感触は、右半球の体性感覚野という場所に入ってくる。つまり、運動面も感覚面もともに一側性で交差的に支配されている。視覚的情報処理も同じである。③言語野は左半球にある。人間の言語（文字言語を含む）は言語野という場所によって司られている。この言語野は右手利きの人の場合、9割以上左半球にあるとされている。

純粋失読という症状を呈する人の脳の病変部位（2箇所）を**図4**で確認してみる。1箇所は左後頭葉視覚野の内側（より脳の中心に近い部位）と、もう1箇所は脳梁の後ろの方（脳梁膨大）である。脳梁膨大という部位は、一方の半球にある文字情報が他方の半球に伝達される際に通過する場所とされている。

左後頭葉視覚野の内側が損傷されると、両目の右視野（図中のA）が見えなくなる。つまり、真正面を見ている場合、両目の右半分が見えなくなる。見えるのは左視野（図

中のB）だけである。左視野に提示される文字（B）は、②一側性交差性支配によって両目の右側網膜に投射され、視神経、外側膝状帯を経て右半球の後頭葉視覚野に入ってくる（B1）。この文字を読む場合、つまり視覚的に入力された文字情報を音声言語情報に変換するには、その文字を言語野のある左半球に伝達する必要がある。右半球にある文字情報を左半球に送るには、①脳梁膨大を通過しなくてはならない。ところが、純粋失読の患者では脳梁膨大部が損傷されているため、文字情報が右半球から左半球へ通過できない。つまり、右半球の視覚野で、文字Bはちゃんと見えているが、それが言語野とつながらないため、結果的にその文字を音読することができない現象が生じる。これを視覚・言語離断症状という。文字が見えていても読めないことがあるのである。自分で書いた字でも読めなくなるのが特徴である。

図4　純粋失読症状を呈する脳

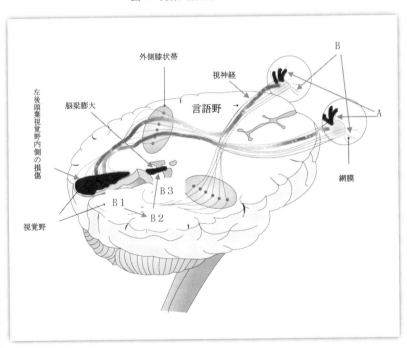

https://www.rewiring-neuroscience.com/retina-of-memory-we-caught-breeze-after/ より引用し、加筆している。

7-4-3 経頭蓋磁気刺激法（TMS: Transcranial Magnetic Stimulation）

経頭蓋磁気刺激法（TMS）は、脳に刺激を与えることにより脳の活動をみる非侵襲的な方法である。局所的に磁界を発生させるコイル内の急速に変化する電流を使用する。刺激を頭皮にあてると、磁界が一時的に局所的な皮質の情報処理を妨害し、神経活動に一時的な変化をもたらす。この一過的な干渉効果により、短時間の仮想病変が作られる。ここから得られるデータを元に、脳と行動との関係についてのメカニズムの因果関係に関する推論をする。この種の因果推論が可能であるという点は、たとえば、機能的磁気共鳴画像法（fMRI）または陽電子放射断層撮像法（PET）などのニューロ・イメージング方法とは異なる、TMS の主要な利点の 1 つである。神経活動と行動を関連づけるニューロ・イメージング技術とは異なり、TMS は神経情報処理を混乱させることで行動への影響を測定する。この意味では、伝統的神経心理学的症状を示す脳損傷患者の分析と類似する。(Magdalena, et al.) (https://www.jove.com/video/51735/?language = Japanese)

磁気パルスが一度照射される単一パルス TMS では、ある情報を処理している間に 1 パルスが 40〜60 ミリ秒持続する神経活動の乱れを引き起こす。これは処理過程の厳密な測定を可能にする (Brasil-Neto, et al. 1992)。単一パルスでは観察できない対象には、反復経頭蓋磁気刺激法（repetitive TMS: rTMS）が使われる。この手法では連続パルスを高速に照射することで神経処理過程に十分な攪乱が生じる (Rossini et al. 2010)。rTMS を長時間使用すると時間分解能はTMS より低下する。そのため、TMS と rTMS は相補的に使用されている。

(1) 経頭蓋磁気刺激法を使用した虚偽検出

近年、TMS を使用した虚偽検出に関する一連の研究では、背外側前頭前野が虚偽に関与していることが示唆されている。これらの研究では虚偽に関する行動が、主に模擬盗難や問題となっている物品の再認否定などに焦点が当てられてきた。

しかしながら、犯罪的には、特定の文脈に依存しない虚言癖や、虚言への依存傾向が、脳の特定部位の活動といかに関係するかはまだ検討されていない。そこで、Karton and Backmann (2011) は、自発的虚言癖が TMS によって変化

するかどうかを検討した。彼らは被験者に、パソコン画面上の円盤の色をその通りに報告する場合と、嘘の報告を自由に答えるように教示した。そして、正しい答えに固執する傾向が背外側前頭前野への刺激によって操作されることを示した。その結果、右半球への刺激では虚言が減少したが、左半球への刺激は虚言を増大させた。これにより虚偽報告をするかどうかは、脳への刺激によって多少なりとも影響されうると考えられた。

　Karton and Backmann (2011) の報告は、先行研究の結果とも一致している (Chris, et al. 2009)。しかしながら、この研究には問題点も指摘されている。たとえば、虚偽率の差が両側の背外側前頭前野間の差ではなく、統制条件である左右の頭頂葉間で認められている点である。左右の背外側前頭前野間の差は認められていない。経頭蓋磁気刺激法を使用した虚偽と特定脳部位の活動については明らかにされていないことが山積しているのが現状である。

7-5　裁判所が採用する科学的証拠の基準

　ここからは、Farah (2010) で触れられている脳神経科学とその証拠能力について紹介する。

　米国では、2種類の科学的証拠能力の基準が用いられている。両者とも当該の見解が使用されたケース名で呼ばれている。1つはFryeと称する基準であり、当該の科学分野において一般に受け入れられている理論や方法論に関する科学的証言だけを認める基準である。もう1つはDaubertの基準であり、これはFryeの基準が用いている「一般に受け入れられている」という考え方との関係は議論されている。Daubertの基準では、専門的証言の信頼性と科学的妥当性の評価権限を裁判官に与えるというものである (Farah, 2010)。つまり、何をもってして証拠能力とするかは、ある特定の裁判官の個人的裁量にかかっている。個人的裁量とはいえ、ダウバート (Daubert) 判決には、科学的方法によるものといえるか、当該専門領域の科学者の間で一般的に受け入れられているか、査読制の専門学術雑誌等に発表された成果か、十分に検証されているか、誤差は十分に小さいか、純粋に学術研究か本件訴訟で使うための研究だったか、などの判断指針が示されている。これを受けて連邦証拠規則が改正されている。

Frye 基準によって証拠能力がないとして却下されたあるケースでは、被告人側は PET scan の画像と精神鑑定結果を証拠として利用しようとした。そして、そのケースは脳損傷により前頭葉の機能が低下したため、第一級殺人を計画するに必要な計画性のある意図を形成することは不可能であったと主張した。しかしながら、PET の証拠はまだ一般的に受け入れられていなかったので、これは証拠採用されなかった。また、同様のケースでは、第二級殺人を犯した被告人は、判事が彼の SPECT [6] の証拠を、適切に採用しなかったことについて追及した。それによると、彼は脳障害のために左側頭葉の活動が低下しており、そのために母親と妹を殺害したとした。しかし、判事は PTSD と脳障害を診断するために SPECT を使用することは時期尚早であるとし、被告側が提出した証拠は、その科学的証拠が一般的に受け入れられていないとして裁判所を満足させることはできなかった。しかしながら、一方で、脳画像イメージが証拠として認められているケースもある。

　脳画像イメージが証拠として認められた事例として People v. Jones のケースがある。このケースでは、被告人が殺人を犯したのは脳損傷によるものであり、そのため迅速に柔軟に考える能力と、リスクを感知する能力が損なわれていたとすることを支持するための神経学的検査を受けることが許されなかったことを理由に、殺人に関する裁判に逆転勝訴した（Farah, 2010）。

7-5-1　有罪・無罪の決定と脳画像診断結果

　被告人は、犯罪責任がないことを裏付けるために脳画像診断を証拠として提出する場合がある。これによって、責任免除や刑を軽くする権利があるとするものである。陪審員の前で、この種の証拠を使用した被告人もいる。しかし、このアプローチは成功しているとはいえない。このような文脈では、脳画像診断結果を無罪の証拠として使用する際、それが成功するかどうかを計る物差しを作るのは簡単ではない。つまり、有罪判決の回避や責任免除というよりは、罪状を軽くするための弁解程度に止まっているのが現状である。いずれの場合においても、脳画像診断結果が、犯罪意図、犯意を否定するための証拠として

---

6 ）　Single photon emission computed tomography（単一光子放射断層撮影）の略。ごく微量の放射性物質（RI：ラジオアイソトープ）を含む薬を体内に投与して脳内の状態を画像化する検査。

提示されるケースが顕著であり、また数的にも増大している（Farah, 2010）。

　ある銀行において虚偽の発言をした被告人が、裁判所は自分が証拠を出す機会を妨げており、その証拠の脳画像によれば、当該の銀行に影響を及ぼすような責任能力のある精神的正常状態ではなかったとしている。このケースでは、裁判所は、この被告人は虚偽発言の意図はなかったことを証明するために、脳画像診断の証拠を出す権利があるとした。そのため、被告人の有罪判決は覆った。同様に、元 United Way 幹部の William Aramony は、脳萎縮があることを脳画像診断データによって訴え、公金横領を犯すために必要条件とされる故意の条件を満たすことはできないと主張している。これによって罪状申立てについての交渉が可能となった。

　脳画像診断の結果が否定されているケースの報告もある。Anderson の場合は、脳損傷によりもたらされた鬱とパラノイアが、その行為を事前に検討することを妨げたために犯した第一級殺人の犯罪を正当化するに値するとした。しかし、陪審員は有罪評決を出している。Mezvinsky は詐欺を働く能力がなかったことを PET scan によって示そうとしたが、これも却下されている。

　精神異常という理由により有罪ではないと主張する根拠として、脳神経画像がその証拠として導入された例がある（President Council on Bioethics Staff cited in Farah, 2010）。レーガン大統領の暗殺未遂をした被告人（Hinckley）は、脳萎縮の CT 証拠を提出している。弁護側の神経科医学者は萎縮の程度は異常であり、脳損傷がある可能性を示した。弁護側のもう１人の証人である精神科医は、証拠は被告人が統合失調症にかかっていた可能性があることを証言した。裁判所は最終的に、この証拠を認めた。もう１つのケースの被告人（Weinstein のケース：妻を絞殺した）の裁判では、PET 所見を証拠として用いた。この所見は、前頭葉にあるクモ膜嚢胞周辺における脳の機能低下があることを示していた。この証拠は、被告人が精神異常のために犯罪責任能力がないとする有効な証拠として出された。検察側はこの証拠が無効であるとして反対し、その証拠を除外するよう求めた。裁判官が、この証拠には証拠能力があると決定して間もなく、原告側は司法取引の交渉に入り、過失致死罪へと刑が軽減された。検察側が脳神経画像は陪審員を説得するであろうことを配慮したと推測できる。

　統合失調症とそれに関連する病理と生物学的に相関することがらを、神経学

的に検査することが可能になるに連れて、次第に、被告人がそのような検査結果を証拠として有効なものとして提示するようになっていくであろう。

7-5-2　処罰・刑罰の執行と脳画像診断

被告人が脳画像診断を証拠として使用し、無罪放免になったというケースは多くないが、被告人がある程度懲役刑を軽減してもらうためには機能している。たとえば、罪を軽くするための懇願において寛大さを引き出すために、このような証拠が導入されるようになっている（President Council on Bioethics Staff cited in Farah, 2010）。

MRI、PET の証拠により死刑の罪を免れたケースがある。1983 年 4 月、Pirela 氏は殺人罪のため死刑の判決を受けた。同氏は同年 5 月にこれとは別の犯罪のため死刑の判決を受けている。しかし判決が無効になり、懲役の再審がなされる際に、弁護士が MRI、PET を使用し、被告人には脳の障害があり、精神障害のために犯したものであるとし、罪状の軽減を訴えた。これにより陪審員は、2004 年に死刑ではなく終身刑への変更を全員一致で推薦している。Pirela 氏のもう 1 つの殺人についても同じ判決となった。このとき、脳画像データとともに神経心理学者からの証言も合わせて提示された。これは説得性があった。

同様なケースとして Borg のケースでも、被告人が統合失調症にかかっていることの証拠として、PET の画像が罪を軽減するために使われている。このケースも、死刑から終身刑に変わっている。判決後のインタビューで陪審員は、被告人の人生を守るためにこの脳画像所見に影響されたと言っている。

量刑判断の段階において、脳画像所見を提示できなかったのは審理過程における誤りであるとしたケースがある。フロリダの最高裁は被告人の死刑判決を無効とし、本件を下級審での再審理に戻した。これにより、被告人は脳の異常を示すための PET を提示する機会をえた。

これとは反対に、脳画像が刑罰の軽減にうまく使われなかったケースもある。たとえば、Kraft のケースである。被告人は 16 件の殺人と他の犯罪を犯していた。被告人は罪状軽減のために PET を用いている。それは専門家から強迫的障害として診断されたものだったが、陪審員はこの証拠に納得しなかった。そして被告人は死刑判決となった。他の同様な事例もある。

懲役刑を決定するプロセスにおいて、検察側が将来的に脳画像データを使用することになるかもしれない。その場合は、麻薬やアルコールへの執着、被告人が将来的にも危険性がある等の否定的な要因を証明することにより、さらに重い刑を要求したり、執行猶予を取り消したりする場合に有効に働く可能性がある。現時点では、脳画像データが執行猶予の適切性を吟味するために使われたケースは知られていない。

7-6　脳神経科学的知見の証拠能力の現状のまとめ

ここで概観したように、現時点では、虚偽発言の証拠として脳神経科学的知見を用いるのには限界がある。神経科学的知見を裁判の判決における証拠として使用するには慎重であるべきである。今後、この問題を解決するには、虚偽発言の認知神経心理学的知見の蓄積、およびより洗練された脳神経科学的説明理論モデルの構築が必要であろう。

《参考文献》

Abe, et al. (2007) Deceiving others : Distict neural responses of the prefrontal cortex and amygdala in simple fabrication and deception with social interactions. Journal of cognitive neuroscience, 19 (2) 287-295

Blakemore, et al. (2000) Blakemore, S. J., Wolpet, D., and Frith, C. Why can't you tickle yourself ? Neuroreport.Vol.11, No 11

Brasil-Neto, et al. (1992) Brasil-Neto, J. P., Cohen, L.G., Panizza, M., Nilsson, J., Roth, B. J., & Hallett, M. 1992 Optimal focal transcranial magnetic activation of the human motor cortex: Effect of coil orientation, shape of the induced current pulse, and stimulus intensity. Journal of Clinical Neurophysiology, 9 (1) 132-136

Chris, et al. (2009) The contribution of prefrontal cortex and executive control to deception : Evidence from activation likelihood estimate meta-analyses. Cerebral Cortex, 19 (7) 1557-1566

Farah. M.J. (2010) Neuroethics An introduction with readings. MIT Press, 2010 Cambridge, Massachuestts.

Granhag, et al. (2015) Granhag, P.A., Vrija, A. & Verschuere. B Detecting Deception : Current challenge and cognitive approaches. John _Wiley & Sons. Ltd.　邦訳（荒川歩＝石崎千景＝菅原郁夫 監訳）『虚偽検出』（北大路書房、2017）

Jeannerod, M.（1994）The representing brain : Neural correlates of motor intention and imagery. Behavioral and Brain Sciences, 17, 187-245a

Karton, I., & Backmann, T.（2011）Effect of prefrontal transcranial magnetic stimulation on spontaneous truthtelling. Behavioral Brain Research. 225（I）, 209-214

Kozel, et al.（2005）Functional MRI detection of deception after committing a mock sabotage crime. Journal of forensic Sciences, 54（1）, 220-231

Kozel, et al.（2009）Can simultaneously acquired electrodermal activity improve accuracy of fMRI detection of deception? Social Neuroscience, 4（6）510-517

Langleben, et al.（2005）Langleben, D.D., Longhead, J.W., Bilker, W.B., Ruparel. K., Childress, A.R. Busch, S.I. and Gur, R.C. Telling truth from lie in indivisual subjects with fast event-related fMRI. Human Brain Mapping, 26（4）262-272

Libet, B.（2004）Mind Time The temporal factor in consciousness Harvard University Press 邦訳（下條信輔訳）『マインド・タイム―脳と意識の時間』（岩波書店、2005）

Logothetis, N.K.（2008）What we can do and what we cannot do with fMRI. Nature, 453, 869-878

Magdalena, et al. Magdalena W. Sliwinska[1], Sylvia Vitello[1], Joseph T. Devlin[1]
　因果脳行動の関係とその経時変化を調査するための経頭蓋磁気刺激
　1）　Cognitive, Perceptual & Brain Sciences, University College London

Petoft.A.（2015）Neurolaw : A brief introduction Iran J Neurol. Jan 5 ; 14（1）: 53-58.

Rossini, et al.（2010）Brain and behavior relations: Transcranial magnetic stimulation : A review.IEEE Engineering in Medicine and biology magazine, 29（1）84-95

Spence, S.A., et al.（2001）Spence,S.A.,Farrow,T.F.D., Herford.A.E., Wilkinson.I.D., Zheng.Y.,& Woodruff.P.W. Behavioral and functional anatomical correlates of deception in humans. Neuroreport, 12, 2849-2853

東ほか（1973）東 洋＝大山 正＝詫摩武俊＝藤永 保 編『心理用語の基礎知識』（有斐閣）

居永正広（2013）「心脳問題と人間的自由―リベットの実験とディネットの解釈について」現代生命哲学研究2号 23-36頁

乾 敏郎 編『認知心理学1 知覚と運動』（東京大学出版会、1995）

河島一郎（2008）「責任の有無は脳でわかるか」信原幸弘＝原塑 編著『脳神経倫理学の展望』（勁草書房）

信原幸弘＝原塑 編著『脳神経倫理学の展望』（勁草書房、2008）

鈴木秀憲「自由意志と神経科学―リベットによる実験とそのさまざまな解釈」科学基礎論研究40巻1号（2012）27-42頁

中島ほか（2005）中島義明＝繁桝算男＝箱田裕司 編『新・心理学の基礎知識』（有斐閣）

福士珠美（2008）「脳神経倫理学の展開―成立からの経過と展望」信原幸弘＝原塑 編著『脳神経倫理学の展望』（勁草書房）

第8章

情報刑法―序説

西貝　吉晃

──プロローグ

B君：情報って、分かったようで分からないものだよね。法の分野では、特
　　　許権、著作権、意匠権、商標権などいろいろな法制度が対象としているも
　　　のだよね。

Aさん：『広辞苑』によると「(1)あることがらについてのしらせ (2)判断を下
　　　したり行動を起こしたりするために必要な、種々の媒体を介しての知識」
　　　とあるわ。ますます、何のことか分からなくなっちゃうわ。

B君：情報化社会というのは、コンピュータとそれをつないだインターネッ
　　　トでもたらされた社会のことだから、コンピュータ上で行われている処理
　　　を考えるといいかもしれないね。

Aさん：電子メールなら、まず私の頭の中で何か考えたり感じたりして、そ
　　　れを人間の言葉で表現して、電子メールのソフトに自然言語で書き込むわ
　　　ね。

B君：送信ボタンをクリックすると、メールの内容である文字列が、ネット
　　　で送信できる電子的な状態になってサーバに送られるんだと思う。確か、
　　　メールで送信できる電子記号はテキストと呼ばれる符号の電子記号だけで、
　　　添付ファイルの送受信は、バイナリのファイルをテキストに変換して送っ
　　　て、受信した側が元のバイナリに戻しているんだったと思う。

Aさん：受け取ったら、その電子記号はハードディスクとかクラウドとかに
　　　保存されるのでしょう。ハードディスク上では電磁的な強弱として保存さ
　　　れ、それを読み出すときにゼロと1に分けてるんだったと思うわ。

B君：受信者がそれをメール・ソフトに読み出させて、モニターに表示させ

て、液晶上の明度と色の模様を人間が文字として読み取るわけだ。そして、頭の中に送られてきた事柄を再構成する。

Ａさん：送信者の頭の中でできていた内容と、受信者の頭の中で再構成された内容とがある程度以上対応しているとき、コミュニケートできたということになるんでしょ。人生経験も知識も知能も人柄も違う人同士だと、同じ言葉でも与える意味や感じ方が異なるから、まったく同じ内容が頭の中に構成されるわけじゃないわ。

Ｂ君：じゃ、今の電子メールの文脈で、伝達された情報ってどこの何なんだろう。

Ａさん：人間の頭の中で構築されたのは「意味」の情報だといえそうね。電子メールで送られている光ケーブルの中を走っているのは光の強弱の「データ」よね。

Ｂ君：ハードディスク上の磁性体に生じている磁気のパタンとか、USB メモリ上の電子状態のパタンとかは、媒体であるハードディスクや USB メモリの「物理的特性」だよね。

Ａさん：とっても複雑ね。結局のところ情報って何なのかしら。

Ｂ君：場面と用途に応じて分けて考えないといけないよね。

Ａさん：でも、結局は人間と人間のコミュニケーションが究極の目的で、それがコンピュータであれ、インターネットであれ、あるいは手書きの手紙であれ、電話の会話であれ、やっていることは同じで、途中がいろいろというだけかもしれないわ。人間から見たら。

Ｂ君：そりゃそうだけど、ネットが当たり前の社会になるまでは、サイトの炎上とかハッキングとかリヴェンジ・ポルノとかなかったよね。

Ａさん：伝達と複製というだけなら昔と連続しているけど、そのスピードと量の爆発的増加で、質的変化が生じたって考えれば良さそうね。

Ｂ君：いわば「SF の世界」を 2000 年前から使い続けている法制度で制禦しようというのだから、法律家は大変だね。

Ａさん：今日の授業で頭の中が整理できるといいわ。

8-0　はじめに

　21 世紀になった現在、IoT（Internet of Things）の普及が進み、より高次の処理を行う AI が登場してきている。それらには人の営みを代替することだけでなく、部分的に人を凌駕するパフォーマンスを発揮して、人の生活を豊かにすることが期待されている。AI や IoT はコンピュータの一種であるといえ、基本的にデジタルデータの処理により動作している。多くの法律が初期のコンピュータが登場する時代よりも前に作られたものであるので、法律のデジタル化への対応が求められてきている。

　同時に、法分野の専門化も進んでいる。進みすぎているといってもよいかもしれない。法学の入門書の中には、細分化された各分野の入門を一挙にできるような設計のものもある。それぞれの法分野を概観するという意味では有用だろう。しかし、ある立法事実（新規立法や法改正を行うべきことを根拠づける社会的な事実）が存在し、法的対応をしようとする際にも、どの分野に属するどの法律を変えればよいのか、という議論をすることが難しい場合が生じてきているように思われる。他の法令との関係を意識しないで、ある法律の解釈論や立法論を行うことに問題があることは自明であっても、複雑化した法体系をみたときには、法制度間の対話が現実には難しい状況があり得る。短期的な視野で法律を改正して対応していくと、法令の全体像がパッチワークだらけになるかもしれないし、他の法令ですでに類似の事案を規制しない、という判断をしたにもかかわらず、その規制とは別に当該法律が利用（転用）される危険が生じ得る。

　たとえば、アメリカでは、営業秘密保護立法が別に存在するにもかかわらず、解釈の余地の広いコンピュータ犯罪立法により、営業秘密侵害の事案、特に従業員によるデータ持出しの事案が広汎に捕捉されるという現象が見られた。ハッキングを処罰するために設けられたはずのコンピュータ犯罪立法が、営業秘密侵害の事案に立法者の意図せざる形で転用された例である。そのようなコンピュータ犯罪立法の広い適用は、営業秘密侵害とは関係ない文脈の事案において自殺者をも産み、社会問題となった（Aaron Swartz 事件）。現在では、裁判所による解釈上の努力によって、一定の棲分けが図られるに至っているが、法

制度間の法適用上の棲分けが忘れ去られた結果起きた失敗であることを忘れてはならない。

　上記のようなことは、どこの国でも起こり得る。もちろん、この種の問題には、事後ではなく、なるべく事前に予測して対処しておきたい。しかし、法律論は、多くの場合、個別に展開される。すでに専門化が進み、それぞれの法分野の専門家がそれぞれの専門の中で議論しているのだから、この傾向はなおさら顕著となろう。そのような議論の中、さまざまな法概念が構築されるので、法分野が異なれば、そこで出てくる法概念の内容も異なるものとなるだろう（法概念・法解釈の相対性）。そのため、法秩序全体の統一的な基準を考えながら機動的に改正を行うのはより難しくなる。

　そこで、法律間の関係を分析できる道具概念が必要である。すでに法学の教科書の中に使えそうな概念があるのであればラッキーであるが、それがない場合もある。そのような場合には、新しい分析軸を、その妥当性の検証をしつつ、批判可能な程度に具体的な概念として特定して紹介することには、意味がある。いたずらに分析軸を増やすことには批判的な態度もあるかもしれないが、新たな分析軸の大きな効用の存在についての説明責任はまずは提案者にあるといえるから、それほど大きな弊害にはならないと思われる。

8-1　課題設定

　法学と他の科学は別種の専門性を有しており、独自の語用法を持つことが多い。双方を十分に学んだ者であれば、その都度「翻訳」することによって、議論の接合および応用ができるだろう。しかし、より多くの者が議論に参加すべきである。そのために、法学と他の科学との対話方法として、対話可能な共通概念を構築しておくとよいと思われる。この議論は、すでに専門化が進んだ法分野間の対話にも応用可能だと思われる。

　共通概念の構築に当たって難関となるのが、多義的な概念の取扱い方法である。多義的な概念を「多義的なもの」として受け入れて議論を始めると、議論における各当事者が別の対象をイメージしながら対話を始める危険がある。場合によっては議論の次元さえ異なる話が、あたかも同一平面上で語られること

があるかもしれない。多義的な概念の多義性の放置はコミュニケーションコストの増加につながるのである。完全に一義的なものに収斂させる必要があるかどうかはともかく、一定程度、収束させられる定義を対話用の概念として用いるのが妥当である。

　本章では、以上の問題意識にたって、「情報」という概念を採り上げ、これを分析的に考察することによる、法律間の横断的議論にトライしてみたい。

8-2　三分法というモデルの紹介（情報/データ/存在形式）

　ICT（Information and Communication Technology）の浸透により、社会的には、コンピュータ・データ（コンピュータにより直接処理可能なデジタルデータ[1]）を用いた情報の流通が前提となったが、多くの法制度は、そのような情報技術の浸透を前提としていない時代に作られたものである。たとえば、民事および刑事の基本法である民法や刑法では、有体物に対するルールが定められていることが多い。たとえば、民法85条は物を有体物だと定義し、刑法の窃盗罪（刑法235条）は有体物に行為客体を限定していると解されている（現在の多数説）。一方で、特許法、著作権法、および不正競争防止法等からなる知的財産法は、主に情報の利用をコントロールする法分野だとされ[2]、各法律において民事的、刑事的、そして行政的なルールが定められている[3]。

　ここで有体物や情報といった概念の間の関係を理解することが重要となる。さらに、民刑法および特別法で登場する電磁的記録という概念と有体物や情報

1）　媒体に保存されているものだけでなく、通信中のものも含む。後に見るように保存や通信といった事柄は、データ自体の概念に内在するものではなく、存在形式面の問題であるから、コンピュータ・データの定義の中に入れ込むのは不自然である。

2）　ここでいう利用は一般に情報自体を知ることとは別に、その情報を一定の目的のために使う・役立てることだといえよう。そうすると不正競争防止法上の営業秘密侵害規制は、情報の利用だけでなく、取得をも侵害行為とする点で、情報の利用を超えた規制をかけていることになる。

3）　刑法や民法と同じく、知的財産法に含まれる法律群も、その規制態様は今とは異なっているが、コンピュータが登場する前から存在していた。

といった概念との関係も考える必要がある。そこで、「三分法[4]」と筆者が呼んでいる、情報を法的分析にかけるための道具を使って考えてみる。それは、考察対象を下記の3つの視点からみることを試みるものである。

> (1) 情報の性質・種類に関する「意味内容」のレベル
> (2) データ（情報の表現）に関する「表現形式」のレベル
> (3) 物理現象面に関する「存在形式」のレベル

　(1)の定義は、意味内容である。対象が現実に存在するか否かを問わない。たとえば、知識、精神状態、思想、および思考の内容が情報である。

　(2)の定義は、情報の表現である。データは情報の表現に使われる符号や信号のことであり、それが情報に変換される。たとえば、文字、モールス信号、バイナリコード等の組合せがデータである。

　(3)は情報の存在形式であって、有体物か否か、電磁波か否か、といった議論の次元である。物理的な属性といってもよいかもしれない。従前は、有体物か情報かというように二者択一的に分類されることがあったが、情報が有形的に存在することもあるから、三分法からすれば、この整理は不正確である。

　まず、(1)と(2)とを分ける理由を 8-3 で述べ、(3)とその他を分ける理由を 8-4 で述べる。類似のモデルを使っている情報通信のモデルである OSI 参照モデルと比較すれば、このような3段階の議論の整理は抽象的である。ただ、上記のように3段階に分けることで、情報に関する法制度の体系的理解を促進してくれるのではないか、と期待している。

8-3　情報とデータ

8-3-1　導入としての思考実験——営業秘密とコンピュータ・データ

（見たり触ったりできる）タンジブルな客体と異なり、問題となっている事柄

　4）　岩村充 = 神田秀樹「データ保護の技術と法」法とコンピュータ 13 号（1995）109 頁が、すでにデータ／媒体／情報を分けるべきだとしていたことは、本章の議論との関係で着目される。

自体が観念的であると、その観念の中における概念相互の関係がわかりにくくなりがちである。

　冒頭のアメリカの事例でも少し触れたが、ここでは、コンピュータ・データや営業秘密の概念を、簡単な思考実験を行いつつ考えてみる。

　もしコンピュータ・データは情報であって、営業秘密も情報であるとすると、容易に思いつく１つのモデルとして、次の表のようなモデルがあり得る。

モデル１：

	コンピュータ・データ	営業秘密
特徴	・・・	・・・

　しかし、このモデルには問題がある。コンピュータ・データになっている営業秘密もあれば紙媒体の営業秘密もあり、媒体を問わず営業秘密でないかもしれないことを示せていないからである。むしろここでは次のモデル２のような表を作るべきである。これでコンピュータ・データと営業秘密は別次元の議論をしていることがわかる。①から④のそれぞれの例は各自で考えてみてほしい。

モデル２：

	営業秘密である	営業秘密でない
コンピュータ・データである	①	③
コンピュータ・データでない	②	④

　モデル２によれば、営業秘密の保護の規制は、上記表中の①と②に関係し、コンピュータ犯罪（サイバー犯罪、CIA 犯罪〔257 頁参照〕）に関する規制は①と③に関係することになる。そうすると、専らコンピュータ・データ化された情報を問題にするサイバー犯罪の激化によって、営業秘密の保護を包括的に強化することには疑問が残ることになる。この場合、厳密にいえば、規制を強化すべきは①の部分のみであり、サイバー犯罪とは関係ない②の部分の規制も強化することには不合理な点があり得るし、むしろ③についての規制強化を考えるべきかもしれないのに、その点を看過した結果になっているからである。

　この例のように、情報の類型化を行って分析的な考察をしないと、実際の法

律におけるそれぞれのルールの間の関係がわかりにくくなる。それゆえ、法制度間の比較に耐え得る分析軸を考えるべきである。

8-3-2　情報とデータの関係

8-3-1で述べたことを踏まえて有用だと思われるのが、情報とデータに考察のレイヤーを分ける理解である。そこでは、情報は意味内容だとされ、データは情報を表現したものだとされる。先の営業秘密とコンピュータ・データの例でみたように、情報の種類の議論とコンピュータ・データか否かということは別の次元の問題である。つまり、情報はコンピュータ技術によってデジタルデータとして表現される。ここで用いた例を使えば、ある客体が営業秘密か否かということは、客体の持つ意味内容を問題にしていることを理由に情報の次元の議論をしており、ある客体がコンピュータ・データか否かは、情報の表現手法についての議論だからデータの次元に属する議論だということになる。

意味内容にもさまざまな種類のものが想定されるのと同様に、データのレイヤーに属する事柄にも多様なものが考えられる。

8-3-3　文脈により変容し得る情報の価値

ある表現の意味内容を一義的に定めることは難しいかもしれない。辞書には、ある表現（この段階ですでに表現になっているが）に対してさまざまな意味（の候補）が書いてある。どの意味が妥当か、という問題は、それが使われている文脈によって決まる。

ここでは、しばしば何気なく使われる文脈という言葉の機能を考えてみる。ここでいう文脈というのは、その表現外の事象であって、ある者において、その表現の意味（情報）を特定する際に必要な事実関係だということができる。このように考えると、表現の内容が、文脈によって、受け手にとって意味を持つものとして一定程度収束する可能性がある。[5]

5）　法解釈というのは、法文というデータ（文字列）に、一定の意味を与える目的で、文言外の事情（立法者意思等）を文脈として用いて、意味の候補をある程度限定する作業だということが可能である。このような概念整理は、法情報学の観点から、AIを用いて法の情報処理を行う際に有効かもしれない。

より具体的に考えてみる。

　まず、ある情報をすでに知っている者に対して、その情報を教えても、その者はその情報を知ったわけではない[6]。せいぜい、その情報はすでに知っているが、すでに知っている情報と同じ情報を発信者が伝えてきた事実が、新しい事実として追加されるにすぎない。一方で、その情報を知らない者にその情報を伝えた場合には、その者の記憶にその情報が追加されることになる。

　次に、情報を有益に利用できるか否かという問いもあり得る。この場合には、情報の受け手の知識状態を文脈的事実とすることで説明可能である。すなわち、ある営業秘密は、それを知るだけでは直ちにうまく使用できない種類のものであって、使用するために一定の知識が必要な情報かもしれない。そのような営業秘密を使って使用者が利益をあげられるか否かは、使用者やその仲間の持つ知識（の状態）に依存している、と説明するわけである。

　法的判断では恣意的な判断を排することが求められるが、これも、平均人といった受け手を想定している、と考えることで、一応、建前としては理解可能となる（コラム1参照）。その都度の柔軟な判断が可能になる一方で、あいまいさは残ろう。

コラム1

情報のわいせつ性の判断手法

　刑法174条や刑法175条等のわいせつ罪は、公然のわいせつな行為やわいせつ物等の公然陳列等を規制する。これらの罪は、わいせつ「情報」の不特定多数の者への拡散を防止して性風俗を守る規定だと解することが可能である。しかし、そもそも、わいせつ「情報」とは何だろうか。我が国の議論を、ここで述べてきた情報に関する議論を使って考えてみる。

　まず、わいせつとは、「徒らに性欲を興奮又は刺戟せしめ、且つ普通人の正常な性的羞恥心を害し、善良な性的道義観念に反する」ことと解釈されている（最大判昭和32

---

6)　これは、実定法の解釈においてもしばしば登場する。たとえば、「秘密を漏らす」を「内容を知らない者に秘密を伝える行為」だと解釈する際に、さりげないがあたかも当然のように付されている「内容を知らない」といった修飾語が表す事実である。これは情報たる秘密にとって重要な文脈的事実である。

年3月13日刑集11巻3号997頁）。これは、情報の受け手が持つ客体に対するイメージだと考えることができよう。すでに述べたとおり、情報をどう捉えるかは受け手依存な部分があるが、ここでは「受け手」が「普通人」だとされている。このような受け手の指定により、「私は性欲を刺激されないから、私の頒布した写真集はわいせつではない」という反論、すなわち個別の受け手の主観的イメージを是認することを前提とした反論が無意味なものになる。すなわち、わいせつとは、文脈に依存する受け手の持つ情報の（負の）価値の問題ではあるが、受け手を普通人に限定した概念なのである。

8-3-4　データのレイヤーにある議論

　情報を表現する方式（データのレイヤー）にはさまざまなものがある。ここに属する議論が法文上目立つわけではないが、技術に依存して新たな表現様式が登場し得ることを踏まえると軽視はできない。

　まず、コンピュータ・データについて考察し、その上で別の表現手法について検討したい。コンピュータ技術によってどのように情報が表現されるようになったかを知る必要があるからである。客体がコンピュータ・データであることと、サイバーセキュリティやサイバー犯罪との関係は密接である。それゆえ、サイバーセキュリティの議論についても同時に検討しておきたい。

⑴　デジタル社会とコンピュータ・データ

　情報化社会になったことによる重要な変化は、ほとんどの情報のコンピュータ・データ化である。コンピュータ・データは電気信号、磁気信号等の形で存在し得るが、その重要な特徴はデジタル性にある。

　アナログデータとは自然界に存在する連続量のことであり、有効数字（測定の際の目盛りや解像度）が無限大の量である。対して、デジタルデータとは、離散的な数値や記号で表され得る表現のことである[7]。必ずしも2進数（バイナリ）で表現される必要はない。

　まず、たとえば、符号0に意味aを、符号1に意味bを、符号列00に意味cを付与するというような、情報とデータを変換するコード[8]を作成することを

7）　記号列たる文章にもデジタル性があるといってよい。記号と数値を一対一対応させた文字コードを用いて数値化しても、そこに情報の量の減少はない。

8）　プロトコルといってもよい（山口和紀編『情報〔第2版〕』（東京大学出版会、2017）4頁）。

前提にすれば、デジタルデータを用いることで、あらゆる種類の情報を表現することができるようになる。これをマルチメディア性と呼ぼう。

次に、アナログデータの場合、それを記録媒体に保存すると、ノイズが乗る等して値が経時的に変わり得るが、デジタルデータの場合には、それが生じにくい。さらに、デジタルデータは正確なコピー等が可能であり、媒体を乗り継げば永遠に保存可能だとされる。

このような特徴は、デジタルデータとして保存されている情報の使いやすさを示しており、これに依存する社会を作り出した。しかし、同時に次で述べるようなサイバーセキュリティ上の問題も発生させたのである。

データのレイヤーで重要なのがサイバーセキュリティの問題であり、これと法規制の議論とりわけサイバー犯罪対策の議論が、21世紀において継続的に重要になる事柄である。

(2) サイバーセキュリティとサイバー犯罪対策

インターネットの発展とともにサイバーセキュリティの維持の必要性が謳われ、各国でサイバー犯罪対策立法がなされた。ここでは、法的にサイバーセキュリティの保護を図る際の指針を考えてみたい。

前提として、プログラムに一定の脆弱性があることが認識されている場合、情報技術によって一定の対処が行われることも多い。すなわち、プログラムの脆弱性の発見とバグフィックスが繰り返されてきているように、情報技術はセキュリティホールの消滅にある程度寄与してきている。技術的攻撃に対しては技術で対応すればよく、法規制は必要ない、と考えることも、法的介入は謙抑的であるべきである（法規制は自由を制約するだけでなく、処罰や行政処分といった強い効果を発生させるため、あまり導入・執行しないほうがよい）という観点からは理由のないことではない。

しかし、できる限りの技術的対策をしても、ゼロデイ攻撃等により未知の脆弱性が突かれて深刻な被害が生じる可能性がある。また、サイバー攻撃は、攻撃前の状態への原状回復が難しいという特徴をしばしば有する。このような場合には、一定の法的対処ができるようにしておく必要があると思われる[9]。そして、サイバーセキュリティに関する法規制を考える際には、攻撃手段と防御技

術がいたちごっこになることを想定し、それに対応できる規制を考えるべきである。謙抑的であるべきだとされる刑法の観点からは、たとえば、講じられた一定の防御手段を乗り越える者のみを処罰するということが考えられるだろう[10]。現に不正アクセス罪はアクセス制御機能という保護措置（コラム2参照）を、電波法上の暗号通信復元罪（電波法109条の2）は、（アクセス制御ないし暗号化といった）保護措置の突破を要件とする。

　ただし、認知されているサイバー攻撃手法を処罰すべきだということと、それをデータのレイヤーに着目して規制すべきだということとの間には、論理的になお開きがある。それを埋めるためには、コンピュータ・データのような、デジタルデータで表現されている情報を特に保護すべきだということを、デジタルであることに起因する特徴を保護の理由として挙げて論証する必要がある。

　この議論に入る前に、サイバー攻撃によって侵害されるサイバーセキュリティについて、法律の観点から簡単な定義づけをしておこう。サイバーセキュリティや情報セキュリティという言葉は、情報やネットワークの保護を一般的に図る際に用いられる。情報やデータそのものだけでなく、それが記録された媒体やそれを利用するシステムの保護も図るべきだとされている。この立論は、包括的に情報や情報システムを保護するという趣旨からは誤りではない。しかし、サイバーセキュリティや情報セキュリティが維持されている状態を法的に保護すると述べる際、法律で何をどのように保護すべきなのだろうか。抽象的にサイバーセキュリティを保護すべきだというだけでは、保護範囲が不明瞭になって過剰規制のおそれが生じるかもしれない。

　そこでより具体的に、サイバーセキュリティの構成要素を確認する必要がある。サイバーセキュリティや情報セキュリティは、しばしばCIAと言い換え

9）　ハッキングを処罰する規定を作っても、証拠が集まらないから無駄だという意見が聞かれる。しかし、この立論がハッキングを処罰しなくてよい、という方向に向いているとすれば問題がある。むしろ、無駄にならないよう、適正手続に配慮しつつ、刑事訴訟法のデジタル対応を同時に考えるべきであろう。

10）　防御技術を用いることが事実上できないような行為類型を想定する場合には別論になり得よう。データを消去する等することは技術的なアクセス権さえあれば容易にできるところ、技術的なアクセス権を持つ者であっても、無権限に消去すべきでないと捉える場合には、データの無権限毀棄を処罰すべきだ、という立論に向かうだろう（そこでは変更できなくするための保護措置が加えられている場合にのみ保護すべきだという立論はとらなくてよいことになる）。

られる。CIA というのは confidentiality, integrity, availability の頭文字をとった略語である。犯罪と結びつけて CIA 犯罪と呼ばれることもある（これはサイバー犯罪と呼ばれているもののうちの一部だということになるが、コンピュータおよびネットワークの出現により生じた新たな犯罪類型という意味では極めて重要な位置づけが与えられるべきである）。外国では具体的な法規制においても CIA に対応づけた議論がなされることがあり、外国の法律の理解にも資する。国境を越えた行為が容易になされるサイバー法の領域において、外国法の理解は特に重要である。さらに、CIA を独立の保護法益として理解することができれば、法律家とセキュリティの専門家との間の対話も進むことが期待される。

　それぞれに法学的な互換性を持つ定義を考えてみる[11]。機密性(C)には、無権限でアクセスされない、知られない、といったさまざまな定義が与えられている。アクセスというのは多義的であり[12]、法律学において、秘密というのは、指定した者（知る権限のある者）以外に知られないことという意味をベースに理解されている。そうであれば、たとえば、情報の機密性は「情報が知られないこと」等と定義しておくのがよさそうである。デジタルデータになった場合には、上記とパラレルに「データが読み込まれないこと」等と定義することが可能だと思われる。完全性(I)は正確さおよび完全さの特性等と定義されるが、情報の不可変更性[13]や情報の真正性[14]の維持だと考えることができる。コンテンツデータや署名を改ざんしたりすることがこれに当たる。可用性(A)とは「……アクセスおよび使用が可能である特性」だとされるが、ここでも、アクセスの多義性を踏まえると、使用可能性等と定義しておけばよいだろう。データ自体は変更されていないが、データ媒体を隠したり、通信を遮断したりして結果的にデータを使用できなくすれば、可用性の侵害になる。

　以上の CIA、ないし場合によっては情報セキュリティの議論を参照しつつ、

---

11)　定義に一定の恣意が入るのは不可避である。情報セキュリティの議論との対話可能性の担保のために、定義を批判して全体の立論を批判するよりは、よりよい定義を模索する議論をした方がよい。

12)　アクセス自体が、CIA 全部に係る意味づけを与えられる場合があり、そう定義するのであれば、論理が循環してしまうので、C をアクセスと理解することはできないことになる。

13)　不可変更性の侵害は、刑法の観点からは損壊罪的だといえようか。

14)　真正性の侵害は、刑法の観点からは（有形）偽造罪的だといえようか。

さらに細分化してデジタルデータ固有の脆弱性を考察すべきである。そうでないと、サイバー犯罪がセンセーショナルな事件になりやすく、既存の規制が機能しない場合もあることを踏まえると、ある事件を目の当たりにしたときに、規制が必要だという一心で規制を強化することにより、無害な行為まで一緒に捕捉してしまう規定を作ってしまう危険がある。そこで、デジタルデータのどのような状態が保護されるべきかを CIA を使って特定しつつ、そのような状態を保護する理由としてデジタルデータにどのような特徴があるのか、といったことを法的な観点から検討する必要がある。

まず、たとえば、他人のデータを勝手にコピーする行為は、データの機密性を侵害し得る行為だといえる。デジタルデータには、完全なコピーが容易であって、原ファイルが被害者の下に残るという（技術的な）特性があり、それにより被害者においてコピーされたことに気づきにくいという（社会的な）特徴があるといえるし、そのデータが他の場所にコピーされることによって拡散する可能性が大であり、事実上回収不能になる危険が大きい。これらの特徴は有体物にはないものであるから、有体物を保護する規制とは別の視点から、デジタルデータを客体とした固有の議論が必要である。

一方、データを勝手に改ざんする行為が問題となる局面では、それに対応する形で、デジタルデータの改変の容易性や痕跡を消すことのできる特性を問題にできよう。このような特徴は、改ざんに弱いデジタルデータを保護すべき理由になるかもしれない。データの変更に関する犯罪類型を構築する必要があるかもしれない（さらに、データの変更が重要インフラへの重大な物理的障害を惹起する危険もある（コラム3参照））。

このような思考プロセスを経て、要保護性の高い部分を特定して保護することで、過剰規制のおそれを減らす努力をすることが重要である。サイバーセキュリティとサイバー犯罪の議論にはまだ多くの課題が残されている。

---

15) 改ざん検知技術で一定程度対応することはできるだろうし、そうすべきではある。が、なお立法による保護が必要かもしれない。

日本の不正アクセス罪の特徴

　日本の不正アクセス罪はCIAのいずれかの保護に割り切って理解しがたく、ネットワーク上のユーザ認証機能を保護するものだといえる。データへの不正アクセスというと、データが取得されるのを防ぐというように、機密性の保護に理解が傾斜するのも無理はないが、日本の不正アクセス罪は、それとは別の観点から立法された。それゆえ、不正アクセス行為の禁止等に関する法律（以下、「不正アクセス禁止法」という）の中で、各々のユーザを識別するための符号である「識別符号」が定義されている（同法2条2項各号）。

　認証は、ユーザIDと文字列たるパスワードで実現されるのが一般であるが（同法2条2項1号）、バイオメトリクス認証も保護される（同法2条2項2号）。ただし、ここで保護されるのは、「身体の全部若しくは一部の影像又は音声」であって、識別符号として実用化されているものとしては、指紋、虹彩、網膜等があるとされるにとどまる。[16]「身体の全部若しくは一部の影像又は音声」以外の生体情報については保護されない可能性がある。行動的生体認証として、署名といった、人がユニークな形で持ち、容易に変えられないような情報を認証の手がかりに使う場合には、2号では保護されない可能性がある。署名自体は、特に不正アクセス禁止法2条2項3号で保護されているが、歩行方法も行動的生体認証として利用可能ではないか、ともいわれている。この点について、たとえば3号の署名の後に署名を例示にするようなバスケット要件を入れる等して、署名以外のいわば「癖」情報をも事前に保護できるようにしておく必要があるかもしれない。電磁的記録（刑法7条の2）の規定の一部には「電子的方式、磁気的方式その他人の知覚によっては認識することができない方式で作られる記録」という部分があるが、「その他人の知覚によっては認識することができない」の要件が新しい技術の出現に対応できるように設けられたことも、識別符号の概念定義をオープンにする必要性を基礎づけ得るかもしれない。

---

16)　不正アクセス対策法制研究会編著『逐条 不正アクセス行為の禁止等に関する法律〔第2版〕』45頁（立花書房、2012）。

サイバー・フィジカル・セキュリティの保護の必要性

　以上のようなサイバーセキュリティの先に、サイバー攻撃から重要インフラ等を保護するためのサイバー・フィジカル・セキュリティに関する議論も始まっている。これからの議論ではあるが、簡単に紹介をしておきたい。

　相互にネットワークで接続される IoT が普及した世界は、無数の IoT からなる巨大な IT システムが存在する世界である。当該 IT システムを構築しているサイバー空間に対するハッキングやクラッキングは、サイバー空間だけでなく、フィジカル空間にも影響を及ぼし得る。原子力発電所のような重要インフラの制御が乗っ取られたり、サプライチェーン内の制御系がダウンしたりすれば、計り知れない人身被害や財産的損害が発生し得ることになる。また、センサ系を介して（フィジカル空間からサイバー空間に）不正な入力をしても、同様の結果が惹起されるかもしれない。センサで得たデータをサイバー空間内で AI が処理してアウトプットをフィジカルに返す、ということも行われるようになるだろう。単にネットワーク内のデータの変更等ではなく、我々が生きているフィジカル空間に直接影響を与えかねない点に、サイバー・フィジカル・セキュリティの維持を独立に考える必要が生じている。

⑶　データのレベルに属する他の要素の例

　情報の表現方法という意味では、たとえば、我々が使う言語もデータのレベルに属する。つまり、情報を伝える際に、日本語で伝えるのか英語で伝えるのか、といった事柄は、意味内容の表現の形式の選択の問題である。

　ある情報を表現したい場合、それを日本語および英語の双方で、また、これと独立に、コンピュータ・データとしてまたはアナログの媒体内に作成できることを踏まえれば、コンピュータ・データか否かということとは独立の問題として、言語選択の問題が存在している。

　その意味で、データに関する議論の次元はさらに細分化され得る。データのレベルは、情報を伝えるために、場合によっては複数回の記号の変換が行われていることを考えると、各々のデータ変換プロセスの容易性の度合いの積が、伝達に使われるデータから情報を理解することの容易性の指標になる。

　それゆえ、データのレベルの議論は、情報自体の性質決定ではなく、情報の

伝達の容易性という異なる意味を持たせられるべきものだということができる。コラム4で、一例としての言語選択の問題を、わいせつ物規制を用いて考えてみたい。

コラム4

言語選択と情報：情報の評価と情報の伝達可能性の評価の分離

外国語で書かれた文章のわいせつ性はどのように評価されるべきか？ ある情報（意味内容）をどのように表現するかという問題にすぎないとすれば、何語で書かれていようと、わいせつな情報が表現・記述されていることには変わりがない。もっとも、（表現と意味内容を対応づける）コードを持ち合わせていない者、ここでは、その言語を知らない者には、何の情報が記述されているかということが理解できないだけである。

ここで、すでに、わいせつか否かといった情報のレベルの議論（意味内容を評価する次元の議論）と、その情報の伝達の可能性・容易性（データのレベルの議論）とが分けられていることに注意したい。情報とデータとを分けるべきであるという理解からは、両者を統合して考えるべきではなく、独立に検討すべきである。

言語力のレベルから、①わいせつな内容を翻訳するのに手間取って、その手間が原因で性欲が刺激されない、という事情も現実にはあるかもしれない。また、②翻訳が下手で刺激的な表現がそぎ落とされてしまうこともあるかもしれない。

①のような主張に基づいてわいせつ性を否定できるだろうか。同じ意味内容を指し示すように翻訳できたのであれば、疲れていないときに翻訳を読み直せば性欲が刺激される可能性があるのは当然である。翻訳の労力の多さは、情報のわいせつ性ではなく、むしろわいせつ情報の伝達の可能性・容易性で考慮すべきである。最高裁は、英文書籍事件（最判昭和45年4月7日刑集24巻4号105頁）で、わいせつ性の判断において、「本件書籍の読者たりうる英語の読める日本人および在日外国人の普通人、平均人」を基準とするとした。しかし、これは、わいせつであることが「伝わるか否か」という次元の問題を、わいせつ性判断の一要素として理解しようとするもののように思われ、本来別の次元であるべき判断が混在している可能性がある。②の場合には、すでに意味内容が変容しているといえるから、その点は、わいせつ性判断でダイレクトに考慮されることになる（わいせつな部分が再現されなかった結果、わいせつな意味を持たない表現に変換されたと判断されるわけである）。

8-4　存在形式：有体物か否かという問題の一般化

　法令では「物」や「記録」という概念がよく使われている。「著作物」といった非有体的な何かを示す例外的な場合を除けば、実定法上、「物」という場合、有体的な何かを指すと考えるのが一般である。

　ある物が、その物の物理的機能の観点で価値が生じ得る物であることもあろう（物としての価値）。特定の種類の工具などは、それを現実に使いたい場合には、現実にそれが存在することにより価値がある（その設計図の内容にも一定の価値はあるかもしれないが、それは物そのものの価値とは異なる）。

　一方で、ある物の表面等に表現されているデータの意味に価値がある場合もある。この場合には（いつでも再利用できるという意味での付加価値等）、物上の情報の価値が重要になる。ただし、データが紙媒体上に存在する場合と、人の記憶として存在する場合とでは、その意味合いが異なる。人の記憶は、確かに物理的には脳という物内に存在するものといえるのかもしれないが、一般に法令に出てくる「物」とはいえない。人の持つ記憶は固定的ではなく、紙上のデータは固定的である。それゆえ、証拠としても別類型である（人証と書証）。

　このように考えると、情報がどのような形式で存在しているかということ、すなわち「存在形式」のレイヤーが１つの重要な考察の次元になる。窃盗罪の客体である「物」は有体物を指し、無体物は特別の規定がない限り客体たり得ない等、有体物、無体物といった言葉が法学で多用されてきたこともあって、「存在形式」のレイヤーの議論は、各法分野で場合によってはすでに多くの議論がなされてきたといえる。

　それゆえ、ここでは存在形式自体ではなく、情報保護の観点から、他のレイヤーとの関係を考えてみたい。

　情報やデータと存在形式とでは異なる次元・レイヤーの議論をしているから、およそあるレイヤーに属する法益（利益）の侵害は他のレイヤーに属する利益の侵害にならないか、という問いが重要である。たとえば、データの損壊をしたが、データレベルの損壊にすぎないから、器物損壊にならない、といえるのか？という問いである。結論としては、直ちにはそこまで断言できない。分析軸として作ったレイヤーが、保護範囲を縮減する副作用を持つと考えるべきで

はない。ただし、レイヤーをまたぐ場合には、レイヤーをまたいでも侵害が発生し得ることを説明する、いわばレイヤーを架橋するための論理（以下「架橋論理」と呼ぶことにしたい）が必要になる。上記のデータ損壊と器物損壊との関係を例にとって考えてみよう。

データ損壊と器物損壊の関係

　コンピュータ・データを消去等する行為がデータ媒体を損壊したとして器物損壊罪になるか否か争われた事例がある（イカタコウィルス事件、東京地判平成 23 年 7 月 20 日判タ 1393 号 366 頁）。我が国は、器物損壊罪のデータ版（データ損壊罪、これはデータの完全性ないし可用性侵害罪だということができる（前掲 8-3-4 参照））を直接には持たないので、データの消去を器物損壊罪で捉えられるかという問題が正面から生じた。結論としては、「イカタコウィルス」と呼ばれるプログラムを被害者の PC に受信させて、「同パソコン内蔵のハードディスクに記録されていたファイル約 11,081 個を使用不能にするとともに、事後新たに同ハードディスクに記録されるファイルも使用不能となる状態にし、同ハードディスクの効用を害し、もって他人の物を損壊した」等とされ、器物損壊罪の成立が肯定された。被告人側が「ハードディスクに記録されていた電磁的記録であるファイルを一時的に利用不能の状態にしたものにすぎず、ハードディスクそのものの効用を害するものではないから、ハードディスクの損壊には当たらない」（いわばデータ損壊は認めるが、ハードディスクは損壊されていない）等と主張したので、それに応える形で裁判所は、記録媒体であるハードディスク（当然有体物）の効用であるデータの読込機能と書込機能が侵害されたか否かを判断した上で、結局のところ器物損壊罪が成立すると結論づけた。

　ここで注意すべきことは、器物損壊罪の成否を問題にしている以上、データの損壊をデータ媒体の損壊というための論証は必要だということである。すでにコンピュータ犯

罪立法当時において、電磁的記録（刑法 7 条の 2。保存されたコンピュータ・データ）の毀棄と器物損壊罪との関係について、「記録媒体の効用はそこに記録されている特定の情報を保存することにこそあるから、そこに記録された特定の情報をほしいままに消去、改変することも、記録媒体についての器物損壊罪に当たり得る」と指摘されていた[17]。媒体の効用とデータそのものの効用とを自覚的に分けた上で、これらをリンクさせる議論がなされていることがわかる。外国では、データの変更のためには媒体上の粒子の物理的状態の変更が不可避だから、器物損壊に当たり得る等といった、データの変更を物理的に観察する議論も行われているが、これも、架橋論理の 1 つである。架橋論理の必要性を認めた上で、どの論理がよりよいかを考えるのも解釈論の 1 つのあり方であろうし、あえて架橋を封じるような方法（器物損壊とデータ損壊を部分的に排他的に適用するような規定上の手当て）を考えるのも立法論としてはあり得る。

8-5　三分法の全体にまたがる規制？

　情報を保護する際に、法文上は、情報を目的語にしつつ、8-2 で挙げた(1)から(3)までのすべてのレベルを包括的に規制することもあり得る。たとえば、不正競争防止法の営業秘密不正取得罪（不競 21 条 1 項 1 号）につき、立法担当者は、営業秘密の取得を「媒体等を介して……営業秘密自体を手に入れる行為、及び営業秘密自体を頭の中に入れる等、……媒体等の移動を伴わない形で営業秘密を自己又は第三者のものとする行為」だと解釈しているが[18]、これは、存在形式の観点からの取得形式（媒体の占有移転による取得）や、データのダウンロードや情報を知ることといった、データや情報のレベルにおける取得形式のすべてを包括的に規制しているものと理解できる（ただし、分析的に見れば、それぞれの行為が完遂する時期等についてブレが生じ得るといった事情を指摘できる）。

　一方で、情報以外のデータや存在形式レベルの差異を重視している規制もあり得る。行為態様において同一の文言を用いつつ、目的語において明示的に区別することで、差異を強調できる。たとえば、刑法 175 条 1 項前段の頒布は「文書、図画、電磁的記録に係る記録媒体その他の物」という有体物を客体に

---

17)　米澤慶治編『刑法等一部改正法の解説』（立花書房、1988）159 頁〔的場純男〕。
18)　経済産業省知的財産政策室編『逐条解説　不正競争防止法〔第 2 版〕』（商事法務、2019）260 頁。

しているが、同項後段は「電磁的記録の頒布」を規定する。頒布という文言は基本的に有体物の交付を意味するが、そうすると存在形式面で有体物に限定しているものといえそうではある。もっとも、後段を追加することで、情報化社会の到来によって前段で捕捉されるUSBメモリの頒布と同等の意味を有し得ることになったメールの送信といった行為が捕捉されることになった。こうして、刑法175条1項前段は存在形式としての有体物に着目し、同項後段はデータレベルに着目するものになったわけである。

8-6　まとめ

本章では、情報やデータといった概念を定義しつつ、分析的な議論の可能性を探った。その素材として、主に刑法的規制の観点から、わいせつの概念に関する事柄、コンピュータ・データに関する事柄、営業秘密侵害規制等についてみた。ここでの議論は、個人情報の保護、証拠法等、別の分野にも幅広く応用可能だと考えられる。

このような考察を皮切りに、各法分野の立法論および解釈論の前提たる議論を行うことが、複雑化した法体系の分析のためには有益だと考えられる。そして、この種の議論には法律外の他分野の知見を入れ込むことが容易である。これにより法律間の関係の考察が容易になって、法律の動態的な発展の基礎を作ることができれば幸いである。

このような分析軸の設定は、条文を根拠にするものでもない。情報通信のモ

---

19)　電磁的記録とは、保存されたコンピュータ・データである。電磁的記録が、持続的な物理的存在であるとすると、それを処分する権利は所有権のように思われるかもしれず、現に、そう捉えることも不可能ではないのかもしれない。しかし、刑法7条の2への電磁的記録の概念の挿入から20年以上経った時点で、刑法175条1項前段に頒布の対象として「電磁的記録に係る記録媒体」が追加され、同時に同項後段に頒布の対象としての「電磁的記録」が追加されたことは、概念整理の観点から重要である。すなわち、電磁的記録は有体物上に持続的に存在しているコンピュータ・データのことであって、コンピュータ・データが記録されている有体物（電磁的記録に係る記録媒体）のことではないのである。

20)　刑法は概念を厳密に考える傾向にあるのでこの種の議論を始めるのに向いている。

21)　現に、三分法も、記号論的な側面と情報通信のモデルの側面の双方をヒントにして法的考察に適切なように概念を整理したものである。

デルである OSI 参照モデルにもバリエーションがあるように、情報やデータの概念についての分け方にも異論はあり得るし、細分化もされ得るだろう。定義の議論に正解を求める必要はないので[22]、自分の頭の中で整理してみてほしい。

《参考文献》

宇賀克也 = 長谷部恭男 編『情報法』（有斐閣、2012）

小向太郎『情報法入門〔第 4 版〕』（NTT 出版、2018）

志田陽子 = 比良友佳理『あたらしい表現活動と法』（武蔵野美術大学出版局、2018）

曽我部真裕 = 林秀弥 = 栗田昌裕『情報法概説〔第 2 版〕』（弘文堂、2019）

高橋和之 = 松井茂記 = 鈴木秀美 編『インターネットと法〔第 4 版〕』（有斐閣、2010）

夏井高人 監修『IT ビジネス法入門―デジタルネットワーク社会の法と制度』（TAC 出版、2010）

林紘一郎『情報法のリーガル・マインド』（勁草書房、2017）

福岡真之介 = 松村英寿『データの法律と契約』（商事法務、2019）〔データ法を体系的に説明しようとする〕

松井茂記 = 鈴木秀美 = 山口いつ子 編『インターネット法』（有斐閣、2015）

判例集として　宍戸常寿 編著『新・判例ハンドブック 情報法』（日本評論社、2018）

　ここで述べたことについて、より詳しくは、西貝吉晃「コンピュータ・データへの無権限アクセスと刑事罰(1)」法学協会雑誌 135 巻 2 号(1)頁内、(11)頁以下〔概念整理の章〕、および同(45)頁以下〔情報セキュリティと法規制〕参照。

---

22)　もちろん定義に対して上手下手の評価はあり得るだろう。情報 = 意味内容、データ = 情報の表現といった定義は抽象的に過ぎて下手なものに見えるかもしれない。そうであれば、皆さんなりの分析手法を考えてくれればよい。

第 9 章

最終章─結びにかえて

太田　勝造

─プロローグ

Ｂ君：とうとう最終章までたどり着いたね。

Ａさん：アクション映画のように、次々と興味深い話題や、知的刺戟に満ちた分析が続いていて、息つく暇がないほどだったわ。

Ｂ君：確かにそうだね。そして、今まで曖昧模糊としていた法と社会のイメージが、すごく鮮明になったね。

Ａさん：それに、私たちが法と社会の関係について漠然と抱いていたイメージが、色々と不正確だったり、まったく的外れだったりしていたことが分かって勉強になったわ。

Ｂ君：憲法や民法、刑法などの個別の法律については、いくつかの引用や説明があったけど、全体像とか統一的説明とかはあまりなかったね。もちろん、これから法学部の個別の授業を取ればいいだけのことだけどね。

Ａさん：そうよ。法学部の授業でそれぞれの法律を学ぶための必須の前提として、法と社会の関係性を学ぶことができたわけよ。何だか、法を見る目が 180 度変わった気がするわ。

Ｂ君：法学に対するコペルニクス的転回だよね。

Ａさん：クラスやサークルの知り合いにも、みんなにこの本を推薦しとかなくっちゃ。

Ｂ君：僕も是非そうするよ。

9-1 多層で入れ子構造の人間社会の法的制禦

　人間の社会が、多層の入れ子構造を持っていることはよく知られている。

　多層の入れ子構造の「多層」とは、家庭、地域コミュニティ、市町村、都道府県、日本、アジア、世界などのように、人間の社会が多重の層をなしている構造を指す。深層学習も、ニューラル・ネットワークの下の層のニューロンと上の層のニューロンの結合が、多重の層になっている点で「深い」ので「深層」学習と表現される。

　「入れ子構造」とは、下位の層の要素が上位の層の要素の一部となっているような構造である。入れ子構造はネスティング構造とも呼ばれ、しばしばマトリョーシカ人形でイメージされる。人形の中に人形が入っている構造だからである。しかし上位の人形の要素に下位の人形がなっているわけではなく、単に中に入っているだけなので、必ずしも厳密なイメージとなってはいない。むしろ、歌川国芳の「寄せ絵」のイメージ、とりわけ「人かたまつて人になる」が、下位の人が上位の人の要素となっている点でより近いと言えよう。

歌川国芳：人かたまつて人になる（部分）

　人間社会がこのように、多層の入れ子構造をなすものであるゆえ、人間社会を制禦する法システムも多層の入れ子構造をなすものとならざるを得ない。

　法システムが、多層の入れ子構造をなしているがゆえに、本書のあちこちで見たようなメタ構造が法に組み込まれている。法的判断、立法事実、正当化のトゥールミン・モデル、法に内在するパラドクス、ネット社会の複雑な法規制（の欠如）、PROLEG の例外事由という述語の必要性、自由意思と犯罪、情報

の三分法というマルティ・レヴェルなど、本書の全体を通じてメタ構造とそれが巻き起こす問題性が見られる。

　まとめれば、多層の入れ子構造をなす人間社会と、やはり多層の入れ子構造をなす法との間の共進化を理解するためには、メタ構造の理解が必須となっている。

コラム 1

入れ子構造のホロホロ鳥社会

　人々は、多層の入れ子構造の社会で暮らしている。そのような社会の中で、人間は非常に複雑でループに満ちた人間関係ネットワークを構築していることになる。

　そのため人は、他者についての個別識別と記憶のみならず、ネットワークつながりの記憶と識別、入れ子構造の多層への多重所属についての識別と記憶などが必要となる。それゆえ、必要とされる人間の認知能力と記憶能力には、非常に大きなものが要求されることになる。

　では、他の社会性動物の場合はどうであろうか。チンパンジーなど社会性の霊長類で、認知能力が高い種には多層の入れ子構造の社会が見られるようである。

　では、多層の入れ子構造社会を形成するためには、高度の認知能力が必要不可欠な前提なのであろうか？

　最近、アフリカのフサホロホロ鳥（vulturine guineafowl）にも多層の入れ子構造の社会が発見されている。鳥類は哺乳類に比べると、体重に対する脳の量が小さいものが多い。その鳥類の中でも、このホロホロ鳥は、体重に比較して脳の量が他の鳥のそれに比べてさらに小さい。よって、フサホロホロ鳥には、それほど大きな認知能力はないと考えられている。

　このホロホロ鳥は、群れをなす鳥の仲間の中では、比較的大きな社会を構成し、60羽ぐらいにはなる。研究者らは、色の組み合わせで個体識別できる足輪や、太陽光電池付きの非常に小さな GPS を鳥の背中に付けたりして、鳥の集団行動を観察した。

　その結果、ホロホロ鳥たちは、親しい仲間の集団の上に、その仲間集団からなる小規模集団を形成し、さらにその上に小規模集団からなる中規模集団を形成し、中規模集団が集まって全体の比較的大きな社会が構成されているらしいことが、この緻密な観察から分かったと報告されている（Cf., Preston, 2019）。

　つまり、体重比で脳の量が小さく、認知能力は小さいと思われるこのホロホロ鳥なの

に、それでも多層の入れ子構造の社会を構成していることが分かったのである。認知能力と社会構造の関係は、人間をモデルとして考えた場合よりも複雑なのかもしれない。あるいは、人間の認知能力も実は人間が自慢するほどのものではないのかもしれない。

9-2　シームレスにつながった個人：今後の課題

　本書では、個々の人々は1つのまとまった単位として想定してきた。個人は、自立し主体的に考え、意思決定をし、行動するユニークな個体であると前提してきたといえる。

　確かに、個人主義の下、基本的人権を享受するべき個人はユニークな存在であるといえる。あなたは、あなたのアイデンティティ（自己同一性）を持ち、私は、私のアイデンティティを持っている。あなたと私は別個独立のお互いにユニーク（唯一無二）な存在体である。

　しかし、そのユニークネス（唯一無二さ）はまったくのゼロ・1ではないはずである。DNA レヴェルでは、完全一致ではないのは当たり前であるが（なお、一卵性双生児はほぼ一致する）、同じヒトである以上、割合的に見ればほとんど一致しているといえる。これは遺伝子レヴェルの共有といえる。価値観、考え方、各種能力、趣味、嗜好、などさまざまな点でお互いに異なるが、その異なり方はおのずから一定の範囲に収まっている。これは、ミーム・レヴェルの共有といえる（ドーキンス，2006、太田，2000）。体だけ見ても、10メートルの巨人もいなければ、量子コンピュータよりも速く計算できる人間もいない。

　そもそも、遺伝子を出発点とし、教育や生育した社会環境を通じて我々の価値観、趣味、そしてアイデンティティは形成されている。情報量的に見れば、遺伝子とミームの総体は、他者との共通点の方が多いはずである。イメージとしては、人類という1つの山脈の連峰をなす峰々が個々人ということになる。

　山脈の台の部分は共通であり、その意味で個々人はシームレスにつながっている。飛び出した峰という、山としてはごく一部のみが個人であり、お互いにユニークで相互に異なると考えるのは、このごく一部の違いの部分のみに注目してのことである。お互いに山脈の台というほとんどの部分はシームレスに共有している。

このごく一部の相違点のみに注目して観念される個人が、多層で入れ子構造の社会を構成して複雑な相互作用を繰り返すのが人間社会ということになる。その人間社会を制禦する多層で入れ子構造の複雑な道具が法である。その法は、多くの場面で、集団そのものではなく個人に影響を与えることを通じて社会秩序を制禦している。

　こうして見てくると、法の作動は、ユニークな自立した個人の地下に、山脈の台という広大な共通部分を持っていることに正面から着目してゆかなければ、社会制禦を十全に果たすことができないのかもしれない。

　すなわち、社会と法の共進化を超えて、「つながった個」と社会と法の「三重進化」のモデルを構築しなければ、法はその役割を十分に果たすことができない可能性がある。

　この可能性への対処は、これからの若い世代に残された課題である。

コラム 2

アンビヴァレンツなヒト

　人間を含む霊長類の社会行動の研究で著名なフランス・ドゥ・ヴァールが下記のように述べている。

　「法律や経済、政治を研究する人間は、自らの社会を客観的に眺める道具を持ち合わせていない。彼らは社会を何と比べるというのか？　人類学や心理学、生物学、神経科学の分野で蓄積されてきた、人間の行動に関する膨大な知識を彼らが参照することは、まずない。そうした分野から得られる答えをひと言で言えば、人間とは集団性の動物である、となる。非常に協力的で、不公平に敏感で、好戦的になることもあるが、たいていは平和を好むこれらの傾向を顧みない社会は最適のものとは言えない。たしかに人間はご褒美目当てで行動する動物でもあり、地位や縄張り、食べ物の確保に関心が向いているので、こうした傾向を顧みない社会もまた、最適のものたりえない。私たちの種には、社会的な面も、利己的な面もある。」（ドゥ・ヴァール, 2010 p. 14-15）

　私たち人類は、このようなアンビヴァレンツ（矛盾）な属性を、若干の変異を伴いつつも、基本的には共有しているのである。

9-3　終わりに

　本書では、従来の法学入門の枠を大きく超えて、法学者、法社会学者、AI 研究者、認知脳科学者が協力しあって、文理融合の学際的方法論と知見から、AI 時代の新しい法学入門の構築を試みた。

　伝統的な法学者から見ると到底納得できない分析や、理解不能な方法が散りばめられているかもしれない。忌憚のないご批判を仰ぎたい。

　しかし、執筆にあたって我々が心したことは、柔軟な知性を有する大学初年度の学生にとっては、分かりやすく納得できる分析と方法を、高校生にも広く理解できる文体と内容で説明しようということであった。

　このような野心的な企画が、どの程度成功しているのか、はたまた大外れのドンキホーテとなっているのか、それは読者の皆さんのご判断に委ねる他ない事柄である。

　成功であれ、失敗であれ、中位の成功ないし失敗であれ、このような試みが、今後も文理融合の学際的グループによって繰り返し試みられるようになることを祈念して、本書を発行する次第である。

《参考文献》

太田勝造（2000）『社会科学の理論とモデル 7：法律』（東京大学出版会）

ドーキンス，リチャード（2006）『利己的な遺伝子〔増補新装版〕』（日高敏隆 = 岸由二 = 羽田節子 = 垂水雄二 訳）（紀伊國屋書店）［Dawkins, Richard 1989 *The Selfish Gene* (30th anniversary edition), Oxford Univ. Press］

ドゥ・ヴァール，フランス（2010）『共感の時代へ―動物行動学が教えてくれること』（柴田裕之 訳）（紀伊國屋書店）［de Waal, Frans 2009 *The Age of Empathy : Nature's Lessons for a Kinder Society,* Crown Pub. Group］

Preston, Elizabeth（2019）"Tiny Brains Don't Stop These Birds From Having a Complex Society," *The New York Times,* November 4, 2019

事 項 索 引

●A〜Z

ADR（Alternative Dispute Resolution: 裁判外紛争手続）　165

AI（人工知能）　172
　——による法的推論支援　30

Catch-22　115, 116

CIA　256

CIA 犯罪　257

EC　152

EDI　159

EDINET　160

GAFA　171

HELIC-II　204

HYPO　200

ICT（Information and Communication Technology）　249

IoT（Internet of Things）　247

New HELIC-II　206

ODR（Online Dispute Resolution）　165

PROLEG　208

PROLOG　195

SNS　145

SPLIT-UP　203

TAXMAN　198

Transcranial Magnetic Stimulation（TMS）　228

TransferWise　170

●あ行

アイデンティティ（自己同一性）　270

悪循環　60

当てはめ判断　16, 41, 42

アナログデータ　254

暗号資産　169

安定性　103

遺産分割協議　139, 140

意思自治の原則　154

意思表示　154
　——の合致　155

一般可能性定理　117

一般予防　124

遺伝アルゴリズム　50

遺伝子レヴェルの共有　270

意図せざる結果　61

違法収集証拠　86

違法・有害情報　146

意味の発見　18

意味の持ち込み　18

遺留分　140

入れ子構造　268

印鑑証明　157

印鑑登録　157

インセンティヴ（誘引）　38, 102, 103

インフォーマルな制裁　117

裏書　158

エヴィデンス・ベース・ロー　33, 45, 53, 54, 57, 60

越境性　147

演繹的論証　66

遠隔教育　177

遠心性コピー　225

お人形さん実験（doll test）　53

オブジェクト言語　118

オブジェクト法　121

オブジェクト法規範　122

及び　39

●か行

海外旅行論文　37

概念計算　43

概念の階層性　39

概念法学　43

確証バイアス　60

確信の程度　25

拡張解釈　12, 13

確定日付　163

確率の公理　25

過去志向　38

仮説　*12, 13*
仮想通貨　*153, 169*
価値自由　*50*
カッコーの托卵　*59*
合致　*155*
株券等保管振替制度　*157*
株式　*157*
神々の争い　*128*
可用性　*257*
慣習　*150*
間主観性　*i*
間接事実　*19, 21*
完全性　*257*
カンマ　*29*
記述理論　*43*
寄生関係　*59*
帰納推論　*189*
帰納的論証　*67*
規範的法律要件　*29*
規範モデル　*44*
規範理論　*43*
機密性　*257*
帰無仮説　*83*
記名押印　*156*
逆確率　*84*
キャッチ＝22　*115, 116*
共進化　*50–53, 60, 97, 136*
　悪循環の――　*60*
　好循環の――　*58, 59, 61*
共進化ダイナミクス　*52*
共生関係　*59*
共同規制　*148*
強迫　*155*
虚偽検出　*233*
記録命令付差押え　*166*
議論モデル（議論プロトコル）　*191*
銀行パニック　*109*
金融商品取引法　*158*
経験科学的手法　*47*
経験則　*21, 80*
経験則三段論法　*19, 21, 23*
刑事制裁　*98*
刑事訴訟法　*154*

刑法　*154*
　――41条　*130*
　――199条　*15*
契約自由の原則　*138*
結婚関係　*99*
決定性（普遍性）　*110*
ゲーム木　*193*
ゲーム理論　*100*
言語操作志向　*39, 40*
言語的側面　*228*
検証　*12*
憲法　*154*
　――1条　*129*
　――9条　*129*
　――11条　*129*
　――14条1項　*55*
　――96条　*121*
　――98条　*121*
権利根拠要件　*29*
権利障害要件　*29*
権利消滅要件　*30*
行為規範　*124*
高階性（higher order）　*118*
公証人　*139*
交渉力　*138*
交渉理論　*138*
公正証書遺言　*139*
膠着状態　*102, 103*
公法　*154*
後法は前法を破る　*121*
合理的な確率判断　*27*
国際私法　*122*
　――の原則　*122*
国際物品売買契約に関する国際連合条約
　（ウィーン売買条約）　*156*
国民参与裁判制度　*14*
個人情報取扱事業者　*153*
個人情報保護法　*153, 168*
コースの定理　*4*
国家関係類似説　*169*
古典的な確率理論　*83*
鼓腹撃壌　*2, 4*
個別志向　*38*

274

コロナ特措法（新型インフルエンザ等対策特別
　措置法）　175
婚外子　139
婚外子相続分差別違憲訴訟　55
コンドルセ・パラドクス　114
コンピュータ・データ（コンピュータにより直
　接処理可能なデジタルデータ）　249

●さ行
罪刑法定主義　154
債権　154
再抗弁要件　29
再々抗弁要件　29
サイバー・フィジカル・セキュリティ　260
サイバーセキュリティ　255
サイバー犯罪条約　165
裁判員裁判　14
裁判規範　124
裁判自動販売機説　43,44
詐欺　155
錯誤　155
参照点　27
参審制度　14
三段論法　182
三分法　249
シグナリング・モデル　132,133,137
事後確率　23-25
事後効果　124
自己責任　217
事実認定　13,18,19
事実認定三段論法　19,21
事象関連脳電位　228,230
事前確率　23,25
事前効果　124
自然主義的誤謬　i
実印　157
実験補助仮定　86
実証志向　47
実体的正義　126
実体法　154
私的自治　137,138
児童買春，児童ポルノに係る行為等の規制及び
　処罰並びに児童の保護等に関する法律　147

私法　154
司法怠慢　128
司法取引制度　104
市民参加型裁判　14
社会改善　103
社会規範　117
社会秩序　99
社会的強制装置　123
社会的望ましさの基準　103
社債　157
自由意志　217
集合志向　48
自由心証主義　164
囚人のディレンマ　104,106,107,109
主観確率　25-27
酒気帯び運転　58
主要事実　19,79
渉外事件　165
条件付確率　22
証拠　19,21,80,85
　科学的――　85,239
　法的――　85
上告　151
証拠能力　164
証拠力　164
承諾　154
消費者契約　98
消費者保護　155
商法　154
情報　250
　――の民主化　145
情報公開法　160
情報処理の高度化等に対処するための刑法等の
　一部を改正する法律　165
情報セキュリティ　256
証明責任の転換　161
将来志向　38,47,48
条理　151
植民地法学　37
署名　156
書面投票制度　159
書面の交付等に関する情報通信の技術の利用の
　ための関係法律の整備に関する法律　159

事例ベース推論　*187*
進化（evolution）　*49*
進化アルゴリズム　*49, 50*
神経法科学　*216*
深層学習　*187, 268*
進歩（progress）　*49*
信用状　*159*
心理生理学的指標　*228*
真理保存的　*66*
真理保存的ではない　*67*
推移律　*115*
制限行為能力者　*155*
政策科学としての法学　*33*
精神鑑定　*219, 227*
精神障害鑑定　*233*
性選択　*136*
正の感応性　*110, 111*
責任能力　*225, 226*
選択（selection）　*49*
戦略的な洞察　*100*
相互依存関係　*100, 102*
創造的な立法論　*41*
創造的法解釈　*32, 33*
相対頻度の極限　*25*
相利共生の例　*59*
訴訟法（手続法）　*154*
その他　*39*
その他の　*39*
存在形式　*262*
損失回避　*27*

●た行
対象言語　*118*
対立仮定　*83*
兌換紙幣　*169*
諾成契約　*155*
多層の入れ子構造　*268, 269*
　──の社会　*270*
中立性　*110*
通信の秘密　*168*
通信の秘密保持　*151*
抵触法　*122*
ディープラーニング　*147*

デジタル化　*143, 167*
デジタルデータ　*254*
データ　*250*
データ保護法　*168*
手続的正義　*126*
デビットカード　*153*
電子記録債権法　*158*
電子消費者契約及び電子承諾通知に関する民法
　の特例に関する法律　*155*
電子情報処理組織　*156*
電子署名　*153*
電子署名及び認証業務に関する法律　*162*
電子データ交換　*159*
電磁的記録　*259*
電磁的方法　*156*
電子認証制度　*153*
電子マネー　*153*
統計的データ　*27*
当座預金　*158*
道徳的判断　*217*
投票のパラドクス　*114, 115*
トゥールミンの論証モデル　*65*
特別法優先の原則　*121*
特別予防　*124*
匿名性　*110, 151*
取り付け騒ぎ　*109*
取引費用を下げるシステム　*2*

●な行
ナッシュ均衡　*102, 106, 107*
　──としての社会秩序　*107*
並びに　*39*
における論文　*37*
二値論理　*22*
ニューラルネット　*185*
ニューロ・イメージング　*232*
ニューロ・ロー（Neurolaw）　*216*
認証　*259*
認証局　*162*
認知バイアス　*65, 90*
ネスティング構造　*268*
ネットワーク化　*143*
ネットワークの中立性　*169*

脳画像イメージング 228
脳画像診断と有罪・無罪の決定 240
脳神経科学 217, 218
　　――と自由意志 219
脳神経倫理学 218
脳と法の相互関係 216

●は行
バイオメトリクス認証 259
陪審制度 14
陪審定理 112, 113
排他志向 40
売買契約 154
白人至上主義の差別的偏見 52
ハッシュ値 162
発信者情報 151
バトナ 138-140
パラドクス 119, 121
パレート改善 103
パレート基準 107
パレート最適 103
判決三段論法 28, 41
判決事実 54, 56
反証可能性 i
反致 122, 123
ハンディキャップ原理 137
判例 150
比較法の重視 37
非言語的側面 228
非単調推論 190
非嫡出子 139
ビッグデータ 174
ヒューリスティクス 48
評価型法律要件 29
表現型 49
頻度説（頻度論） 25, 26, 83
フィルタリングソフト 147
フィンガープリント 162
不確実性を含む経験則 22
複雑な法的推論 30
複製子（replicator） 49
不正アクセス禁止法（不正アクセス行為の禁止
　等に関する法律） 259

不正アクセス罪 256
不正義の法律 46
物権 154
船荷証券 159
ブラウン判決 53
ブランダイス・ブリーフ 33
ブール代数 39
プロスペクト理論 27
ブロックチェイン技術 170
プロバイダ 148
プロバイダ責任制限法（特定電気通信役務提供
　者の損害賠償責任の制限及び発信者情報の開
　示に関する法律） 151
不渡り 158
文化遺伝子ミーム 50
分散型台帳技術 170
分離しても平等 52
ベイズ意思決定論 25
ベイズ統計学 84
ベイズの定理 23-25
ベイズ法則 25
ベイズモデル 22
変異発生（variation） 49
法解釈と暴力 30
法学教育 34
法規範 78
法教義学 45
法強制 124
　　――の限界 125
法源 150
法政策志向 48
包摂判断 17, 23
法的意思決定 65
法的三段論法 28, 41, 42, 49, 65, 77
法的推論 28, 29, 182
法的道具主義 45, 46
　　―　の特色 47
　　――の法学 48
法と経済学 38
法と社会の共進化 49, 51, 58
法と社会の相互作用 iii
法の解釈適用 16
　　――の要素 13

法の欠缺　*43*
法の情報的効果　*129-131*
法の生命　*49*
法の生命線　*57*
法の説得力　*126*
法の操作可能性　*47*
法の適用に関する通則法　*150*
法ミーム　*50, 51*
法律エキスパートシステム　*181*
法律効果　*78*
法を学ぶ　*iii*
没価値的　*50*
ポリグラフ　*228*
ボレロ（Bolero）　*159*
翻訳法学　*37*

●ま行

マイナンバーカード　*162*
マスメディア　*145*
又は　*39*
マッチングサイト　*170*
マルチメディア　*167*
未成年者　*155*
ミーム・レヴェルの共有　*270*
民間事業者等が行う書面の保存等における情報
　　通信の技術の利用に関する法律（e 文書法）
　　160
民間事業者等が行う書面の保存等における情報
　　通信の技術の利用に関する法律の施行に伴う
　　関係法律の整備等に関する法律（e 文書整備
　　法）　*160*
民事訴訟法　*154*
民主的正当性　*109*
民法　*154*
　　──612 条 1 項　*127*
　　──612 条 2 項　*127*
　　──709 条　*15, 130*
　　──900 条　*55*
　　──900 条 4 号　*56*
メイの定理　*109, 112, 113*
名誉毀損　*146*

メタ・メタ法　*121*
メタ言語　*118*
メタ構造　*268, 269*
メタ法　*121*
メタ法規範　*121, 122*
申込　*154*
目的的解釈　*12, 13*
若しくは　*39*
モデル志向　*48*
物　*262*

●や行

約束手形　*158*
役に立つ法規範　*31*
有価証券　*157*
有価証券報告書開示用電子情報処理組織　*160*
有体物　*167, 262*
尤度比　*23, 24*
要件・効果の発想　*41*
要件事実　*78*
要件事実論　*208*

●ら行

ラナウェイ進化　*136*
リスク回避行動　*27*
リスク追求行動　*27*
立法事実　*33, 55-57*
　　狭義の──　*57*
立法事実アプローチ　*33, 45, 53, 54, 57, 58*
立法不作為　*128*
利得行列　*101*
リベットの実験　*220*
リモートワーク　*177*
理論的バイアス　*84*
類推適用　*46*
レイティングソフト　*147*
ロー・スクール　*34*
論拠（warrant）　*68, 75, 77, 80*
論証　*66*
論争停止のシステムとしての法　*127*

【著者紹介】（五十音順）

太田　勝造（おおた・しょうぞう）

1980 年　東京大学法学部卒業

1982 年　東京大学大学院法学政治学研究科修士課程修了

　　　　　東京大学法学部助手，名古屋大学法学部助教授，東京大学大学院法学政治学研究科教授を経て

現　在　明治大学法学部教授，東京大学名誉教授，弁護士

専　攻　法社会学

研究テーマ　法の社会科学，法と経済学，裁判学，AIと法，弁護士論，紛争解決学

主　著　『裁判における証明論の基礎』（弘文堂，1982）

　　　　　『民事紛争解決手続論』（信山社，1990）

　　　　　『社会科学の理論とモデル7　法律』（東京大学出版会，2000）

笠原　毅彦（かさはら・たけひこ）

1982 年　慶應義塾大学法学部卒業

1988 年　慶應義塾大学大学院法学研究科博士課程修了

　　　　　ザールラント大学経法学部（ドイツ）助手，福島学院大学専任講師，常磐大学専任講師を経て

現　在　桐蔭横浜大学大学院法学研究科教授

専　攻　法情報学

研究テーマ　司法のICT化，教育のICT化，通信の秘密，ネットワークセキュリティ

主　著　「民事裁判のIT化」『小島武司先生古稀祝賀〈続〉―権利実効化のための法政策と司法改革』（商事法務，2009）

　　　　　『インターネットの法律問題―理論と実務』（共著，新日本法規出版，2013）

　　　　　「インターネットと通信の秘密」第2期研究会報告書「インターネットと通信の秘密」研究会（2014）

佐藤　健（さとう・けん）

1981 年　東京大学理学部卒業

　　　　　富士通研究所，北海道大学工学部助教授を経て

現　在　国立情報学研究所教授

専　攻　人工知能基礎

研究テーマ　不完全情報環境下での合理的推論，AIと法

主　著　佐藤健＝新田克己＝Kevin D. Ashley「人工知能の法律分野への応用について」法と社会研究4号（2019）177-196頁

　　　　　佐藤健＝西貝吉晃「刑事訴訟版のPROLEGの開発」第33回人工知能学会全国大会（2019）

西貝　吉晃（にしがい・よしあき）

2004 年　東京大学工学部電子情報工学科卒業

2006 年　東京大学大学院情報理工学系研究科電子情報学専攻修了（修士（情報理工学））

2009 年　東京大学法科大学院修了（法務博士）

　　　　　国立情報学研究所特任研究員，西村あさひ法律事務所弁護士，東京大学大学院法学政治学研究科助教，同講師，日本大学法学部専任講師，同准教授を経て

現　在　千葉大学大学院社会科学研究院准教授
専　攻　刑法学，法情報学
研究テーマ　サイバーセキュリティと刑法，AI と法
主　著　『サイバーセキュリティと刑法―無権限アクセス罪を中心に』（有斐閣，2020）
　　　　西貝吉晃＝浅井健人＝久保田理広＝古川昂宗＝佐藤健＝白川佳＝高野千明＝中村恵
　　　　「PROLEG: 論理プログラミング言語 Prolog を利用した要件事実論のプログラミ
　　　　ング」情報ネットワーク・ローレビュー 10 巻（1）54 頁（2011）
　　　　「中立的行為による幇助における現代的課題」東京大学法科大学院ローレビュー 5
　　　　巻（2010）87 頁

新田　克己（にった・かつみ）
1975 年　東京工業大学工学部卒業
1980 年　東京工業大学大学院理工学研究科博士課程修了（工学博士）
　　　　工業技術院電子技術総合研究所研究室長，（財）新世代コンピュータ技術開発機構
　　　　研究室長，東京工業大学大学院総合理工学研究科教授，東京工業大学情報理工学院
　　　　教授，産業技術総合研究所招聘研究員を経て
現　在　東京工業大学情報理工学院特任教授，国立情報学研究所特任教授，東京工業大学名
　　　　誉教授
専　攻　人工知能
研究テーマ　人工知能と法律，対話情報学，数理議論学
主　著　『人工知能概論』（培風館，2001）
　　　　『知識と推論』（サイエンス社，2002）
　　　　『数理議論学』（共著，東京電機大学出版，2017）

福澤　一吉（ふくざわ・かずよし）
1975 年　早稲田大学文学部英文学科卒業
1978 年　早稲田大学大学院文学研究科心理学修士課程修了
1978 年　ノースウエスタン大学大学院言語病理学科博士課程修了　Ph. D.
1982 年　東京都老人総合研究所（現東京都健康長寿医療センター研究所）リハビリテーショ
　　　　ン医学部言語聴覚研究室研究員
1995 年　早稲田大学文学部講師，助教授を経て
現　在　早稲田大学文学学術院心理学コース教授
専　攻　言語病理学，神経心理学，認知神経心理学
研究テーマ　神経心理学的症状の理論的解明，運動の計算理論，特に書字障害，失行症の運
　　　　動障害メカニズム
主　著　『新版　議論のレッスン』（NHK 出版新書，2018）
　　　　『クリティカル・リーディング』（NHK 出版新書，2012）
　　　　『テキスト現代心理学入門』（共編著，川島書店，2009）
　　　　『神経文字学―読み書きの神経科学』（分担執筆，医学書院，2007）
翻　訳　『議論の技法―トゥールミンモデルの原点』スティーヴン・トゥールミン著，戸田
　　　　山和久＝福澤一吉訳（東京図書，2011）

AI 時代の法学入門―学際的アプローチ

2020（令和2）年7月30日　初版1刷発行

編著者　太 田　勝 造

発行者　鯉 渕　友 南

発行所　株式会社　弘文堂　　101-0062 東京都千代田区神田駿河台1の7
　　　　　　　　　　　　　　TEL 03(3294)4801　振 替 00120-6-53909
　　　　　　　　　　　　　　https://www.koubundou.co.jp

装丁・イラスト　宇佐美純子

印　刷　三 陽 社

製　本　井上製本所

ISBN 978-4-335-35833-3